권진희 목사가 평생 성경을 읽으면서 깨달았던, 성경 전체를 흐르는 핵심주제

목사 아버지와 선교사 아들이 들려주는 성경 이야기

| 권진희 · 권지상 지음 |

쿰란출판사

프롤로그

목사 아버지와 선교사 아들이 들려주는 성경 이야기

안녕하세요. 저는 서부 아프리카 말리에서 사역하는 권지상 선교사입니다. 이 책은 저의 아버지이신 권진희 목사께서 늘 저에게 말씀해 주시는 성경의 핵심 진리들을 나름대로 풀어서 적어 본 것입니다. 그래서 '내용 권진희, 엮음 권지상'입니다.

저희 아버지는 권 씨 성을 가진 사람들만 모여 사는 경상북도 문경의 조그마한 마을에서 5남 2녀 중 장남으로 태어나, 친구의 소개로 고등학교 때 예수를 믿고 그 후에 목사님이 되셨습니다. 그리고 제가 태어난 1979년도부터 담임 목회를 시작하시고 은퇴를 바라보는 지금의 시기까지 약 35년 동안 목회를 해오고 계십니다.

제가 아버지께 늘 감사하는 것은, 아버지는 저에게 늘 성경을 읽고 묵상하시는 모습을 보여주셨던 것입니다. 어렸을 때 아버지에 대한 기억은 서재에서 아주 많은 책에 둘러싸여 늘 성경을 읽고 계시는 모습입니다.

아버지께서는 원래 과묵하신 분이지만 이런저런 기회가 있을 때마다 늘 저에게 성경을 읽으시면서 묵상한 부분이라든가, 성경 전체에 흐르는 하나님 아버지의 사랑과 생명에 대해서 1시간에서 2시간씩 말씀해 주셨습니다.

그러시면서 늘 “네가 이것을 잘 정리해서 책으로 냈으면 좋겠다. 나는 문학적 소양이 부족해서 이것을 잘 정리하기가 힘이 든다”라고 말씀하셨습니다.

국문학을 전공하지는 않았지만 어쨌든 대학교에서 문학을 공부했던 저는 언젠가 아버지의 말씀을 잘 정리해서 책으로 만들어 드려야겠다는 책임감이 들었습니다.

그래서 암묵적으로 아버지와 저 사이에는 아버지가 교회를 은퇴하시기 전에 아버지가 목회하시는 교회 성도님들에게 성경을 읽는데 길잡이가 될 수 있도록 책을 만들어 드려야겠다는 생각이 있었습니다. 지금 아버지의 연세가 67세이신데, 제가 안식년으로 한국에 가는 2015년도에 책이 나올 수 있도록 하자고 말씀하셨습니다

그래서 이 책은 기본적으로 이런 목적으로 쓰여졌습니다. 권진희 목사가 평생 성경을 읽으면서 깨달았던, 성경 전체를 흐르는 핵심 주제를 초신자들이나 성경을 더욱 깊이 깨닫고자 하는 기존 신자들에게 알려 주기 위함입니다.

제가 선교지로 파송되기 직전, 2010년 어느 봄에 아버지와 아침을 먹고 동네를 산책하였습니다. 그때 아버지가 이런 말씀을 하셨습니

다. "나는 죽고 나서 천국에 있을 상급이 기대된다." 저는 마음속으로 깜짝 놀랐습니다. '하나님 앞에서 제대로 사셨으니까 저런 말씀을 하실 수 있구나. 나도 은퇴를 앞둔 시점에서 저런 말을 할 수 있었으면 좋겠다'라는 생각이 들었습니다.

제가 아프리카 중에서도 사람들이 볼 때 별 볼일 없는 '말리'라는 나라에 하나님의 마음을 가지고 갈 수 있었던 많은 이유 중 하나가, 아버지가 늘 말씀하시던 '사랑의 실천' 때문임을 고백하게 됩니다. 쉬는 시간에는 늘 네비게이토에서 나온 성경 구절이 적힌 카드를 암송하시는 아버지, 언제나 저에게 좋은 스승이자 멘토가 되어 주셔서 감사합니다. 당신과 같은 분을 저의 아버지라고 말할 수 있는 것이 얼마나 저에게 자랑이고 은혜인지 모릅니다.

성경은 하나님의 말씀이기 때문에 인간인 우리는 아주 조금씩 깨달을 수밖에 없습니다. 성경을 읽을 때에는 '핵심'을 알아야 합니다. '핵심'을 알고 성경을 읽어야 합니다. 성경 전체에 흐르는 핵심을 잘 알지 못하면 핵심이 아닌 다른 여러 지엽적인 주제에 매달릴 가능성이 많고, 성경에서 말씀하시는 하나님의 중심 메시지를 놓치게 됩니다.

이 책이 성경을 사모하는 많은 분들에게 '좋은 안경'의 역할을 했으면 좋겠습니다. 이 책이 나오기까지 세심하게 이끌어 주신 성령님께 감사합니다. 성령님께서 이 책을 읽는 모든 분들에게 하나님의 진리들을 깨닫도록 세심하게 도우시도록 기도하겠습니다. 사랑하고 축복합니다.

성경 말씀은 개역개정판을 중심으로 사용했는데, 아버지가 말씀을 개역한글을 주로 사용하셔서 간혹 개역개정으로 설명하기 어려운 부분은 개역한글판으로 사용했습니다. 그리고 초신자들이 이해하기 어려운 용어가 나온 부분은 현대인의성경을 사용했습니다. 모든 성경 말씀은 어떤 버전으로 사용했는지 구절 옆에 메모해 두었습니다.

차 례

Contents

1

(서문)하나님이 세상을 이처럼 사랑하사

믿지 않는 크리스천들에게 성경에서 말하는 가장 인상 깊은 구절을 말하라고 하면, '원수'를 사랑하라는 성경 말씀이라고 합니다. 그만큼 세상의 가치관과는 다른 '사랑'의 모습이 그들에게는 인상 깊게 다가오기 때문입니다.

그리고 기독교를 항상 '사랑의 종교'라고 말하기도 합니다. 너무나 많이 읽고, 듣고, 말하기 때문에 오히려 어떤 부분에서는 기독교의 그런 부분이 식상하게 느껴지기도 합니다. 그런데 이 글을 읽고 있는 당신은 성경에서 말하는 하나님의 '사랑'에 관해서 얼마나 깊이 묵상하셨는지 묻고 싶습니다.

아버지는 묵상하시다가 항상 하나님의 '사랑'에 관해서 새롭게 깨달은 말씀을 끊임없는 열정으로 저에게 말씀하시곤 했습니다. 그때마다 저는 때로는 지겨운 마음도 들었는데, 돌아서서 곰곰이 생각하면 부끄러운 마음이 들었습니다.

'아버지는 얼마나 많이 하나님의 사랑에 관해서 묵상을 하시면 만날 때마다 나에게 그 사랑에 관해 새롭게 깨달은 부분을 알려 주시려고 하실까? 나는 과연 얼마나 하나님의 사랑을 깊이 깨닫고, 삶에 적용하고 있는가?' 하는 질문이 들었습니다.

사도 요한은 그의 첫 번째 책인 요한복음에서 이렇게 말합니다.

> 요한복음 3:16 (개역개정)
>
> 하나님이 세상을 이처럼 사랑하사 독생자를 주셨으니 이는 그를 믿는 자마다 멸망하지 않고 영생을 얻게 하려 하심이라.

이 말씀은 많은 사람들이 알고 있고, 전도할 때 가장 많이 쓰이는 성경 구절입니다. 성경 전체를 함축해 놓은 말씀입니다. 그렇다면 이 부분이 성경 전체를 나타내는 중심인 것입니다.

"하나님이 세상을 이처럼 사랑하사." 이 부분을 우리는 깊이 들여다보고 묵상할 필요가 있습니다. 너무나 중요한 말씀이지만 때로 너무 당연한 듯 생각되어, 너무 소홀히 대할 때가 많기 때문입니다. 마치 부모님의 희생적인 사랑을 자녀가 너무 쉽고 당연하게 생각하듯이 말입니다. 부모님의 사랑을 깨닫고, 부모님에 대한 사랑을 입술로, 또 다른 모습으로 표현하기 시작하는 아이는 철이 든 아이입니다. 우리 모두는 하나님께 철이 든 모습을 보여야 합니다. 부모님이 그것을 너무 원하듯, 하나님이 너무나 원하고 계시기 때문입니다.

사도 요한은 말년에 그것을 다시 깊이 깨달아서 이렇게 말합니다.

요한일서 4:7-10 (개역개정)

7. 사랑하는 자들아 우리가 서로 사랑하자 사랑은 하나님께 속한 것이니 사랑하는 자마다 하나님으로부터 나서 하나님을 알고

8. 사랑하지 아니하는 자는 하나님을 알지 못하나니 이는 하나님은 사랑이심이라

9. 하나님의 사랑이 우리에게 이렇게 나타난 바 되었으니 하나님이 자기의 독생자를 세상에 보내심은 그로 말미암아 우리를 살리려 하심이라

10. 사랑은 여기 있으니 우리가 하나님을 사랑한 것이 아니요 하나님이 우리를 사랑하사 우리 죄를 속하기 위하여 화목 제물로 그 아들을 보내셨음이라.

하나님의 사랑을 깊이 깨달은 사도 요한은 '우리가 서로 사랑하자' 라는 개념으로 발전합니다. 제가 목사 안수를 받고, 강단에서 설교를 하면서 느낀 것이 있습니다. 그것은 자기 자신이 실천하지 못하고 있는 부분은 설교하기가 힘이 든다는 것입니다. 내가 하지도 못하는데 어떻게 남한테 하라고 말할 수 있겠습니까?

예수님께서는 십자가에 달리실 때 자기 어머니인 마리아를 사도 요한에게 맡겼습니다. 다른 사도들은 여러 사역으로 잘나갈 때, 사도 요한은 예수님의 어머니 마리아를 잘 섬겼습니다. 그래서 이 요한일서 4장 7-10절의 고백은 그가 평생을 예수님의 어머니인 마리아를 모시고 난 다음에 하는, 한 사람을 예수님의 사랑으로 품고 난 다

음에 하는 신앙 고백입니다. 예수님의 사랑을 깊이 깨달은 요한은 삶으로 사랑의 실천을 할 수 있었고, 그 깨달음으로 요한일, 이, 삼서에서 사랑과 실천에 관한 메시지를 줄 수 있게 된 것입니다.(인용: 《사역자반》, 이재철, 홍성사, p. 212)

요즘 사회에서 크리스천은 욕을 많이 먹고 있습니다. 어떤 사람은 기독교를 개독교라고 말하기도 합니다. 말은 번지르르하게 하면서, 또 '사랑'에 관해 말하고 가르치면서 그렇게 행동하는 크리스천은 찾기 힘들기 때문입니다. 교회는 출석하는데, 진정으로 '사랑'을 묵상하지 않고, 깨닫지도 못하기 때문에, 전혀 삶 가운데 그 사랑의 '열매'가 행동으로 드러나지 않기 때문입니다. 이 책을 통해 하나님이 주신 '사랑'을 깊이 묵상하게 되고, 또 그 안에서 열매 맺기를 소망하는 일들이 풍성하게 일어나기를 소망합니다.

성경은 하나님이 사랑이시고, 그 사랑의 대상으로 교제하기 위해 인간을 만드셨다는 것에서 출발합니다. 하나님은 우리의 아버지이며 우리는 그분의 자녀입니다. 아름다운 공동체입니다. 이것이 더 큰 개념으로 발전하면 하나님은 우리의 왕, 우리는 그분의 백성이 됩니다. 그리고 그 사랑의 대상인 사람이 하나님의 그 사랑 안에 자라고 성숙하여서, 다른 사람에게 하나님의 사랑을 베풀어 주기를 바라십니다. 이것이 더 큰 개념으로 발전하면 아름다운 하나님의 나라가 됩니다. 그리고 나중에는 영원히 하나님과 사랑의 교제를 나누기를 원하십니다.

이것이 성경이 말하는 주제입니다.

그런데 신학교나 일반 성경 공부에서는 성경을 너무 분석적으로, 논리적으로 구분해 놓았기 때문에 오히려 핵심을 잘 깨닫지 못하기 쉽습니다. 저는 신학교 다닐 때에 이상하게 가슴이 차가워지는 경험을 많이 했습니다. 머리에 성경과 하나님에 관한 지식은 많이 채워져가는데 하나님의 '사랑'을 체험적으로 깨닫지 못하고 교실에서만, 책으로만, 강의로만 들었기 때문입니다.

성경에서 말하는 핵심이 '사랑'이고 '생명'인데, 어떻게 그것을 교실에서만, 책으로만 깨달을 수 있겠습니까? 부모가 자녀를 사랑한다는 것은 말로만 하는 것이 아닙니다. 희생과 헌신, 사랑의 스킨십을 통해서 자녀는 체험적으로 알게 되는 것입니다.

이 책을 읽으시는 여러분들도, 이 책을 읽으시면서 '과연 나는 사랑의 예수님을 체험하고 있는가?'라고 한번 질문해 보고, 다시 한 번 성경에서 말하는 '사랑'을 깊이 생각해 보았으면 좋겠습니다.

덧붙여 많은 사람들이 하나님과 우리의 관계가 아버지와 자녀의 관계라고 하면 잘 받아들이지 못합니다. 사랑의 하나님 아버지라는 개념을 잘 받아들이지 못하는 것입니다. 잘못되고, 어긋난 환경의 가정 속에서 자랐기 때문입니다.

저는 대학교 시절 예수전도단(YWAM)이라는 선교 단체에서 훈련을 받았는데, 거기에서는 제자훈련학교(DTS)라고 해서, 학생들이 6개월 동안 공동체 생활을 하면서 강의도 듣고, 신앙 훈련을 받는 과정이 있습니다.

훈련학교 초반에 각각의 학생들이 가정 안에서 받은 상처들을 서로에게 고백하고 서로 기도해 주며 마음의 상처들을 치료하고 건강하게 다시 세워 주는, 이른바 치유 과정(heeling) 시간이 있었습니다.

저는 목회자 가정이어서 그런지 집 안에도 아버지처럼 느껴지지 않고 목사님으로 느껴지는 아버지, 사랑 표현을 많이 해주시지 않는 아버지 때문에 좀 속상했었습니다.

그런데 저와는 비교도 안 될 정도로 많은 학생들이 아버지에게 심한 상처가 있었습니다. 자녀에게 무관심한 아버지, 자녀를 감정적으로 때리는 아버지, 한 번도 안아 주지 않고, 사랑한다고 말도 해주지 않은 아버지만 보다가 "하나님 아버지는 다르다. 하나님 아버지는 무한히 사랑하고, 아낌없이 사랑하는 아버지이시다"라는 얘기를 들으니까 잘 받아들이지 못하는 것입니다.

《하나님을 아는 지식》에서 제임스 패커는 이렇게 말합니다.

> "내게는 훌륭한 아버지가 계셔. 그리고 나는 하나님이 그와 같으시다는 것, 그 이상이라는 것을 알아"라고 말하면서 그런 생각을 갖든, 아니면 "나의 아버지는 이런저런 점에서, 그리고 이 점에서 나를 실망시켰어. 하지만 하나님은 아주 다르실거야"라고 말하면서 그런 생각을 갖든, 심지어 "나는 이 세상에서 아버지가 있다는 것이 어떤 것인지 전혀 아는 바 없어. 하지만 감사하게도 이제 나는 하늘에서 아버지를 갖게 되었어"라고 말하든 간에, 이것은 모든 사람에게 의미를 지닐 수 있다.
>
> 그리고 하나님은 우리가 인간 아버지로부터 유추해서만 하나님의 아버지 되심이 어떠한 것인지 상상하도록 내버려두지 않으셨다. 하나님은 성육신하신 아들 예수 그리스도를 통해 이 관계의 완전한 의미를 단번에 계시해 주셨다.(《하나님을 아는 지식》, p. 294).

그렇습니다. 하나님은 요한복음 3장 16절에 기록된 것처럼 우리에 대한 그분의 놀라운 사랑을 지식이 아니라 체험적으로 독생자를 우리에게 주심으로 확실하게 마음 가운데 심어 주셨습니다. 우리는 우리 육신의 아버지가 어떠한 분이시든 간에, 우리에게 독생자를 주신 아버지를 마음 가운데 믿고 확신하면 하나님의 사랑의 자녀가 되는 것입니다.

사람은 누구나 사랑받기 위해 태어났습니다. 그리고 그 사랑을 전하기 위해 태어났습니다.

1997년에 〈당신은 사랑받기 위해 태어난 사람〉이라는 찬양을 작사,작곡한 이민섭 목사님이 계십니다. 이분은 YWAM이라는 선교 단체에서 활동했는데, 하루는 대학생 집회에서 어느 일본 목사님의 설교를 듣게 되었습니다. 이 일본 목사님은 일본의 젊은이들에 대해 말씀을 나누어 주셨습니다.

일본의 젊은이들은 미래가 없다며, 삶의 의미도 없다며 자살하는 사람들이 늘어나고, 그래서 일본의 만화나 영화에서 이야기하고 있는 중심 메시지는 '그래도 살자. 이 세상은 살 만한 것이다'라는 것이었습니다. 그러나 왜 살아야 하는지, 무슨 의미가 있는지는 말해 주고 있지 못했습니다. 그러면서 죽으려고 했던 한 자매가 어떤 노래를 듣고 다시 살아야겠다는 생각을 하게 되었다고 했습니다. 그리고 그 일본 목사님은 바로 그 노래를 불러 주셨습니다.

"당신은 사랑받기 위해 태어난 사람입니다. 지금도 그 사랑을 받고 있습니다. 태어나길 정말 잘했어요. 살아 있어서 너무 행복해요."

이민섭 목사님은 이때 가사를 적고, 음을 잊어버리지 않도록 노력했습니다. 하지만 집에 오는 길에 잊어버려서 나중에는 직접 음을 붙이고, 가사를 더 붙여서 새로운 노래를 만들었습니다.

특별히 무엇을 가지고 있지 않아도, 무엇을 하지 않아도, 그 존재 자체만으로도 기뻐해 주고 사랑해 줄 수 있는 분, 그리고 이 세상이 시작되기 전부터 그 사랑의 근원이 되신 하나님을 노래한 것입니다. (출처: 온누리교회 강동 프라미스 공동체에 제공한 이민섭 목사님의 간증글 http://echristian.tistory.com/428)

한 일본 자매를 살렸던 하나님의 사랑의 메시지가 한 청년의 아름다운 노력으로 인해 아름다운 찬양으로 나타났고, 지금은 기독교인뿐만이 아니라, 일반 사람들에게도 이 찬양은 하나님의 사랑을 전하는 메시지로 아름답게 불리고 있습니다. 왜냐하면 그것이 진리이기 때문입니다.

사람들은 오늘도 사랑에 관한 음악을 듣고, 사랑에 관한 책을 읽고, 사랑에 대해서 끊임없이 고민하고, 고통하고, 기뻐합니다. 왜 그렇습니까? 남자들은 사랑할 대상을 찾고, 여자들은 사랑받고 싶어서 못 견디고 질투합니다. 부모들은 자녀들에게 사랑을 퍼붓습니다. 왜 사랑합니까? 왜 우리에게는 사랑이라는 감정이 있습니까? 그 이유는 우리가 그렇게 창조되었기 때문입니다.

그런데 문제가 있습니다. 우리가 일반적으로 하는 '사랑'과 하나님의 '사랑'은 너무나 다르다는 것입니다. 원래 하나님이 계획하고 창조하셨던 '사랑'이 아닌, 이기적이고 주고 받는(give and take) '사랑'을 하고 있습니다. 저는 얼마전에 많은 한국의 여성들이 더 이상 결혼에 대해서 소망하지 않고 있다는 신문 기사를 보았습니다. 기사 제목은 이렇습니다. "결혼은 자본주의에서 위험한 비즈니스." 요점은 여성들이 이미 남성들 이상으로 학력과 능력이 있기 때문에 굳이 결혼해서 희생하는 사랑을 하기 싫다는 것입니다.

물론 그 마음을 충분히 이해하지만 다른 한편으로는 씁쓸한 마음을 가질 수밖에 없었습니다. 이 기사가 사람이 가지고 있는 '사랑'의 한계를 단면적으로 드러내 보여주기 때문입니다.

> 고린도전서 13:12 (개역개정)
>
> 우리가 지금은 거울로 보는 것같이 희미하나 그때에는 얼굴과 얼굴을 대하여 볼 것이요 지금은 내가 부분적으로 아나 그때에는 주께서 나를 아신 것같이 내가 온전히 알리라.

바울은 여러 가지로 문제가 많은 고린도교회에게 이런저런 권면을 하고, 마지막에 가서는 우리가 사랑 안에서 자라가야 하는 것을 말합니다. 그것이 유명한 고린도전서 13장, 사랑 장입니다. 우리는 희미하게 사랑하지만 나중에는 주님께서 우리를 사랑하신 것과 같이 우리가 '주님의 온전한 사랑'에까지 자라가야 함을 말씀해 주고 있습니다.

우리의 '사랑'은 '온전한 사랑'의 희미한 그림자일 뿐입니다. 비교조차 할 수 없습니다. 우리는 하나님으로부터 출발하고, 또 목적지를 하나님의 '사랑'까지 둘 때에 '온전함'을 향해 나아가게 되는 것입니다.

이 책은 우리가 왜 하나님의 '사랑'의 성품에 집중해야 하는지 설명해 드릴 것입니다. 또 성령으로 다시 태어남을 통한 예수 안에서의 '자람'을 설명해 드릴 것입니다. 이렇듯 우리는 하나님 그분의 성품 중에서도 '사랑'을 체험적으로 알아야 하며, 또 그 안에서 자라나가야 할 것입니다. 다음 장에서부터 어떻게 우리가 하나님을 더 깊이 알아갈 수 있는가에 대한 고민부터 시작할 것입니다.

2

어떻게 하나님을 알아갈 수 있을까?

저는 어렸을 때 교회 안 사택에서 살았습니다. 저의 아버지에 관한 기억은 항상 책상에 앉아서 무언가 읽고 있는 모습이 많았습니다. 주로 성경책을 읽고 계시던 모습이 기억이 많이 납니다. 그리고 최근에 가장 인상 깊었던 아버지의 모습은 선교 단체인 네비게이토에서 발행하는 성경 구절이 들어 있는 암송 카드를 항상 가지고 다니시면서 자투리 시간이 있을 때마다 암송하시는 모습입니다.

제가 2009년 처음으로 서부 아프리카 '말리'라는 나라를 탐방하려고 한국에서 비행기를 탔을 때, 부모님과 제가 지도하던 교회 청년들 중 청년회장과 몇몇 청년들이 마중을 나왔습니다. 나중에 청년회장이 저한테 하는 말이 "목사님, 아버지 목사님이 참 인상적이었습니다. 짐 부치고 나서 자투리 시간에 네비게이토 성경 구절을 암송하시는 모습이 참 인상적이었고, 도전이 되었습니다"라고 말할 때, 여러 가지 복합적인 마음이 들었습니다.

저는 어렸을 때부터 책읽기를 좋아하여 책을 많이 읽었습니다. 그리고 아버지에게 이런저런 영향을 받아서, 목사가 되고 선교사가 되었습니다. 그런데 그 청년회장은 저한테서는 그렇게 도전받았다는 소리를 한 번도 안 하더니, 제 아버지한테서 도전받았다는 소리를 들으니 은근히 아버지가 원망스럽기도 했습니다. '꼭 저를 마중하는 데까지 와서 성경 암송 카드를 보셨어야 했을까? 내가 지도하는 청년들과 교제하셨으면 좋았을 텐데……'라는 생각이 들었습니다. 하지만 다시 한 번 도전도 되고, 존경스러운 마음도 들고 부끄러운 마음도 들었습니다.

저는 아버지만큼 성경을 사모하고 묵상하고 암송하지 못하는 것에 대해 부끄러운 마음이 듭니다. 앞에도 적었지만 아버지는 시골에서 농사짓는 마을에서 자라셔서 책을 많이 접할 수 없는 환경에 계셨던 것에 비해 저는 서울의 좋은 환경에서 자라났음에도 불구하고 아버지만큼 하지 못하는 열심이 부끄럽습니다.

요즈음 아버지와 대화하면서 가장 많이 드는 생각은, 아버지는 성경을 대하는 태도가 저와는 좀 다르다는 것입니다. 아버지는 늘 하나님, 성령님, 예수님과 하나님의 말씀이 다 같다고 말씀하셨습니다. 저도 처음에는 '하나님, 성령님, 예수님과 말씀을 어떻게 같게 생각할 수 있을까?' 하며 이상하게 생각되었습니다.

그것은 이렇게 설명할 수 있습니다. 군대에서 여자친구의 편지를 받으면 그 글 속에 사람의 마음이 느껴지기 때문에, 마음이 뭉클하고 눈물이 납니다. 그 글 속에 여자친구의 애절한 마음이 있는 것입니다.

그런데 성경에 적혀진 하나님의 말씀은 그보다 비교할 수 없을 정도로 생명을 주는 하나님과 예수님 자체로 다가온다는 것입니다. 아버지가 풀어 주시는 말씀을 찬찬히 들어 보고, 저도 성경을 깊이 읽게 되면서 차차 그 말씀에 동의를 하게 되었습니다. 그리고 하나님 아버지를 닮아가기 위해서는 오로지 말씀밖에는 없다고 늘 주장하셨습니다. 아버지께서 왜 그렇게 말씀하셨는지 이번 장을 통해서 설명하게 될 것입니다.

이런 아버지를 모신 것이 참 복되다는 생각도 들고 한편으로는 '아버지가 하나님께 은혜를 많이 입은 사람이구나' 하는 생각도 들었습니다. 여러분은 하나님을 얼마나 사모하십니까? 여러분은 얼마나 하나님의 마음을 깨닫고, 그 성품을 닮아가기를 기도하고, 말씀을 읽으십니까? 우리가 정말 곰곰이 생각해 봐야 할 문제는 인간 스스로는 하나님을 깨달을 수가 없다는 것입니다.

1. 인간 스스로는 하나님을 깨달을 수 없다

신명기 29:2-4 (개역개정)

2. 모세가 온 이스라엘을 소집하고 그들에게 이르되 여호와께서 애굽 땅에서 너희의 목전에 바로와 그의 모든 신하와 그의 온 땅에 행하신 모든 일을 너희가 보았나니

3. 곧 그 큰 시험과 이적과 큰 기사를 네 눈으로 보았느니라

4. 그러나 깨닫는 마음과 보는 눈과 듣는 귀는 오늘 여호와께서 너희에게 주지 아니하셨느니라.

모세 시대에 하나님은 이스라엘 백성들에게 홍해 바다를 가르는 이적을 베푸시고, 불기둥과 구름기둥으로 이끄시고, 만나도 주셨습니다. 그러나 그것을 깨닫는 마음을 모두에게 허락하시지는 않았습니다. 굉장히 무서운 말씀입니다. 하나님은 출애굽 1세대들이 가나안 땅에 들어가는 것을 허락하지 않으셨습니다. 오직 여호수아와 갈렙만이 그렇게 수많은 사람들 중 선택되어 들어갈 수 있었던 것입니다. 하나님께서는 우리가 알 수 없는 그분의 결정으로 인해 출애굽해서 나온 사람들 중에 단 2명의 출애굽 1세대들에게만 가나안을 허락하신 것입니다. 1세대를 이끌었던 모세도 예외없이 가나안을 바로 눈앞에 두고 하나님이 데려가셨습니다.

지금 이 책을 읽고 있는 여러분들은 어떤 면에서 복 있는 사람입니다.

시편 1:2 (개역개정)

(복 있는 사람은) 오직 여호와의 율법을 즐거워하여 그의 율법을 주야로 묵상하는도다.

여러분은 어쨌거나 말씀을 더 깊이 읽고 묵상하려고 이 책을 폈을 것입니다. 말씀을 사모하고, 읽고, 주야로 묵상하는 사람이 과연 몇 명이나 되는지 본인을 포함해서 주변을 한번 둘러보십시오. 가장 먼저 깨달아야 할 것은 하나님의 말씀을 진정 사모하는 사람, 또 가나안에 들어갈 만한 믿음을 가진 사람은 생각하는 것만큼 많지 않고 소수라는 것입니다. 이것은 구약시대뿐만 아니라, 우리가 살아가는 신약시대에도 마찬가지입니다.

누가복음 18:8 (개역개정)

내가 너희에게 이르노니 속히 그 원한을 풀어 주시리라 그러나 인자가 올 때에 세상에서 믿음을 보겠느냐 하시니라.

예수님께서도 예수님이 재림하시기 전 하나님을 사모하는 신앙을 가진 사람이 별로 없을 것이라고 말씀하십니다. 아무나 다 말씀을 읽고, 깨닫고, 영생을 얻는 것이 아니라 하나님이 허락해 주신 사람들에게 한정된 귀한 일이라는 것입니다. 이 글을 읽고 있는 여러분 가운데, 말씀을 더 깊이 사모하는 마음이 있는 분들은 복 있는 사람들입니다.

인간 스스로는 절대로 하나님을 알 수가 없습니다. 하나님이 깨닫는 마음을 주신 사람에게만 그 귀한 말씀이 마음에 들어가는 것입니다.

고린도후서 4:3-4 (개역개정)

3. 만일 우리의 복음이 가리었으면 망하는 자들에게 가리어진 것이라.

4. 그중에 이 세상의 신이 믿지 아니하는 자들의 마음을 혼미하게 하여 그리스도의 영광의 복음의 광채가 비취지 못하게 함이니 그리스도는 하나님의 형상이니라.

복음은 항상 가리어져 있습니다. 이 세상의 신은 무엇을 말합니까? 마귀를 말합니다. 교회에 출석한다고 다 크리스천이 아닙니다. 마귀는 어떻게 해서든 우리의 마음을 가려서 복음을 듣지 못하도록 우리를 분주하게 하고, 깊이 묵상하지 못하도록 우리를 조종하려고 합니다. 그러나 감사할 것은 하나님께서 우리에게 길을 열어 주셨다는 것입니다.

에베소서 1:17 (개역개정)

우리 주 예수 그리스도의 하나님, 영광의 아버지께서 지혜와 계시의 영을 너희에게 주사 하나님을 알게 하시고.

지혜와 계시의 정신이 무엇입니까? 성령이십니다. 성령이 계시해 주시고 알려 주셔야 우리 인간이 하나님을 알 수 있다는 말입니다. 그런 면에서 우리가 하나님을 알게 되고, 하나님의 자녀가 된 것이 얼마나 큰 은혜인가 다시 생각해 보게 됩니다.

예수님께서 마리아의 몸을 입고 태어나셨을 때 그 예수가 하나님이라고 깨달은 사람들도 그냥 안 것이 아니고 성령님이 알려 주셔서 깨달을 수 있었습니다. 요셉과 마리아에게 천사가 "이 아이는 성령으로 태어날 것이고, 자기 백성을 세상 가운데에서 구원할 구세주라"고 말씀하셨습니다. 이는 성령께서 알려 주신 것입니다. 또 들에 있는 목자들에게 성령께서 천사를 통해 알려 주신 것입니다. "너희를 위하여 구주가 나셨으니 곧 다윗의 자손, 구주라"고 하면서 베들레헴에 가 보라고 목자에게 알려 주셨습니다.

누가복음 2:8-11 (개역개정)

8. 그 지역에 목자들이 밤에 밖에서 자기 양떼를 지키더니

9. 주의 사자가 곁에 서고 주의 영광이 그들을 두루 비취매 크게 무서워하는지라.

10. 천사가 이르되 무서워하지 말라 보라 내가 온 백성에게 미칠 큰 기쁨의 좋은 소식을 너희에게 전하노라.

11. 오늘 다윗의 동네에 너희를 위하여 구주가 나셨으니 곧 그리스도 주시니라.

시므온 할아버지에게도(눅 2:25-34), 안나 할머니에게도(눅 2:36-38), 동방 박사(마 2:1-12)에게도 성령께서 알려 주셨습니다. 동방 박사는 어떤 사람들이었습니까? 지금으로 말하면 이라크, 이란 지역에 있는 사람들을 가리키는데, 그들은 성령을 통해서 예수님을 알게 되었습니다.

민수기 24장 17절 말씀에 "한 별이 나타난다"라고 예언되었습니다. 이런 성경 말씀을 알고 있던 유대인들이 그 지역에 포로로 잡혀가서 그 동방 박사들에게 전해주었습니다. 전해 들은 내용을 토대로 별의 움직임을 보고 연구하는 천문학자들은 예수님이 탄생하셨을 때 별의 움직임을 보고 예수가 나타났다는 것을 알게 되었습니다. 아기 예수가 태어난 것을 알고서 유대 나라까지 찾아와서 예수님께 경배한 것입니다.

마리아와 요셉, 목자들, 시므온 할아버지, 한나 할머니, 동방 박사, 이들은 전부 아기 예수를 하나님으로, 메시아로, 구세주로 안 것입니다. 어떻게 알았을까요? 누가 알려 주었나요? 바로 성령님이 알려

주셔서 알게 된 것입니다.

지금도 마찬가지입니다. 에베소서 1장 17절 말씀대로 지혜와 계시의 영이신 성령님이 예수님을 알려 주셔야만 우리가 예수님을 구세주로 믿을 수 있는 것입니다. 그래서 예수는 하나님의 감추어진 비밀이라고 했습니다.

골로새서 2:2 (개역개정)

이는 그들로 마음에 위안을 받고 사랑 안에서 연합하여 확실한 이해의 모든 풍성함과 하나님의 비밀인 그리스도를 깨닫게 하려 함이니.

이 말씀에 보면 하나님의 비밀인 예수 그리스도에 대한 복음이 들려질 때 성령님이 깨닫게 해주신다는 것입니다. 믿음은 들음에서 나고 들음은 그리스도의 말씀으로 인함(롬 10:17)이라고 했습니다. 이 생명의 말씀을 통해 성령님이 가르쳐 주시고 말씀을 들을 때 깨닫게 되는 것입니다. 예수는 아무나 믿는 것이 아닙니다. 선물을 받아야 합니다. 성령 하나님께서 선물로 주실 때 우리가 예수를 믿게 되는 것입니다.

에베소서 2:8 (개역개정)

너희는 그 은혜를 인하여 믿음으로 말미암아 구원을 받았으니 이것은 너희에게서 난 것이 아니요 하나님의 선물이라.

요한복음 4:23-24 (개역개정)

23. 아버지께 참되게 예배하는 자들은 영과 진리로 예배할 때가
오나니 곧 이 때라 아버지께서는 자기에게 이렇게 예배하는 자들을
찾으시느니라

24. 하나님은 영이시니 예배하는 자가 영과 진리로 예배할지니라.

하나님은 영이시라고 했습니다. 그래서 인간의 육신의 눈으로는 하나님을 볼 수가 없습니다.

고린도전서 2:9-10 (개역개정)

9. 기록된 바 하나님이 자기를 사랑하는 자들을 위하여 예비하신
모든 것은 눈으로 보지 못하고 귀로 듣지 못하고 사람의 마음으로
생각하지도 못하였다 함과 같으니라

10. 오직 하나님이 성령으로 이것을 우리에게 보이셨으니 성령
은 모든 것 곧 하나님의 깊은 것까지도 통달하시느니라.

오직 성령이 우리에게 이것을 알게 하십니다. 성령은 하나님의 깊은 것이라도 통달한다고 말씀해 주고 있는 것입니다.

디모데전서 6:15-16 (개역개정)

15. 기약이 이르면 하나님이 그의 나타나심을 보이시리니 하나
님은 복되시고 유일하신 주권자이시며 만왕의 왕이시며 만유의 주
시요

16. 오직 그에게만 죽지 아니함이 있고 가까이 가지 못할 빛에 거

하시고 어떤 사람도 보지 못하였고 또 볼 수 없는 이시니 그에게 존귀와 영원한 권능을 돌릴지어다 아멘.

어떤 사람도 보지 못하였고 볼 수도 없다고 했습니다. 오직 성령께서만 하나님을 더 알게 하도록 깨닫게 하시고 이끄실 수 있습니다. 그래서 이 글을 읽고 있는 여러분은 이렇게 기도해야 합니다.

"저에게 하나님을 더 알게 해주시고, 성령을 더 깊이 사모하고, 성경을 더 깊이 깨달을 수 있도록 도와주세요."

이러한 기도만큼 하나님을 기쁘시게 하는 기도가 어디 있겠습니까? 이 기도만큼 하나님이 기쁘게 들어주고 싶은 기도가 어디 있겠습니까? 사모하는 마음을 가진 복된 하나님의 자녀들에게 성령께서 더 깨닫게 하실 것입니다.

2. 하나님이 성령으로 하나님을 알려 주시는 두 가지 방법

인간은 하나님을 절대로 알 수 없습니다. 하나님 자신이 본인을 나타내 보여주셔야 우리가 깨닫고 알게 되는 것입니다. 하나님은 두 가지 방법으로 하나님 자신을 우리에게 나타내십니다.

첫째로, 하나님은 자연을 통해서 우리에게 나타나십니다. 이것을 신학적 용어로는 일반 계시, 자연 계시라고 합니다.

로마서 1:20 (개역개정)

창세로부터 그의 보이지 아니하는 것들 곧 그의 영원하신 능력과 신성이 그 만드신 만물에 분명히 보여 알려졌나니 그러므로 그들이 핑계하지 못할지니라.

하나님은 자연을 통해 말씀하십니다. 우리는 매일 해가 지고 뜨지만 그것이 참으로 경이롭다는 것을 알고 있습니다. 그래서 새해에는 해맞이를 하러 정동진에 가기도 합니다.

그리고 시골에 가면 밤하늘의 별들이 그렇게 아름다울 수가 없습니다. 어떤 TV광고에서는 "자연은 하나의 위대한 명작"이라고 말합니다. 그렇습니다. 우리는 자연을 통해서 하나님을 느낄 수 있습니다(시 19:1-6; 욥 26:7; 고전 8:6; 행 14:17).

어떤 우주 비행사는 우주에 나가서야 비로소 하나님을 온전히 믿게 되었다고 합니다. 이렇듯 우리는 자연 가운데 이를 창조하신 하나님의 숨결을 느낄 수 있습니다. 그러나 이런 자연으로 나타내 보여주시는 하나님의 모습을 통해서는 우리가 구원에 이르지는 못합니다. 왜냐하면 우리는 오직 예수 그리스도를 마음 가운데 구주와 주인으로 받아들일 때만 구원에 이를 수 있기 때문입니다.

그래서 예수 그리스도는 성경을 통해 하나님을 계시하는 일을 하고 계십니다. 자연을 통해서 하나님께서 자신의 존재와 능력을 나타내셨다는 것은 진리입니다. 그러나 자연을 통해서 나타내신 것은 그것이 전부라고 말하는 것도 역시 진리입니다. 사람들은 하나님의 능력을 인정할 수 있습니다. 그러나 하나님의 계획을 알려면 성경을 보아야 합니다. (참고: 제임스 보이스, 《요한복음 강해》, 4장 하나님이 말씀

하셨습니다)

두 번째로 하나님은 말씀을 통해서 우리에게 하나님 자신을 나타내십니다. 이것을 신학적 용어로 특별 계시, 성경 계시라고 합니다. 우리는 말씀을 통해서만 하나님의 계획과 구원에 이를 수 있습니다. 말씀이 얼마나 중요한지 성경을 통해 자세히 살펴보도록 하겠습니다.

요한복음 1:1 (개역개정)

태초에 말씀이 계시니라 이 말씀이 하나님과 함께 계셨으니 이 말씀은 곧 하나님이시니라.

사도 요한은 예수님께서 태초의 말씀이라고 말씀하십니다. 예수님이 천지를 지으셨던 말씀이시라는 것입니다. 공부를 잘하는 사람들은 맨 처음에 자기의 주장을 명확하게 나타내고, 그다음에 내가 왜 이 주장을 하게 되었는지 근거를 댑니다. 사도 요한은 요한복음에서 자신의 첫 문장을 이렇게 시작합니다. 그리고 마지막에서는 "너희로 믿고 그 이름을 힘입어 생명을 얻게 하려 함이니라"(요 20:31)고 말씀합니다. 사도 요한은 이 말씀이신 예수님을 믿으라고 말하는 것입니다.

여기에 나오는 '말씀'은 헬라어로 로고스입니다. 이 '로고스'라는 의미는 신이 자기 자신을 드러내는, 신적 계시라는 뜻입니다. 즉 예수님은 '생명을 만들어 내는 말씀', '창조의 말씀'으로 본인을 태초에 드러내셨다는 말입니다. 이 '하나님의 말씀'으로 오신 예수님을 우리는 요한계시록 19장 13절에서 다시 발견합니다.

요한계시록 19:11-13 (개역개정)

11. 또 내가 하늘이 열린 것을 보니 보라 백마와 그것을 탄 자가
있으니 그 이름은 충신과 진실이라 그가 공의로 심판하며 싸우더라
12. 그 눈은 불꽃 같고 그 머리에는 많은 관들이 있고 또 이름 쓴
것 하나가 있으니 자기밖에 아는 자가 없고
13. 또 그가 피 뿌린 옷을 입었는데 그 이름은 하나님의 말씀이라
칭하더라.

요한계시록 19장은 예수님의 마지막 재림을 하늘에서 백마 탄 자의 모습으로 비유하여 말씀하십니다. '창조의 말씀'으로 태초에 천지를 하나님과 함께 창조하시던 예수님은 마지막 '하나님의 말씀'으로 다시 나타나시는 것입니다. 성경을 통해 예수님 자신이 시작과 마지막의 '말씀'이신 것을 확인할 수 있습니다.

요한계시록 22:13 (개역개정)

나는 알파와 오메가요 처음과 마지막이요 시작과 마침이라.

디모데후서 3:16 (개역개정)

모든 성경은 하나님의 감동으로 된 것으로 교훈과 책망과 바르게 함과 의로 교육하기에 유익하니.

여기에서 '감동되었다'(영감되었다)라는 형용사는 헬라어로 'θεόπνευστος'(데오프뉴스토스)입니다. 이 헬라어의 본뜻은, '하나님이 숨을 불어넣다'라는 뜻입니다. 모든 '성경'은 하나님이 생명을 불어

넣었다는 말입니다. 그래서 '하나님의 말씀'은 살아서 역사합니다.

> 히브리서 4:12 (개역개정)
>
> 하나님의 말씀은 살아 있고 활력이 있어 좌우에 날선 어떤 검보다도 예리하여 혼과 영과 및 관절과 골수를 찔러 쪼개기까지 하며 또 마음의 생각과 뜻을 판단하나니.

히브리서 기자는 하나님의 말씀은 살아서 역사함으로 우리를 능히 변화시킨다고 말씀하십니다. 아버지는 성경에서 하나님의 말씀을 대할 때, 말씀이 살아서 역사하는 것을 진실로 믿었습니다. 사도 요한이 예수님을 알파와 오메가, 시작과 끝에 하나님과 함께 계셨던 '말씀'으로 설명한 것과 같이 '하나님의 말씀'을 하나님과 예수님을 대면하듯이 받아들였던 것입니다. '살아서 역사하는 말씀'으로 믿고, 읽고, 묵상하고, 외웠던 것입니다.

이러한 면에서 아버지는 성경에 나타난 하나님의 '말씀'을 하나님을 닮아가는 유일한 길로 귀하게 생각하셨습니다. 그렇기 때문에 '하나님의 말씀'을 대하는 자세가 저와 차이가 날 수밖에 없습니다. 그런 아버지의 모습은 저에게 좋은 도전이 됩니다.

> 요한복음 14:6 (개역개정)
>
> 예수께서 이르시되 내가 곧 길이요 진리요 생명이니 나로 말미암지 않고는 아버지께로 올 자가 없느니라.

시편 31:5 (개역개정)

내가 나의 영을 주의 손에 부탁하나이다 진리의 하나님 여호와여 나를 속량하셨나이다.

요한복음 16:13 (개역개정)

그러나 진리의 성령이 오시면 그가 너희를 모든 진리 가운데로 인도하시리니 그가 스스로 말하지 않고 오직 들은 것을 말하며 장래 일을 너희에게 알리시리라.

요한복음 17:17 (개역개정)

그들을 진리로 거룩하게 하옵소서 아버지의 말씀은 진리니이다.

성경은 하나님, 예수님, 성령님이 진리라고 증거합니다. 그런데 성령님께서 자의로 말씀하시지 않고 오직 듣는것을 말씀하신다고 하십니다. 결국 성령님이 진리의 말씀을 통해서 일하신다는 것을 알 수 있습니다. 곧 삼위 되신 하나님이 진리이신 것처럼 하나님의 말씀도 하나님이 숨결을 불어넣으셨기 때문에, 생명과 진리의 말씀이십니다. 그래서 우리는 '성경'을 대할 때 단지 '하나님의 말씀이 쓰여진 것' 정도가 아니라 히브리서 기자의 말대로 매 순간 '성경을 통해 인격적으로 나에게 말씀하시는 하나님'으로 믿어야 합니다. 말씀을 어떤 태도로 대하느냐에 따라 신앙생활이 달라지기 때문입니다.

기독교는 종교가 아니라 진리입니다. 그래서 하나님의 말씀 안에는 생명이 있습니다. 성령이 말씀을 통해 나에게 역사합니다.

고린도후서 5장 14절 말씀을 보면 "그리스도의 사랑이 강권하시는도다"라고 말씀합니다.

신앙생활을 하는 데 있어서 성령을 통해 신적 계시인 '말씀'에 대해 깨달음을 받아 그 사랑이 내 마음을 강하게 충동질하고 감동시켜 나를 끌어간다는 것입니다. 저도 선교지까지 오게 되었을때, 가만히 생각해 보면 성령님이 '말씀' 을 통해 하나님의 사랑을 더 알게 하시고 깨닫게 하셔서, 하나님의 사랑이 저를 강권하셨다고 말할 수밖에 없습니다. 한국기독교선교 100주년기념교회를 담당하시는 이재철 목사님은 그의 책 《사명자반》에서 '하나님의 말씀이 나를 삼킨다'라고 표현합니다. 참 인상적이었습니다. 도전이 되어서 같이 나누어 봅니다.

> 우리가 하나님의 말씀을 삼키기만 하면, 그다음부터는 하나님의 말씀이 우리를 삼키신다. 그 결과 우리의 삶 속에 말씀의 열매가 결실되기 시작한다. 하나님의 말씀은 단순한 활자가 아니라, 천지를 창조하신 하나님의 살아 있는 능력의 말씀이다. 한번 말씀을 먹어 본 사람이 계속 말씀을 먹고, 그 말씀에 자신의 모든 것을 걸게 되는 이유가 바로 여기에 있다.
>
> 그래서 하나님의 말씀을 먹은 에스겔은 척박한 바벨론 포로 시절에도 사명자의 길을 완주할 수 있었고, 예수님의 로고스를 먹은 사도 바울은 그 로고스를 드러내는 사명을 위해서라면 결박이나 환난 정도는 말할 것도 없고, 자신의 생명조차 조금도 귀한 것으로 여기지 않았다. 그대가 지금부터 매일 하나님의 말씀을 먹고 삼키는 사람이 된다면, 그대가 의식하지 않았도 그대는 훌륭한 사명자로 살게 될 것이다. 그대가 삼킨 하나님의 말씀이 날마다 그대를

삼켜 주실 것이기 때문이다.(이재철, 《사명자반》, p. 59)

어떤 자에 한해서 이 일이 이루어집니까? 말씀을 사모하는 자에게 성령의 역사가 이루어진다는 것입니다.

빌리 그레이엄(Billy Graham) 목사님은 사역 초기에 성경의 권위와 정확성에 대한 의심으로 고통스러워했습니다. 달 밝은 어느 날 밤, 그는 무릎을 꿇고 눈물을 흘리며 하나님께 기도했습니다. 그 순간 이해하지 못한 구절들이 있더라도 성경을 자신의 삶과 사역의 유일한 권위로 온전히 신뢰하겠다고 하나님께 고백했습니다. 그날부터 그의 삶은 비범한 능력과 효과적인 사역의 복을 누렸습니다.(인용: 릭 워렌, 《목적이 이끄는 삶》, Day 24, 진리로 인한 변화)

여러분은 성경을 어떠한 태도로 읽고 보십니까? 다시 한 번 말씀드리지만, 이 책을 읽고 계시는 여러분은 복 있는 자들입니다. 성령님께서 성경을 사모하는 마음을 주셨기 때문에 이 책을 읽고 있는 것입니다. 여러분은 말씀을 통해서 진리로 갈 수 있습니다.

시편 1:2-3 (개역개정)

2. (복 있는 사람은) 오직 여호와의 율법을 즐거워하여 그의 율법을 주야로 묵상하는 자로다

3. 그는 시냇가에 심은 나무가 철을 따라 열매를 맺으며 그 잎사귀가 마르지 아니함 같으니 그가 하는 모든 일이 다 형통하리로다.

복있는 사람은 주의 말씀을 갈망합니다.

3 하나님은 누구신가?

하나님을 아는 것에 정말 많은 힘을 쏟아야 합니다. 하나님은 우리를 그렇게 부르기 때문입니다. 하나님은 우리를 창조하셨고, 우리가 그분의 성품을 알기 원하십니다. 그렇게 될 때에야 비로소 우리는 진리 안에서 자유를 누립니다.

요한복음 17:3 (개역개정)

영생은 곧 유일하신 참 하나님과 그가 보내신 자 예수 그리스도를 아는 것이니이다.

요한복음 8:32 (개역개정)

진리를 알지니 진리가 너희를 자유롭게 하리라.

영원한 생명은 하나님과 예수 그리스도를 아는 것에 있다고 사도 요한은 말합니다. 그리고 그분을 알 때 우리가 진정으로 자유케 된다고 말씀해 주고 있습니다.

호세아 6:3 (개역개정)

그러므로 우리가 여호와를 알자 힘써 여호와를 알자 그의 나타나심은 새벽 빛같이 어김없나니 비와 같이, 땅을 적시는 늦은 비와 같이 우리에게 임하시리라 하리라.

하나님께서는 우리가 힘써 하나님을 알려는 열심이 있으면, 우리에게 이른 비와 늦은 비를 적절하게 내려 주심과 같이 우리에게 나타나셔서 알려 주신다고 말씀하십니다.

이른 비는 씨를 뿌리고 싹이 날 때 오는 비이고, 늦은 비는 추수 전에 곡식이 익기 전에 내리는 비입니다. 하나님께서는 이와 같이 우리가 하나님을 힘써 알려고 하면 필요한 때에 하나님 자신을 알려 주신다고 말씀하시는 것입니다.

호세아 시대에는 하나님께서 비를 주시지 않았습니다. 오히려 앗수르를 통해 이스라엘을 치셨습니다. 그러나 호세아서는 믿음으로 하나님께서 이스라엘을 회복시킬 것을 말씀해 주고 있습니다. 호세아 시대에 비록 비가 내리지 않았지만 호세아는 평안과 자유를 누렸습니다. 여호와를 신뢰하고, 비를 주시는 분으로 이미 알고 있었기 때문입니다. 이런 호세아 같은 크리스천이 지금 이 시대에 필요합니다. 아무것도 주지 않아도 하나님을 알기 때문에 만족하는 사람, 아무런 비를 안 주셔도 믿음으로 이른 비와 늦은 비를 취할 수 있는 사람이 필요합니다.

2013년 겨울에 갈멜산 금식 기도원에서 위문 박스를 받았습니다. 그 기도원은 매년 연말에 후원금을 모아서 각 나라에 있는 선교사님들에게 위문 박스를 보낸다고 합니다. 박스에는 라면, 속옷, 과자 등이 있었는데, 《Jesus All》이라는 책이 한 권 함께 왔습니다. 저는 갈멜산 기도원 원장님이 참 지혜로운 분이라는 것을 깨달았습니다. 왜냐하면 상자 안에 이런저런 것을 챙겨 주신 다음에, 책을 한 권 넣어 주셨는데 그게 바로 이 책이기 때문입니다. 이 책은 예수님 한 분만으로 충분한 것에 대해서 말해 주고 있습니다.

다시 말하면, 그 원장님은 선교사들에게 기본적인 것, 예수님에 대해 다시 충분히 묵상하고 기본으로 돌아가라고 이 책을 통해 돌려서 권면하고 계시는 것이었습니다.

이 책의 저자 튤리안 차비진은 빌리 그레이엄 목사님의 외손자입니다. 젊은 목회자이고 작은 교회를 목회하다가, 2009년 대형 교회와 통합하는 과정에서 자신이 사람들의 인정과 인기에 연연하지 않을 줄 알았는데 자신을 비판하고 비난하는 여러 사람들 가운데서 그것을 느끼고 괴로워했습니다. 그러다가 6월에 휴가를 얻고, 골로새서를 읽는 가운데, 예수님 한 분만으로 충분한 것에 대해서 다시 한번 느끼고 감사하게 됩니다. 그리고 이 책을 썼습니다.

> 골로새서의 첫 장을 읽는데 갑자기 눈앞이 환해졌다. 성령이 내 눈을 열어 그리스도와 복음만으로 모든 것이 충분하다는 사실을 보게 해주셨다. 이 진리와 내가 겪는 현실의 연관성이 더없이 분명하게 보였다. 그 순간, 고통스러운 사슬이 내게서 떨어져 나가는

것을 느꼈다. 나에 관한 진실이 훤히 드러났다. 그전까지는 내가 얼마나 사람들의 인정에 연연했는지를 전혀 알지 못했다. 코럴릿지 교회에서 사람들의 거부를 톡톡히 경험한 뒤에야 그것을 깨달았다. 지금까지 어느 교회를 가든 사랑과 인정을 받아 왔었다. 그런데 난생처음으로 미움과 불신의 한복판에 서게 되었다. 그것도 한두 사람이 아닌 사방에서 공격이 날아왔다. 그제야 내가 이미 나의 것인 예수님의 인정과 사랑에 만족하지 못하고 다른 것에 의지해 왔다는 사실을 깨달았다. 하나님은 내가 그리스도 안에서 '이미' 받은 것을 더 깊이 깨달으라고 말씀하셨다. 너무도 오랫동안 나는 다른 사람들의 인정 속에서 자존감과 삶의 의미를 찾아왔다.

이제 하나님은 복음을 새롭게 밝혀 주심으로 나를 그 노예 상태에서 구해 내는 작업을 시작하였다. 예수님이 우리를 위해 의를 이루셨으니 더 이상 우리는 남들의 눈에 들려고 애를 쓸 필요가 없다. 이러한 복음만이 우리를 인정 중독에서 해방시킬 수 있다는 사실을 나는 뼈저린 경험을 통해서야 겨우 깨닫기 시작했다. 주님의 복음은 가장 어둡고 절박한 순간에 내게 찾아왔다. 능력의 말씀을 통해 나는 해방되어 변화되고 회복되었다.(튤리안 차비진, 《Jesus All》, pp. 34-35)

저는 빌리 그레이엄 목사님을 좋아하고 존경하는데, 가장 존경하는 부분은 그분의 꾸준함입니다. 그는 50년 이상을 사역하시면서 늘 꾸준히 말씀을 전하고, 늘 능력 되신 말씀을 선포했습니다. 별다른 추문이나 어려운 시기도 없는 듯 보였습니다. 어떻게 그렇게 늘 꾸준하실 수 있을까? 항상 궁금했는데, 어느 인터뷰에서 그 의문이 풀렸습니다.

어느 인터뷰에서 "어떻게 그렇게 오랜 시간 50년 이상 하나님 앞에 쓰임을 받을 수 있었는가?"라고 질문하자, 빌리 그레이엄 목사님은 이렇게 대답했다고 합니다. 1년에 두 달은 꼭 전기도 제대로 들어오지 않는 시골 지역에 가서 깊은 묵상과 충전을 가진다고 말입니다.

저는 선교사로서 사역을 감당할 때 이 말씀을 가끔씩 되새김질해봅니다. 이 내용이 참 저에게 인상 깊었습니다. 그리고 이 이야기를 마음속 깊이 담아보았습니다. 사역의 가장 기초는 하나님과의 깊은 교제입니다. 그런데 이렇게 단순한 진리를 부와 명성과 바쁜 사역 때문에 많은 사역자들이 놓치고 맙니다.

세상에는 재미있는 통계들도 많이 있는데, 미국에서 성적인 유혹에 빠져 어려움을 겪었던 목사님들을 대상으로 "어떻게 하다가 그런 성적인 어려움에 빠졌느냐"라고 인터뷰를 하니까, 그 질문에 응답한 목사님들의 대부분의 대답이 "바쁘게 사역하다 보니까 어느 순간 나도 모르게 하나님과의 깊은 교제 시간이 줄어들고 없어져 버렸다. 그러면서 그런 성적인 죄를 저지르고 말았다"라는 것입니다. 그런 면에서 빌리 그레이엄 목사님은 참 은혜를 많이 입은 목사님이라는 생각이 들었습니다. 본질적인 것을 놓치지 않으니까 오랜 시간 꾸준하게 사역을 감당할 수 있었습니다.

사랑하는 여러분, 목사도 바쁘면, 사역에 치이면, 예수님 한 분만으로 만족할 수 있다는 것을 잊습니다. 튤리안 차비진이라는 목회자가 이리저리 치이고 나서, 골로새서를 통해서 주님 안에서 얼마나 회복되는지, 얼마나 평안을 누리는지 《Jesus All》이라는 책을 통해 간증해 주고 있습니다. 우리가 따로 시간을 떼어내어 하나님의 성품과 하나님을 아는 일에 시간을 들이지 않는다면 우리는 바울이 고백한 대로 바울이 버린 나머지 것에 우리의 시간을 쓰게 될 것입니다.

빌립보서 3:8 (개역개정)

또한 모든 것을 해로 여김은 내 주 그리스도 예수를 아는 지식이 가장 고상하기 때문이라 내가 그를 위하여 모든 것을 잃어버리고 배설물로 여김은 그리스도를 얻고.

이곳 말리에서 가장 축복된 것이 있다면 바로 시간 여유가 있다는 것입니다. 너무 덥기 때문에 한국처럼 일을 하지 못하고 중간 중간에 꼭 쉬어야 합니다. 그런 시간에 많은 생각을 다시 하게 됩니다. 그러면 정말 본질적인 것은 다름아닌 하나님을 알아가는 것이라는 것을 다시 한 번 깨닫게 됩니다.

한국에서는 열심히 일을 합니다. 그리고 시간을 빈틈없이 사용합니다. 그런데 일을 열심히 해서 좋은 성과를 얻으면 뭐합니까? 그 사람에게는 더 많은 일이 기다리고 있습니다. 일을 잘하면 잘할수록 더 많은 일을 시킵니다. 돈도 더 많이 벌게 되고, 그게 좋으니까 계속 쉬지 않고 일합니다. 번 돈을 제대로 쓰지도 못하고, 어떻게 쓰는 것이 보람된 것인지도 모릅니다. 불쌍한 인생입니다.

여러분은 어떻습니까? 예수 그리스도를 충분히 누리고 있습니까? 하나님을 아는 일(말씀에 대한 갈망함)에 여러분의 시간을 드리고 있습니까? 이 책을 통해서 예수 안에 거한다, 머무른다는 것에 대해 되새김질하는 시간을 더 갖게 되시길 바랍니다. 이번 장에서는 하나님의 성품과 삼위일체 되신 하나님의 속성에 대해서 알아보겠습니다.

약간 어려운 부분이지만 잘 소화시켜서 신앙의 기초를 쌓는 데 도움이 되시면 좋겠습니다.

하나님은 어떤 분이십니까?

하나님께서 가지고 계신 성품과 속성 중에는 우리가 닮은 부분이 있지만 우리가 닮지 못하는 부분이 있습니다. 즉 하나님의 고유한 속성입니다. 이것을 신학적인 용어로는 '비공유적 속성'이라고 합니다. 하나님은 세상의 유일한 참 신이시기 때문에 사람과 공유가 안 되는 고유하신 속성이 있습니다. 이번 장에는 그것을 생각해 보고, 다음 장에서는 우리가 창조될 때 닮은 하나님의 성품(공유적 속성)을 알아보기로 하겠습니다.

1. 하나님은 스스로 계신 분입니다

하나님은 스스로 계신 분입니다. 출애굽기 3장 13-14절에서 하나님께서는 애굽에서 종살이하고 있는 이스라엘 백성들을 모세로 하여금 구출해 내겠다고 하시면서 모세가 "내가 가면 누가 나를 보냈다고 이야기해야 합니까?"라고 하나님께 묻자, 하나님께서는 "나는 스스로 있는 자이다"라고 말씀하셨습니다. 누구에게도 간섭받거나 제재를 받지 않으신다는 말입니다. 하나님은 유일하게 "스스로 계시는 하나님"이십니다.

2. 하나님은 전능하신 분입니다

창세기 17장 1절, 28장 3절, 35장 11절 말씀에 "하나님은 전지전능하다"라고 말씀하십니다. 이 말씀은 무슨 뜻입니까? 모든 것을 다 알고, 모든 것을 다 할 수 있다는 것입니다.

예수님이 하나님으로 이 땅에 오셨는데, 예수님께서 말씀하시는 대로 다 이루어지셨습니다.

풍랑이 일어난 바다를 향해 "바다야, 잔잔하라"라고 하셨을 때, 자연이 그 앞에 순종하였습니다. 죽은 나사로를 향해 "나오라"고 했을 때에도 죽은 나사로가 나왔습니다.

만일에 나사로의 이름만 안 부르고 죽은 자들을 다 나오라고 했으면 어떻게 됐을까요? 죽은 자들 모두 살아났을 것입니다. 그래서 하나님을 전지전능하시다고 하는 것입니다.

3. 하나님은 창조자 하나님이십니다

골로새서 1:16-17 (개역개정)

16. 만물이 그에게서 창조되되 하늘과 땅에서 보이는 것들과 보이지 않는 것들과 혹은 왕권들이나 주권들이나 통치자들이나 권세들이나 만물이 다 그로 말미암고 그를 위하여 창조되었고

17. 또한 그가 만물보다 먼저 계시고 만물이 그 안에 함께 섰느니라.

해와 달과 별들, 그리고 자연 만물을 통해 하나님이 창조자이심을

알 수 있습니다. 또한 보이는 것뿐만 아니라 보이지 않는 영의 세계도 하나님께서 지으셨습니다. 그래서 우리는 인간도 하나님의 피조물이고, 눈에 보이는 것과 보이지 않는 모든 것을 전부 하나님이 지으셨다는 것을 기억해야 합니다.

4. 하나님은 생명의 근원, 주권자이십니다

하나님은 땅의 근원이십니다. 이 땅의 모든 것들은 하나님께서 만드셨습니다. 그것이 식물이든지, 동물이든지, 사람이든지 생명체는 다 하나님께서 지으시고, 그 생명을 유지하도록 붙들고 계시는 분도 하나님이십니다.

> 로마서 11:36 (개역개정)
>
> 이는 만물이 다 주에게서 나오고 주로 말미암고 주에게로 돌아감이라 그에게 영광이 세세에 있을지어다 아멘.

하나님이 지으시고 그 생명을 주관하시고 그 생명을 소멸하시는 분이라는 것입니다. 죽고 사는 것을 우리 마음대로 할 수 없습니다.

> 잠언 16:9 (개역개정)
>
> 사람이 마음으로 자기의 길을 계획할지라도 그의 걸음을 인도하시는 이는 여호와시니라.

우리 인생의 주인은 우리 자신이 아니고 하나님이십니다. 그 하나님이 영으로 지금 우리 속에 들어오셔서 주인 되셔서 믿는 자들 안에 계시고 인도하시는 것입니다.

5. 하나님은 복의 근원이십니다

창세기 26:12 (개역개정)

이삭이 그 땅에서 농사하여 그 해에 백 배나 얻었고 여호와께서 복을 주시므로.

창세기 39:1-2 (개역개정)

1. 요셉이 이끌려 애굽에 내려가매 바로의 신하 친위대장 애굽 사람 보디발이 그를 그리로 데려간 이스마엘 사람의 손에서 요셉을 사니라

2. 여호와께서 요셉과 함께하시므로 그가 형통한 자가 되어 그의 주인 애굽 사람의 집에 있으니.

하나님이 축복하시니 이삭이 백 배의 축복을 누린다고 했습니다.

요셉이 홀로 보디발에게 팔려 가지만 주님께서 요셉과 함께 계셔서 앞길이 잘 열리도록 그를 돌보셨다고 했습니다. 모든 삶의 주권이 하나님께 있습니다. 죽이기도 하시고 살리기도 하시고 가난하게도 하시고 부하게도 하시며 높이기도 하시고 낮추기도 하시는 분이 하나님이라는 사실을 깨달아야 합니다.

6. 하나님은 인간을 지으신 아버지이십니다

육신의 부모는 하나님의 대리자입니다. 우리 인생의 참 아버지는 하나님 아버지이십니다. 자비와 긍휼, 사랑이 한없이 많으신 분이십니다.

시편 139:13 (개역개정)

주께서 내 내장을 지으시며 나의 모태에서 나를 만드셨나이다.

이사야 49:15 (개역개정)

여인이 어찌 그 젖 먹는 자식을 잊겠으며 자기 태에서 난 아들을 긍휼히 여기지 않겠느냐 그들은 혹시 잊을지라도 나는 너를 잊지 아니할 것이라.

저희 아버지는 늘 이 두 말씀을 즐겨 인용하시곤 했습니다. "내가 너희 아버지이지만 실질적인 아버지는 하나님이시니까 하나님을 의지하고 살라"고 늘 말씀하셨습니다. 그렇습니다. 우리 육신의 부모가 우리를 만들고 낳은 것 같지만 하나님께서 저와 여러분을 모태에서 지으셨습니다. 부모가 나를 잊고 생각하지 않는 그 순간에도 늘 우리를 생각하고 눈동자같이 지켜보시는 분이 바로 우리의 하나님 아버지이십니다.

이 사실을 머리가 아니라 얼마나 가슴으로 받아들이는가에 따라 그 사람의 신앙의 기초가 달라지게 됩니다.

삼위일체 하나님

성경 말씀 중 가장 이해하기 어렵고, 신비스러운 것이 삼위일체 하나님의 교리입니다.

삼위일체를 분명히 아는 것에 초점을 맞추기보다, 우리가 삼위일체를 깨달을 수 있다는 그 은혜에 감사하고 감격하는 자세가 중요합니다. 우리는 계시해 주는 만큼만 깨달을 수 있기 때문입니다. 신기한 것은 어린아이들한테 삼위일체를 설명하면 그대로 믿는데, 어른들은 간혹 믿기 힘들어한다는 것입니다. 그들의 지식, 체험으로 깨달으려고 하기 때문입니다. 이 교리를 그저 나의 지식을 내려놓고, 어린아이와 같이 순전한 마음으로 받아들이시기 바랍니다.

하나님은 한 분인데 삼위가 있습니다. 그 삼위는 성부, 성자, 성령의 하나님이십니다. 그런데 성부, 성자, 성령의 하나님은 어떻게 일체가 되는가? 이것은 수학 공식처럼 2더하기1처럼 해석되는 것이 아닙니다.

예를 들어, 전기는 발전소 전기가 있고, 전류를 따라 전선으로 옮기는 전기가 있고, 또 집에서 켜지는 형광등 전기가 있습니다. 위에 언급한 전기는 모두 같은 전기입니다. 또 수박을 예로 들자면, 덩어리 자체와 수박을 썰어 놓은 것, 먹은 수박, 먹지 않는 수박, 이 모두 같은 수박입니다. 하지만 내용상으로 보면 다릅니다.

삼위일체 하나님은 같은 분이시지만 또 다른 인격적 존재를 가지고 계십니다. 신비에 싸여 있어 믿음으로만 알 수 있는 것입니다.

창세기 1:1-2 (개역개정)

1. 태초에 하나님이 천지를 창조하시니라

2. 땅이 혼돈하고 공허하며 흑암이 깊음 위에 있고 하나님의 영은 수면 위에 운행하시니라.

하나님의 영이 수면 위에 운행한다고 했는데, 하나님의 영이 바로 성령 하나님이십니다.

창세기 1장 26-27절에는 "우리가 우리의 형상을 따라 사람을 만들자"라고 기록되어 있습니다. 여기서 우리는 삼위(성부, 성자, 성령) 하나님을 가리킵니다. '우리'라는 표현을 통해서 성부, 성자, 성령 하나님이 태초의 천지 창조 때 함께 일하셨음을 알 수 있습니다.

그래서 구약 내용 전체를 보면 계속해서 삼위 하나님께서 다른 모습으로 성경 속에 나타나고 있습니다. 때로는 천사로, 때로는 멜기세덱으로 삼위 하나님이 나타나십니다.

마태복음 3:14-17 (개역개정)

14. 요한이 말려 이르되 내가 당신에게 세례를 받아야 할 터인데 당신이 내게로 오시나이까

15. 예수께서 대답하여 이르시되 이제 허락하라 우리가 이와 같이 하여 모든 의를 이루는 것이 합당하니라 하시니 이에 요한이 허락하는지라

16. 예수께서 세례를 받으시고 곧 물에서 올라오실새 하늘이 열리고 하나님의 성령이 비둘기같이 내려 자기 위에 임하심을 보시더니

17. 하늘로부터 소리가 있어 말씀하시되 이는 내 사랑하는 아들이요 내 기뻐하는 자라 하시니라.

위의 본문 말씀은 예수님이 세례 요한에게 세례를 받으시는 장면입니다. 예수님은 세례를 받으실 필요가 없습니다. 그런데 왜 세례 요한에게 세례 받기를 원하셨을까요? 세례 요한이 "내가 선생님에게 세례를 받아야 하는데 어찌하여 저에게 세례를 받으려 하시나이까?"라고 묻을 때, 세례를 받아 "하나님의 의를 이룬다"라고 말씀하셨습니다. '의'라고 하는 것은 '죄 없이함'을 의미합니다.

잠깐 세례의 의미를 살펴보면, 몇 가지로 나누어 볼 수 있습니다.

첫 번째는 성부, 성자, 성령의 이름으로 씻는 예식으로 우리 죄를 씻는 예식의 의미가 있습니다.

두 번째는 옛사람이 죽고 새사람으로 산다라는 의미입니다. 장로교에서는 세례를 줄 때 약식으로 머리에 물을 뿌리고 적셔 세례식을 합니다. 침례교에서는 물을 저장해서 침례복을 입고 물속에 빠지게 하는데 그것은 죽었다는 의미이고, 담겨졌다가 다시 나올 때 살았다는 것을 의미합니다.

세 번째는 그리스도에게 접붙임을 받는다라는 의미입니다. 좋지 않은 가지가 좋은 나무에 접붙이게 되면 좋은 열매를 맺게 되는 것과 같이 우리 죄인인 인간이 이 예수님께 접붙임을 받을 때 예수님의 생명을 이어받는다라는 의미입니다.

로마서 11: 17 (현대인의성경)

참감람나무 가지 얼마가 꺾이고 돌감람나무(열매 맺지 못하는 나무)인 여러분이 거기에 접붙여져서 참감람나무 뿌리의 양분을 함께 받게 되었습니다.

네 번째는 하나님의 자녀로 인친다는 의미입니다. 인감도장을 받을 때 아무도 변경할 수 없고 내 소유가 되는 것과 같이 하나님의 소유가 된다는 의미입니다.

예수님께서 세례 받을 때의 의미는 죄 없으신 예수님이 십자가를 지고 하나님의 아들로서 구원 사업을 이루기 위한 사명을 부여 받는 의식입니다. 이것이 바로 이 본문에 나온 세례 의식이라고 볼 수 있습니다. 예수님은 당신이 세례 의식을 받으심으로 세상 죄를 지고 하나님의 '의'를 이 세상에 이루겠다는 의지를 표현하신 것입니다.

세례 요한에게 세례를 받으실 때 하늘에서 성령이 비둘기같이 예수님께 임하시는 모습이 보여졌습니다. 그리고 하늘에서 음성이 들려지기를 "보라 이는 내 사랑하는 아들이요 내 기뻐하는 자라"는 음성이 들렸습니다. 성삼위 하나님이 그때 모두 나타나심을 보여주고 있는 것입니다. 이렇듯 성부, 성자, 성령의 하나님은 같은 분이시지만 각각 다른 인격적 존재를 갖고 있고 항상 함께 일하십니다.

사랑 안에서 서로 돕고, 서로 인정하는 관계를 갖고 계십니다. 즉, 성부, 성자, 성령의 하나님은 각각 동등한 권한, 능력, 영광, 위엄 등을 갖고 계시면서도 서로 배타적이지 않습니다. 삼위 하나님은 사랑으로 다른 인격의 하나님을 인정하고 모든 일에 있어 상대를 의지하는 것입니다. 서로 떨어질 수 없고, 사랑 안에서 서로 도우시는 것입니다. 또한 어떤 한 인격도 소외시키지 않습니다. 성자가 하시는 일을 성부와 성령이 전폭적으로 지지하게 되고, 성령이 하시는 일은 성부, 성자가 모두 환영하는 일이 되는 것입니다.

또한 삼위 하나님은 서로 떨어질 수 없는 관계를 가지고 있습니다. 성부 없는 성자와 성령, 성자 없는 성부와 성령, 성령 없는 성부와 성자가 있을 수 없습니다.

성경에 보면 성령이 나타날 때가 있고 성부 하나님이 나타날 때가 있고, 성자가 나타날 때가 있습니다. 성부 하나님이 계실 때에도 그 안에 성자와 성령이 함께 계시고, 성령이 계실 때에도 그 안에 성부와 성자가 함께 계셨던 것입니다.

고린도후서 13:5 (개역개정)

너희는 믿음 안에 있는가 너희 자신을 시험하고 너희 자신을 확증하라 예수 그리스도께서 너희 안에 계신 줄을 너희가 스스로 알지 못하느냐, 그렇지 않으면 너희는 버림받은 자니라.

빌립보서 2:13 (개역개정)

너희 안에서 행하시는 이는 하나님이시니 자기의 기쁘신 뜻을 위하여 너희에게 소원을 두고 행하게 하시나니.

고린도전서 3:16 (개역개정)

너희는 너희가 하나님의 성전인 것과 하나님의 성령이 너희 안에 계시는 것을 알지 못하느냐.

성경에서 예수님이 우리 마음속에 있다고도 표현되고(고후 13:5), 어떤 때는 하나님이 우리 마음속에서 일하신다고 하고(빌 2:13), 성령님이 우리 안에 계신다고도 표현됩니다(고전 3:16). 각각 다르게 성부, 성자, 성령으로 표현되지만 같은 분이신 것입니다. 이런 사실을 알고 성경을 읽게 되면 성경을 이해하는 데 유익이 되고 더욱 큰 확신을 갖게 됩니다.

그래서 하나님은 '내'가 있기 위해서는 '너'가 있어야 합니다. 즉, 자신의 존재를 다른 인격들의 존재에 의존한다는 것입니다.

요한복음 8:28-29 (개역개정)

28. 이에 예수께서 이르시되 너희가 인자를 든 후에 내가 그인 줄
을 알고 또 내가 스스로 아무것도 하지 아니하고 오직 아버지께서
가르치신 대로 이런 것을 말하는 줄도 알리라
29. 나를 보내신 이가 나와 함께하시도다 나는 항상 그가 기뻐하
시는 일을 행하므로 나를 혼자 두지 아니하셨느니라.

예수님이 이 땅에 계실 때 가르쳐 주신 말씀은 아버지께서 가르쳐 주었다고 했습니다. 나는 항상 함께한다고 했습니다. 성부 하나님이 항상 예수님과 함께 계셨다는 것입니다. 그래서 나의 아버지는 하나님이라고 말씀하십니다.

요한복음 14:9 (개역개정)

예수께서 이르시되 빌립아 내가 이렇게 오래 너희와 함께 있으되 네가 나를 알지 못하느냐 나를 본 자는 아버지를 보았거늘 어찌하여 아버지를 보이라 하느냐.

빌립이 하나님을 보여 달라고 했을 때 나를 본 자는 하나님을 보았다고 하십니다.

요한복음 12:48-50 (개역개정)

48. 나를 저버리고 내 말을 받지 아니하자는 자를 심판할 이가 있으니 곧 내가 한 그 말이 마지막 날에 그를 심판하리라

49. 내가 내 자의로 말한 것이 아니요 나를 보내신 아버지께서 내가 말할 것과 이를 것을 친히 명령하여 주셨으니

50. 나는 그의 명령이 영생인 줄 아노라 그러므로 내가 이르는 것은 내 아버지께서 내게 말씀하신 그대로니라 하시니라.

요한복음 14:10 (개역개정)

내가 아버지 안에 거하고 아버지는 내 안에 계신 것을 네가 믿지 아니하느냐 내가 너희에게 이르는 말은 스스로 하는 것이 아니라 아버지께서 내 안에 계셔서 그의 일을 하시는 것이라.

이것은 하나님이 예수님께 말씀하신 것을 그대로 예수님이 우리에게 가르치는 것을 보여주고 있습니다. 또 성부 하나님이 예수님과 늘 함께 계신다고 한다면, 우리가 깨달아야 할 점은 성령을 마음속에 모신다고 할 때 삼위 하나님이 모두 나와 함께하신다는 것입니다.

사도행전 10:38 (개역개정)

하나님이 나사렛 예수에게 성령과 능력을 기름 붓듯 하셨으매 그가 두루 다니시며 선한 일을 행하시고 마귀에게 눌린 모든 사람을 고치셨으니 이는 하나님이 함께하셨음이라.

위의 말씀에 보면 삼위 하나님이 모두 나타나십니다. 예수님께 성령이 기름 붓듯 했고 하나님이 예수님의 사역에 함께한다고 했습니다.

에베소서 1장에 나오는 구원 사역에 있어서 성부 하나님이 하시는 일이 있는데, 그것은 예정과 선택입니다. 이 일에 대해 성자 성령 하나님께서는 방관하거나 보고만 있지 않고 함께 협력해서 일하십니다. 또 성자 하나님은 구속 사업을 이루십니다. 그 구속 사업을 이루실 때, 성부나 성령이 방관자로 계시지 않고 함께 역사하셔서 그 일을 돕는다는 것입니다. 그러면 성령 하나님이 하시는 일은 무엇일까요? 성부 하나님은 예정하고 선택하십니다. 성자 하나님은 구속 사업을 이루십니다. 성령 하나님께서는 예정하고 선택한 자들에게 적용시켜 깨닫게 하시고 알게 하시고 믿게 하시는 사역을 하십니다. 구원 사역에 있어서 삼위 하나님이 함께 일하십니다. 이 부분은 매우 중요하기 때문에 다시 한 번 본문을 보면서 설명하겠습니다.

에베소서 1:3-13 (개역개정)

3. 찬송하리로다 하나님 곧 우리 주 예수 그리스도의 아버지께서 그리스도 안에서 하늘에 속한 모든 신령한 복을 우리에게 주시되

4. 곧 창세전에 그리스도 안에서 우리를 택하사 우리로 사랑 안에서 그 앞에 거룩하고 흠이 없게 하시려고

5. 그 기쁘신 뜻대로 우리를 예정하사 예수 그리스도로 말미암아 자기의 아들들이 되게 하셨으니

6. 이는 그가 사랑하시는 자 안에서 우리에게 거저 주시는 바 그의 은혜의 영광을 찬송하게 하려는 것이라

7. 우리는 그리스도 안에서 그의 은혜의 풍성함을 따라 그의 피로 말미암아 속량 곧 죄 사함을 받았느니라

8. 이는 그가 모든 지혜와 총명을 우리에게 넘치게 하사

9. 그 뜻의 비밀을 우리에게 알리신 것이요 그의 기뻐하심을 따라 그리스도 안에서 때가 찬 경륜을 위하여 예정하신 것이니

10. 하늘에 있는 것이나 땅에 있는 것이 다 그리스도 안에서 통일되게 하려 하심이라

11. 모든 일을 그의 뜻의 결정대로 일하시는 이의 계획을 따라 우리가 예정을 입어 그 안에서 기업이 되었으니

12. 이는 우리가 그리스도 안에서 전부터 바라던 그의 영광의 찬송이 되게 하려 하심이라

13. 그 안에서 너희도 진리의 말씀 곧 너희의 구원의 복음을 듣고 그 안에서 또한 믿어 약속의 성령으로 인치심을 받았으니.

성부 하나님이 우리의 구원 사업을 위해 하신 말씀이 기록되었는데, 3-5절을 보면 "곧 창세전에 그리스도 안에서 우리를 택하사, 그 기쁘신 뜻대로 우리를 예정하사"라고 했는데, 이것은 성부 하나님이 예정하시고 선택하신 사역을 주로 나타냅니다.

7절에 "우리는 그리스도 안에서 그의 은혜의 풍성함을 따라 그의 피로 말미암아 속량 곧 죄 사함을 받았느니라"고 했습니다. 이는 성자 하나님이 구속 사업을 이루어내셨다는 말입니다.

13절에 "그 안에서 너희도 진리의 말씀 곧 너희의 구원의 복음을 듣고 그 안에서 또한 믿어 약속의 성령으로 인치심을 받았으니"라고 했습니다. 여기서 인치심은 성령으로 하나님의 자녀인 것을 약속

의 도장으로 받았다는 말입니다. 그래서 성부 하나님 또는 성령 하나님만 하신 것도 아니고 삼위일체 하나님이 함께 역사하셔서 오늘 우리를 구원시킨 것을 깨달아야 합니다.

또 한 가지 우리가 명심해야 할 것은 구원 사역에 있어서 성령님은 늘 말씀을 통해서 역사하신다는 것입니다.

요한복음 3:5 (개역개정)

예수께서 대답하시되 진실로 진실로 네게 이르노니 사람이 물과 성령으로 나지 아니하면 하나님 나라에 들어갈 수 없느니라.

베드로 전서 1: 23 (개역개정)

너희가 거듭난 것은 썩어질 씨로 된 것이 아니요 썩지 아니할 씨로 된 것이니 살아 있고 항상 있는 하나님의 말씀으로 되었으니라.

성령과 말씀 관계를 바로 깨닫지 못하면 한 군데는 말씀으로 거듭난다, 다른 한 군데는 성령으로 거듭난다고 기록된 말씀을 어떻게 조화시켜야 하는지 잘 이해할 수 없게 됩니다.

그래서 구원 사역에 있어서 성령님은 늘 말씀을 통해서 역사합니다. 그래서 이 두 본문에서 성령이 말씀 가운데서 사역하기 때문에 이렇게 다른 단어로 쓰여졌지만 같은 의미가 되는 것입니다.

로마서 10:17 (개역개정)

그러므로 믿음은 들음에서 나며 들음은 그리스도의 말씀으로 말미암았느니라.

그리고 그 말씀 가운데 역사하시는 삼위일체 하나님이 오늘 우리와 함께 계십니다. 이러한 삼위일체 하나님을 내 안에 간직하기 위해서는 머리로 이해해서 수학 공식처럼 푸는 것이 아니고 믿음으로 취해야 내 것으로 간직할 수 있습니다. 늘 이것을 의식하면서 성경을 읽게 되면 성경이 해석됩니다. 성경 전체 내용이 창조주 하나님과 인간에 대한 관계에 대해서 말씀하고 있습니다. 그 하나님과 인간과의 관계는 예수님을 통해 설명해야 합니다. 그분이 우리를 위해서 행하신 일이 우리를 향한 하나님의 사랑을 증거해 주고 있습니다.

하나님은 천지 만물을 말씀으로 지으시고 인간을 만드셨습니다. 하나님이 우리를 얼마나 사랑하시는지 자연 만물을 보고 그분의 사랑과 은혜를 깨달아야 합니다. 믿지 않는 사람들은 이것을 보고 깨달을 수 없습니다. 태어나서 보니까 꽃이 있고 숲이 있고 자연 만물이 있고 새가 울고 물이 흐르고 구름이 있고 비도 오고, 그냥 그러려니 합니다. 그러나 믿는 우리들은 자연의 섭리를 통하여 하나님이 우리 인간을 사랑하시는 것을 깨달아야 합니다. 그래서 하나님의 영원한 능력과 신성이 우리의 눈 가운데 만물에 분명히 보여야 합니다.

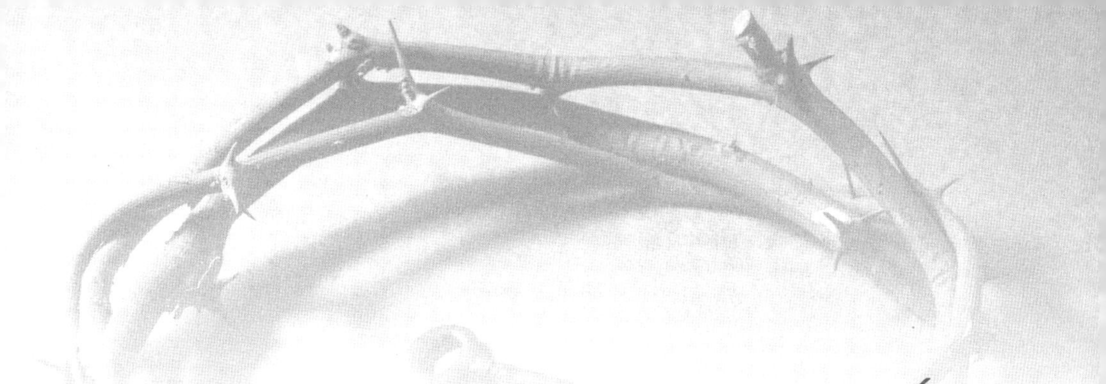

4
하나님의 사랑하는 자녀로 지음 받은 사람

1. 하나님께서 사랑의 대상자로 만든 사람

본격적으로 '창세기'를 중심으로, 하나님이 세상을 창조하시고, 사람을 창조하신 부분을 집중적으로 살펴보도록 하겠습니다. 왜냐하면 창조의 이야기를 잘 살펴보고, 사람을 지으신 목적에 대해서 분명히 알아야 다른 성경의 원리들이 풀어지기 때문입니다. 이 '사람' 을 지으신 목적만 우리가 분명히 알아도 성경에서 중요한 내용들을 많이 알게 됩니다.

성경은 하나님이 세상을 만드신 것으로 시작하고 있습니다.

창세기 1:1 (개역개정)

태초에 하나님이 천지를 창조하시니라.

그리고 1장 2절에 보면 "하나님의 영은 수면 위에 운행하시니라"고 말씀하십니다. 이전 장에서도 말씀드렸지만 요한복음 1장 1절은 태초에 말씀이 계셨고, 이 말씀이 하나님과 함께 계셨다고 말씀하십니다.

하나님과 생명의 말씀으로 계신 예수님, 하나님의 영이신 성령님께서 만물의 시작에 함께 계시고, 창조의 역사에 함께 사역하시는 것입니다. 그래서 우리는 늘 성부, 성자, 성령이 함께 사역하고 계신다는 것을 알아야 합니다. 이 생명의 말씀 되신 예수님과 하나님과 성령님이 천지를 창조하기 시작합니다.

첫째 날에 빛을 지으시고, 둘째 날에 궁창을 지으시고, 셋째 날에 땅과 바다를 지으셨습니다. 넷째 날에 해와 달과 별을 지으시고, 다섯째 날에는 하늘을 나는 짐승, 땅과 바다의 모든 생물들, 육지의 식물들을 지으셨습니다. 그리고 여섯 째 날에는 가축을 지으시고, 마지막으로 사람을 지으셨습니다.

하나님이 세상을 창조하시고 인간을 지으셨습니다. 하나님이 지으신 최고의 걸작품은 사람입니다. 그런데 왜 최고의 걸작품을 지으실 때 가장 먼저 짓지 않고 맨 나중에 지으셨을까요? 맨 나중에 지으셨던 것은 우리 인간이 행복하게 살아갈 수 있도록 지으셨다는 의미입니다. 우리 인생이 살아가는 데 조금도 부족함이 없도록 자연 만물을 모두 지어 놓으신 것입니다. 그래서 우리는 세상의 모든 것들이 사람을 위해서 지어졌음을 알 수 있습니다. 하나님께서는 이 모든 만물보다 사람을 가장 소중하게 생각하시고, 사람을 위해서 이 세상을 창조하셨다는 것을 깨달아야 합니다.

> 창세기 1:27 (개역개정)
>
> 하나님이 자기 형상 곧 하나님의 형상대로 사람을 창조하시되 남자와 여자를 창조하시고.

여기에서 '우리'는 성부, 성자, 성령님을 말하는 것을 쉽게 유추할 수 있습니다. 그런데 이 형상은 무엇을 말하는 것일까요? 성부, 성자, 성령님은 육체가 아니시니, '하나님의 성품'을 따라 우리가 지어졌다는 것입니다. 아주 쉽게 말하면, 우리 인간은 하나님의 성품을 닮은 하나님의 자녀라는 것입니다.

그러면 우리 인간이 하나님의 어떤 성품에 따라 지어졌는지 궁금해집니다. 바로 전 장에서 우리는 하나님이 창조자 생명의 근원, 생명의 주권자, 복의 근원 , 전능자 하나님이신 것을 배웠습니다. 우리는 그런 하나님의 성품을 닮지는 않았습니다. 그 부분은 하나님의 고유한 속성이시기 때문입니다. 그러면 우리가 하나님의 형상을 따라 지어졌다는 말은 우리가 하나님의 성품 중에 닮을 수 있는 부분을 따라 지어졌다는 말입니다.

"하나님이 세상을 이처럼 사랑하사"(요 3:16)라는 말씀으로 이 책의 시작을 말했습니다. 그처럼 성경을 요약하고 요약하면, 사랑의 하나님이 나옵니다. 이처럼 하나님의 성품 중 가장 크신 성품이 사랑입니다.

그러므로 쉽게 설명한다면 하나님이 사랑으로 우리 인간을 지으셨다고 표현할 수 있습니다. 하나님은 당신과 교제할 수 있는 대상으로 사람을 만드셨습니다. 그 교제는 사랑의 교제입니다. 하나님은 사랑이시기 때문입니다. 그래서 사람을 사랑의 대상자로, 자신의 성품을 닮도록 만드셨습니다.

주의해야 할 것은 하나님의 사랑의 속성은 사람의 사랑의 속성과는 너무나 다른 속성이라는 것입니다. 그래서 이 사랑의 하나님의 속성을 알려면 예수 그리스도 중심으로 풀어나가야 합니다. 하나님께서 예수님을 통해 인간에게 하신 일이 하나님의 사랑을 가장 잘 드러내고 있기 때문입니다.

베드로와 바울 사도가 쓴 신약시대의 교회 서신들을 보면 하나님의 사랑의 성품이 무엇인지 엿볼 수 있습니다. 그분들이 먼저 은혜를 받아서 하나님을 우리보다 먼저 경험하고, 교회들에게 하나님의 성품이 무엇인지 알려 주고, 그렇게 닮아가자고 권면해 주었기 때문입니다.

베드로전후서를 쓸 당시 베드로는 아시아에 있는 많은 교회들에게 편지를 씁니다. 이 아시아에 있는 교회들은 여러 가지 환난과 이단에 대한 공격을 받고 있는 상태였습니다. 이단을 배격하는 원동력은 영적 성숙, 성화라고 말합니다. 그리고 신의 성품에 참여하라고 말합니다. 여기서 신의 성품이 바로 예수님의 성품, 즉 우리가 지금 말하고 있는 하나님의 성품입니다. 우리가 추구해야 할 성품으로 믿음에 덕, 덕에 지식, 지식에 절제, 절제에 인내, 인내에 경건, 경건에 형제 우애, 형제 우애에 사랑에까지 자라가라고 말씀합니다.

베드로후서 1:4-7 (개역한글)

4. 이로써 그 보배롭고 지극히 큰 약속을 우리에게 주사 이 약속
으로 말미암아 너희로 정욕을 인하여 세상에서 썩어질 것을 피하여
신의 성품에 참예하는 자가 되게 하려 하셨으니
5. 그러므로 너희가 더욱 힘써 너희 믿음에 덕을, 덕에 지식을,
6. 지식에 절제를, 절제에 인내를, 인내에 경건을,
7. 경건에 형제 우애를, 형제 우애에 사랑을 공급하라.

바울 역시 갈라디아 교회에 쓴 편지인 갈라디아서 5장 22-23절을 통해 육체의 열매와 대조해서, 성령님으로부터 오는 성숙의 열매들을 말씀해 주고 있습니다. 여기에 보면, 사랑과 희락과 화평과 오래 참음, 자비와 양선, 충성과 온유와 절제와 같은 성품들이 성령님께서 우리를 자라나가게 할 때 맺어지는 성령의 9가지 열매인 것을 보게 됩니다.

갈라디아서 5:22-23 (개역개정)

22. 오직 성령의 열매는 사랑과 희락과 화평과 오래 참음과 자비
와 양선과 충성과
23. 온유와 절제니 이 같은 것을 금지할 법이 없느니라.

또한 바울은 고린도 교회에게 이러저러한 권면을 하다가 이 모든 것을 사랑을 통해서 행해야 하는 것을 고린도전서 13장을 통해 강조하고 있습니다. 이 사랑 장은 사랑의 절대적 우위성과 속성을 잘 나타내 주고 있기 때문에 우리는 이 사랑 장을 중심으로 하나님의 사

랑의 속성을 잘 살펴볼 수 있습니다.

고린도전서 13:1-13 (개역개정)

1. 내가 사람의 방언과 천사의 말을 할지라도 사랑이 없으면 소리나는 구리와 울리는 꽹과리가 되고

2. 내가 예언하는 능력이 있어 모든 비밀과 모든 지식을 알고 또 산을 옮길 만한 모든 믿음이 있을지라도 사랑이 없으면 내가 아무것도 아니요

3. 내가 내게 있는 모든 것으로 구제하고 또 내 몸을 불사르게 내줄지라도 사랑이 없으면 내게 아무 유익이 없느니라

4. 사랑은 오래 참고 사랑은 온유하며 시기하지 아니하며 사랑은 자랑하지 아니하며 교만하지 아니하며

5. 무례히 행하지 아니하며 자기의 유익을 구하지 아니하며 성내지 아니하며 악한 것을 생각하지 아니하며

6. 불의를 기뻐하지 아니하며 진리와 함께 기뻐하고

7. 모든 것을 참으며 모든 것을 믿으며 모든 것을 바라며 모든 것을 견디느니라

8. 사랑은 언제까지나 떨어지지 아니하되 예언도 폐하고 방언도 그치고 지식도 폐하리라

9. 우리가 부분적으로 알고 부분적으로 예언하니

10. 온전한 것이 올 때에는 부분적으로 하던 것이 폐하리라

11. 내가 어렸을 때에는 말하는 것이 어린아이와 같고 깨닫는 것이 어린아이와 같고 생각하는 것이 어린아이와 같다가 장성한 사람이 되어서는 어린아이의 일을 버렸노라

12. 우리가 지금은 거울로 보는 것같이 희미하나 그때에는 얼굴과 얼굴을 대하여 볼 것이요 지금는 내가 부분적으로 아나 그때에는 주께서 나를 아신 것같이 내가 온전히 알리라

13. 그런즉 믿음, 소망, 사랑, 이 세 가지는 항상 있을 것인데 그 중에 제일은 사랑이라.

여기 사랑 장을 잘 살펴보면 사랑의 속성 안에 앞에 베드로가 말했던 신의 성품(덕, 지식, 인내, 경건)과 갈라디아서의 성령의 열매(희락, 화평, 오래 참음, 자비, 충성, 온유, 절제) 등의 속성들을 감싸안고 있음을 알게 됩니다. 즉, 온전한 사랑을 중심으로 하나님의 다른 성품들이 흘러 나가는 것입니다.

그리고 사랑 장의 마지막 9-13절에는 사랑의 절대적 우위와 우리가 맺어가야 할 성품이 온전한 사랑에 있음을 알게 됩니다. 그리고 4절과 7절에 오래 참음의 사랑을 강조한 것도 이 고린도전서 13장의 특징입니다.

예수님께서도 산상 수훈에서 이러한 말씀으로 저희를 권면하고 있습니다.

마태복음 5:3-10 (개역개정)

3. 심령이 가난한 자는 복이 있나니 천국이 그들의 것임이요

4. 애통하는 자는 복이 있나니 그들이 위로를 받을 것임이요

5. 온유한 자는 복이 있나니 그들이 땅을 기업으로 받을 것임이요

6. 의에 주리고 목마른 자는 복이 있나니 그들이 배부를 것임이요

7. 긍휼히 여기는 자는 복이 있나니 그들이 긍휼히 여김을 받을 것임이요

8. 마음이 청결한 자는 복이 있나니 그들이 하나님을 볼 것임이요

9. 화평케 하는 자는 복이 있나니 그들이 하나님의 아들이라 일컬음을 받을 것임이요

10. 의를 위하여 박해를 받은 자는 복이 있나니 천국이 그들의 것임이라.

여기에 심령이 가난한 자, 애통하는 자, 온유한 자, 의에 주리고 목마른 자, 긍휼히 여기는 자, 마음이 청결한 자, 화평케 하는 자, 의를 위하여 핍박을 받는 자가 복 있다라는 것은 결국 원래 우리가 그렇게 지어졌다는 것입니다. 원래 우리의 존재가 하나님으로부터 긍휼히 여김을 받고, 하나님의 자녀입니다. 그래서 하나님을 볼 수 있는 존재들이고, 하나님이 베풀어 주셔서 부족함 없이 배부르고, 천국을 소유한 사람들입니다.

결론적으로 말씀드리면, 베드로후서 1장 4-7절의 신의 성품에 참여하는 자, 갈라디아서 5장 22-23절의 성령의 열매, 고린도전서 13장의 사랑의 속성, 마태복음 5장 3-10절의 복 있는 자는 모두 우리가 닮아가고 자라가야 할, 성화되어야 할 성품을 묘사하고 있습니다. 그 중심에는 사랑(하나님의 아가페 사랑, 고린도전서 13장)이 있음을 알게 됩니다. 그런데 이 모든 성품들, 즉 오래 참고, 온유하고, 기쁨과 화평, 충성과 절제, 선함과 자비의 성품들은 원래부터 온전한 사랑을 중심으로 한 하나님의 성품입니다. 이런 성품들이 내재되도록 우리가 창조되었다는 말입니다.

그래서 하나님의 형상으로 지어졌다는 말은 하나님의 그러한 사랑의 성품대로 지어졌다는 뜻입니다. 하나님은 본인의 사랑의 성품들을 나누고 교제하려고 사랑의 대상자로 사람을 지었습니다. 그래서 우리는 하나님의 사랑하는 자녀입니다. 그래서 사랑의 교제를 나누고, 하나님의 사랑의 성품에까지 자라가며, 다른 이들에게 하나님의 성품이 전해지는 것을 하나님은 바라시는 것입니다.

이것을 가장 단순하게 말하면 하나님 사랑, 이웃 사랑으로 표현하는 것입니다. 여러분이 성경을 유의 깊게 계속 읽어가시면서 깨달으시겠지만 이 개념(하나님 사랑, 이웃 사랑)은 성경의 큰 주제이며 계속해서 강조되어서 나타납니다. 그래서 우리가 성경을 하나님의 가장 큰 속성인 온전한 사랑으로 풀어내야 하는 것입니다.

이 사랑은 헬라어로 'ἀγάπη'(아가페)입니다. 이 아가페 사랑은 가장 이타적인 사랑을 표현하는 것인데 조건이 없고 변함이 없고 아낌없이 주는 사랑입니다. 고린도전서 13장에서 바울이 이 아가페 사랑의 속성과 우월함을 가장 시적으로 잘 표현해 주고 있습니다.

여러분이 성경의 이러한 관점, 즉 하나님의 사랑의 속성, 하나님은 우리의 아버지이고 우리는 그분의 사랑하는 자녀이며 우리 인간을 그분의 사랑의 대상자로 지으셨다는 개념만 확실히 알아도 성경의 많은 내용들이 쉽게 이해되실 것입니다. 저희 아버지 권진희 목사는 이 개념을 깨닫고 너무나 황송하고 감격해서 자식들에게 몇 번이고 계속해서 이 부분을 말씀하시는 것입니다. 그래서 이 책도 '아가페 사랑'을 중심으로 풀어나갈 것입니다.

이 책을 읽으시면서 "어! 이 '사랑'에 관한 설명이 왜 이렇게 많이 나오지? '사랑의 성품'을 왜 그렇게 반복하지? 성경의 인물들을 왜 그런 관점으로 볼까?"라고 질문하실 수도 있습니다. 이 부분이 이 책의 내용을 주신 권진희 목사가 가장 깊이 깨달은 부분이고, 성경의 '중심'이라고 믿기 때문입니다.

이런 사랑받을 자격이 없는 우리들을 사랑으로 빚으시고 아낌없이 사랑을 주시는 하나님 아버지의 마음은 너무나 감격스럽습니다.

이러한 내용을 뒷받침하는 성경 구절을 몇 개 찾아보도록 하겠습니다.

요한일서 4:7-8 (개역개정)

사랑하는 자들아 우리가 서로 사랑하자 사랑은 하나님께 속한 것이니 사랑하는 자마다 하나님으로부터 나서 하나님을 알고 사랑하지 아니하는 자는 하나님을 알지 못하나니 이는 하나님은 사랑이심이라.

앞에서도 말씀드렸지만 이 말씀은 노년에 요한이 쓰게 된 요한일, 이, 삼서 중의 한 내용입니다. 요한은 평생 예수님의 사명을 수행하면서 가장 복음의 핵심 진리가 바로 이것임을 깨달은 것입니다. 하나님을 한마디로 설명하자면 '사랑'입니다. 그리고 우리가 계속해 나가야 하는 작업이 하나님의 그 부분을 닮아가야 하는 것입니다.

시편 27:10 (개역개정)

내 부모는 나를 버렸으나 여호와는 나를 영접하시리이다.

이사야 49:15 (개역개정)

여인이 어찌 그 젖먹는 자식을 잊겠으며 자기 태에서 난 아들을 긍휼히 여기지 않겠느냐 그들은 혹시 잊을지라도 나는 너를 잊지 아니할 것이라.

우리 인생은 때로 가족들에게 배반과 배신을 당하기도 합니다. 시편 27편은 다윗이 아들 압살롬에게 반란을 당해서 쫓김을 당할 때 지은 비탄의 시입니다. 아들은 자신을 죽이려 하지만 하나님은 나를 받아주신다는 내용입니다. 이사야의 내용도 마찬가지입니다. 우리 인생의 부모는 연약하여 부모의 역할을 다하지 못할 때도 있지만 하나님이 우리의 진정한 아버지 되신다는 사실을 깨달아야 합니다.

출애굽기 4:22 (개역개정)

너는 바로에게 이르기를 여호와의 말씀에 이스라엘은 내 아들 내 장자라.

하나님은 아브라함의 후손인 이스라엘 백성을 내 아들, 내 장자라고 하시며 그들을 이끌어내야 한다고 말합니다. 이스라엘 백성들은 온 인류를 대표하는 상징성을 가집니다. 그래서 하나님이 이스라엘을 자식으로, 또 아들처럼 여기신다는 것을 성경 곳곳에서 살펴볼 수 있습니다.

이사야 1:2-3 (개역개정)

2. 하늘이여 들으라 땅이여 귀를 기울이라 여호와께서 말씀하시

기를 내가 자식을 양육하였거늘 그들이 나를 거역하였도다

3. 소는 그 임자를 알고 나귀는 그 주인의 구유를 알건마는 이스라엘은 알지 못하고 나의 백성은 깨닫지 못하는도다 하셨도다.

하나님께서 얼마나 탄식하셨는지 "이스라엘이여 들으라" 하시고 하늘과 땅에게 귀 기울이라고 말씀하시면서 내가 자식을 양육했다고 했습니다. 이 자식은 이스라엘 백성을 가리킵니다. 언약의 백성들은 본인들이 뛰어나서가 아닙니다. 하나님의 뜻 가운데 만민 가운데 일부를 구원하기 위해 아브라함을 선택하셔서 선민으로 삼으셨다는 뜻입니다. 말씀드렸지만 이스라엘 백성들은 전 인류를 대표하는 것입니다. 다시 말해, 이 본문은 이 세상 모든 사람들을 향해 탄식하시며 내가 자식을 양육했다고 하시는 것입이다. 그런데 그 자식들이 하나님을 깨닫지 못하고 있다는 것입니다.

마태복음 6:9 (개역개정)

그러므로 너희는 이렇게 기도하라 하늘에 계신 우리 아버지여 이름이 거룩히 여김을 받으시오며.

마태복음 23:9 (개역개정)

땅에 있는 자를 아버지라 하지 말라 너희의 아버지는 한 분이시니 곧 하늘에 계신 이시니라.

예수님은 하나님을 하늘에 계신 우리의 아버지라고 소개하고 또 그렇게 기도하라고 명령하십니다.

고린도전서 8:6 (개역개정)

그러나 우리에게는 한 하나님 곧 아버지가 계시니 만물이 그에게서 났고 우리도 그를 위하여 있고 또한 한 주 예수 그리스도께서 계시니 만물이 그로 말미암고 우리도 그로 말미암아 있느니라.

누가복음 20:35-36 (개역개정)

35. 저세상과 및 죽은 자 가운데서 부활함을 얻기에 합당히 여김을 받은 자들은 장가 가고 시집가는 일이 없으며

36. 그들은 다시 죽을 수도 없나니 이는 천사와 동등이요 부활의 자녀로서 하나님의 자녀임이라.

우리도 그를 위해 났다는 말은 모든 인생은 하나님을 기쁘게 하기 위해 존재한다는 말입니다. 우리는 태어나 하나님께서 주신 수명에 따라 이 땅에서 사람들과 관계를 갖게 되는데, 부부의 관계, 부모와 자녀의 관계, 친구 관계, 세상 사람들과의 관계를 갖게 됩니다. 이렇게 살다가 불러서 하나님 앞에 서게 되면 온 혈육의 관계는 다 없어집니다. 그러면 하늘의 천사와 같이 되어 하나님의 자녀로 존재한다고 했습니다.

이사야 45:18 (개역개정)

대저 여호와께서 이같이 말씀하시되 하늘을 창조하신 이 그는 하나님이시니 그가 땅을 지으시고 그것을 만드셨으며 그것을 견고하게 하시되 혼돈하게 창조하지 아니하시고 사람이 거주하게 그것을 지으셨으니 나는 여호와라 나 외에 다른 이가 없느니라.

마태복음 6:26 (개역개정)

공중의 새를 보라 심지도 않고 거두지도 않고 창고에 모아들이지도 아니하되 너희 하늘 아버지께서 기르시나니 너희는 이것들보다 귀하지 아니하냐.

마태복음 6:28 (개역개정)

또 너희가 어찌 의복을 위해 염려하느냐 들의 백합화가 어떻게 자라는가 생각하여 보라 수고도 아니하고 길쌈도 아니하느니라.

하나님이 우리 인간을 얼마나 사랑하시는지 하늘과 땅을 지으시되 혼돈하지 아니하고 견고하게 하시고 사람이 거주하게 하기 위해 땅을 지으셨다고 합니다. 자연 만물의 변화 과정과 질서를 보면 우리는 하나님의 사랑을 느껴야 합니다. 그리고 하나님이 우리를 얼마나 세밀하게 돌보시고 이끄시는지도 알아야 합니다. 공중의 참새도 돌보시는 하나님이 우리를 돌보지 않겠느냐고 반문하는 것입니다. 하나님의 자녀로 합당하게 살기만 하면 이 모든 것을 너희에게 더하시리라고 말씀하셨습니다.

2. 우리는 영적으로 지어진 존재

창세기 2:7 (개역개정)

여호와 하나님이 땅의 흙으로 사람을 지으시고 생기를 그 코에 불어넣으시니 사람이 생령이 되니라.

하나님은 인간의 모습을 지으실 때 우리 영혼을 생명이 있는 영혼으로 지으셨습니다. 하나님이 왜 사람을 지으셨습니까? 어떤 강의실에서 교수님이 이런 질문을 했더니, 어떤 학생이 "심심해서 사람을 만드셨습니다"라고 대답했다고 합니다. 웃기려고 한 말이지만, 하나님이 교제하기 위해서 사람을 만드셨다는 것은 중요한 개념입니다.

중요하게 생각해야 할 것은, 영혼이 있는 존재만이 하나님과 교제할 수 있습니다. 그래서 하나님은 사람을 동물과 구별되게 창조하셨고, 직접 생기를 불어넣으셨습니다(영혼이 있게 하셨습니다). 사람이 동물과 가장 다른 점은 영혼이 있다는 것입니다. 동물은 영혼이 없기 때문에 하나님과 교제할 수 없습니다.

언젠가 제가 '창조과학회'의 세미나를 들을 기회가 있었는데, 쇼킹했던 일이 있었습니다. 한 사진을 보여주었는데, 사람들이 동물원 우리에 들어가서, 본인들도 동물이니까 거기에 잠깐 있겠다는 이벤트를 한 사진을 보여주었습니다. 이러한 개념은 '인간이 동물이다'라는 진화론적 생각에서 비롯됩니다. '인간은 사회적 동물이다. 인간은 생각하는 동물이다.' 이런 개념들은 알게 모르게 학교에서 배우는 개념입니다. 그러나 하나님은 사람과 동물을 다르게 지으시고, 사람들로 하여금 동물을 다스리고 지배하게 하셨습니다.

사람은 영혼이 없는 동물과 달리, 영혼을 가지고 있다는것을 분명히 인식해야 합니다. 이 영혼을 통해 하나님과 우리는 교제합니다.

스가랴 12:1 (개역개정)

이스라엘에 관한 여호와의 경고의 말씀이라 여호와 곧 하늘을 펴시며 땅의 터를 세우시며 사람 안에 심령을 지으신 이가 이르시되.

이때 이 심령이 영혼을 가리키는 것입니다. 우리 인간은 영적인 존재입니다. 하나님이 영으로 계신다고 했고 예수님이 영이라고 하셨습니다. 그분을 닮게 지으신 우리 인간 또한 영적인 존재입니다.

> 고린도후서 3:17 (개역개정)
> 주는 영이시니 주의 영이 계신 곳에는 자유가 있느니라.

하나님이 영이고, 예수도 영이고, 성령도 영이신데, 그 영으로 계신 분이 육신을 입고 이 땅에 오신 분이 예수 그리스도이십니다. 그래서 예수님을 부를 때, 예수가 사람이냐 영이냐고 물을 때, "참 사람, 참 하나님의 영으로 계시는 하나님"이라고 말할 수 있습니다.

예수님의 영혼을 부인하거나 육신을 부인하게 되면 잘못된 개념을 가지게 되는 것입니다. 예수님은 영과 육을 가지고 우리 인간이 태어나는 그 과정과 동일하게 태어나셔서 우리처럼 똑같이 먹고 마시고 살면서 피곤을 느끼시고 굶주림을 느끼시고 고통과 괴로움을 느끼신 것입니다. 기독교는 이것이 비밀이고 신비입니다.

세상에 믿지 않는 사람들은 예수가 하나님이라는 이 진리를 믿지 못합니다. 많은 이슬람 국가들이 이 개념에서 힘들어합니다. 예수님을 위대한 선지자로만 인식하고 있기 때문에, 예수님이 하나님이라고 하면 다 받아들이기 힘들어합니다. 제가 있는 말리에도 청년들과 성경 공부를 해보면 구약을 잘 공부하다가도, 신약에 들어와서 예수님이 하나님의 아들이시면서 예수님과 하나님이 한 분이시라는 개념을 가장 힘들어하고 못 받아들입니다. 예수가 하나님이시라는 사실을 믿지 못한다는 것입니다. 예수님을 오직 사람으로만 생각합니다. 성령이 깨닫게 하시고 알게 하시어 믿음을 주셔야만 믿을 수 있습니다. 하나님께서 인간을 지을 때 영과 육으로 지으셨다는것을 분명히 인식해야 합니다.

우리 인간은 이 땅에서 하나님이 주신 수명에 따라 살다가 죽음으로 인해 소멸되는 것이 아닙니다. 하나님이 영이시고, 천사가 영이고, 하나님의 형상을 따라 영적으로 지어진 사람도 영적 존재이기 때문에 소멸될 수 없는 것입니다. 영적인 존재에게는 죽음이란 없습니다. 영원히 존재한다는 것입니다.

얼마 전 셸리 케이건이라는 사람이 지은《죽음이란 무엇인가?》라는 책을 읽었습니다. 이 사람은 예일대에서 철학을 가르치는 교수인데, '죽음이란 무엇인가?'라는 강의는 예일대에서 열린 철학 교양 과목입니다. 즉 그 학교 학생이면 누구나 들을 수 있는 강의인 것입니다. 17년 동안 최고의 명강의로 꼽힌 강의였습니다.

이분의 주장은 인간은 철저히 물리적인 존재로서 '영혼'은 존재하지 않는다는 것입니다. 그래서 '영혼'이 존재한다는 주장을 철저하게 철학적으로, 논리적으로, 과학적으로 비판합니다. 그래서 죽으면 인간은 끝이라고 주장합니다. 인간은 죽음으로 소멸된다는 것이 이분의 주장입니다. 그런데 이렇게 주장할 수밖에 없는 것은 '영혼'이라는 존재는, 과학으로도 논리로도 철학으로도 풀 수 없는 미스터리한 존재이기 때문입니다. 그 철학자가 '영혼'이 어디서 와서, 어떤 역할을 하고, 죽음 이후에는 어떻게 되는지 어떻게 알겠습니까?

여러분, 이 강의가 17년 동안 최고의 석학들이 다닌다는 예일대의 최고 명강의였습니다. 누구나 '죽음'에 대해서 궁금해하고 이 문제에 관심이 있지만 세상 사람들이 접근하는 방식과 우리 기독교인들이 접근하는 방식은 이렇게 다릅니다.

우리는 지금 이 순간 분명하게 결정해야 할 사실이 있습니다. 세상의 논리와 철학으로 무장한 이 철학자처럼, 영혼이 없다고 믿든지, 성경에 우리의 권위를 두고 사람이 영으로부터 창조된 존재라는 것을 믿든지, 둘 중 하나입니다.

성경은 우리 인간이 하나님을 닮아 영으로 지음 받아, 육신의 죽음으로 끝나는 것이 아니고 영원히 사는 존재라고 말하고 있습니다.

> 히브리서 2:14-15 (개역개정)
>
> 14. 자녀들은 혈과 육에 속하였으매 그도 또한 같은 모양으로 혈과 육을 함께 지니심은 죽음을 통하여 죽음의 세력을 잡은 자 곧 마귀를 멸하시며
>
> 15. 또 죽기를 무서워하므로 한평생 매여 종 노릇하는 모든 자들을 놓아 주려 하심이니.

우리 인간이 육신을 입은 것과 같이 예수님이 인간의 육신을 입고 이 땅에 오신 것은 죽음의 공포에서 두려워하는 인생들을 해방시켜 주기 위함이라고 기록하고 있습니다. 우리 인간은 죽음으로 끝나는 것이 아니라는 사실이 전제되어져야 신앙을 가질 수 있게 됩니다. 우리 인간은 만물과 다릅니다. 영적인 존재입니다. 인간이 죽어 지옥에 가서 영원히 사느냐, 아니면 천국에 가서 영원히 사느냐, 둘 중에 하나의 모습으로 영원히 살게 되는 것입니다. 사람이 죽게 되면 영과 육이 분리되어집니다.

누가복음 23:42-43 (개역개정)

42. 이르되 예수여 당신의 나라에 임하실 때에 나를 기억하소서 하니

43. 예수께서 이르시되 내가 진실로 네게 이르노니 오늘 네가 나와 함께 낙원에 있으리라 하시니라.

낙원은 육신이 가는 곳이 아니라 영혼이 가는 곳입니다. 예수의 생명을 가진 사람이 죽게 되면 영과 육이 분리되어져 믿는 자들의 영혼은 천국으로 가게 됩니다. 육신은 땅속으로 들어가게 됩니다. 믿지 않은 자도 죽게 되면 영과 육이 분리되어 그 영혼은 지옥으로 들어가게 됩니다.

예수님께서 재림주로 오실 때에 영과 땅속의 육신이 결합되어 신령한 몸으로 변화를 받게 됩니다. 그래서 믿는 자는 영과 육신이 예수님처럼 부활하여 하나님 나라에 가게 되고, 또 믿지 않는 사람들은 영과 육이 부활하여 지옥의 영원한 형벌을 받게 되는 것입니다.

전천년설, 후천년설 등의 종말론들을 논의하기 전에 우리가 쉽게 이해할 수 있는 것은, 사람은 일단 죽게 되면 죽음으로 끝나는 것이 아니라는 것입니다. 이 사실을 깨달을 때 믿음 생활이 얼마나 중요한지를 깨닫게 됩니다.

이번 장에서는 하나님은 사랑이시라는 것, 하나님이 사랑의 대상자로 우리 인간을 사랑하는 자녀로 만드셨다는 것, 육신뿐만 아니라 영적 존재로 만드셨다는 것을 배웠습니다. 계속 반복해서 말하지만 아무리 강조해도 지나치지 않습니다. 이 개념을 머리가 아니라 가슴으로 되새김질하시길 바랍니다.

다음 장에서는 에덴동산에서 일어난 일들, 즉 인간은 왜 타락했고 어떻게 마귀의 지배를 받게 되었나, 언약이란 무엇인가에 대해서 배워보도록 하겠습니다.

5
에덴동산에서 일어난 일

1. 하나님을 경외하기로 지어진 사람

하나님은 에덴동산을 완벽하게 지으셨습니다. 우리 인간은 아무런 불편도 어떠한 제약도 없었습니다. 모든 것이 만족스럽고, 감사했습니다.

모든 것을 지으시고 만드셨을 때 하나님이 보시기에 심히 좋았더라고 했는데 그곳이 지상낙원이었습니다. 천국의 삶을 하나님과 더불어 이 지상에서 사는 것을 지상낙원이라 말하는 것입니다.

그런데 우리 하나님은 생명나무의 과일도 주시고 각종 과일도 주시면서 선악과 나무의 열매만은 따 먹지 말라고 하십니다. 이 선악과는 하나님의 성품과 앞으로 알게 될 언약의 개념을 이해하기 위한 열쇠입니다. 우리는 지난 장에서 사람이 하나님의 사랑의 교제를 위해 지어졌음을 알았습니다.

이사야 43:7 (개역개정)

내 이름으로 불려지는 모든 자 곧 내가 내 영광을 위하여 창조한 자를 오게 하라 그를 내가 지었고 그를 내가 만들었느니라.

이사야 43:21 (개역개정)

이 백성은 내가 나를 위하여 지었나니 나를 찬송하게 하려 함이니라.

기억해야 할 사실은 사람은 하나님을 기쁘게 하기 위하여 지어졌다는 것입니다. 하나님은 하나님 자신의 기쁨을 위해서, 또 교제의 대상으로 사람을 만드셨습니다.

이런 부분에 대해 받아들일 때 어떤 분들은 이러한 사실이 너무 자율성이 없고, 그러한 이유로 지어졌다는 것이 기분 나쁠 수도 있습니다. 그러나 이 사실 때문에 우리는 괴로워하거나 힘들어할 이유가 전혀 없습니다. 하나님과 우리는 진정한 가족입니다. 하나님은 이러한 당신의 생각(하나님과 사람의 가족 됨)을 잘 알려 주시기 위해서 육신의 가족을 우리에게 주셨습니다. 우리의 가정을 생각하면 쉽게 이 개념을 이해할 수 있습니다. 일반적으로 부모님을 기쁘게 해드릴 때 우리 마음 가운데에도 정말 감격스럽고, 기쁨이 충만한 것을 느낍니다. 왜냐하면 그동안 우리를 낳으시고 기르시고 고생하신 것을 생각하면, 우리가 부모님을 기쁘게 하는 행동들이 그 사랑에 대한 작은 보답으로 느껴지기 때문입니다.

저의 경우 아버지께서는 제가 신학교에 시험을 치르고 합격했을 때, 또 목사 안수 받았을 때, 선교사로 파송되었을 때 많이 기뻐하셨습니다. 아마도 본인이 걸으셨던 길을 따라 걷는 제가 기특하게 생각되셨나 봅니다. 아버지가 기뻐하시니 저도 참 기쁘고, 그런 과정들을 통해서 아버지와 더욱 친밀감을 가지게 되었습니다.

앞서 이사야 43장 21절은 다르게 설명하는 것보다 이렇게 실제적인 삶으로 설명하고 싶습니다. 하나님과 인간의 경우도 마찬가지입니다. 하나님을 기쁘게 할 때 우리도 기쁘게 됩니다. 내가 하나님을 기뻐하게 하는 것을 느낄 때 우리는 세상이 줄 수 없는 가슴 벅찬 만족감과 기쁨을 누리게 됩니다. 그렇게 지어졌기 때문입니다. 하나님은 그분 당신이 주는 사랑에 사람이 열렬히 반응하고 기뻐하는 것을 원하십니다.

또 하나님은 사람이 당신을 경외하기를 원하셨습니다. 성경에는 하나님을 경외한다는 말이 많이 나옵니다. 경외한다는 것은 하나님을 두려워하고 사랑하고 순종하는 것을 모두 포함하는 말입니다.

다른 말로 하면 다른 그 무엇보다 당신을 사랑하기를 하나님은 원하시는 것입니다. 신구약성경을 보면 경외라는 말 뒤에는 반드시 축복을 주십니다.

하나님은 이 점을 굉장히 원하셨습니다. 이 부분을 우리는 좀 더 자세히 살펴볼 필요가 있습니다. 제임스 패커는 자신의 책에 이렇게 썼습니다.

> 우리는 하나님이 자신의 질투에 대해 반복해서 말씀하시는 것

> 을 발견한다. 모세오경, 역사서, 선지서, 그리고 시편 등 여러 곳에 하나님의 질투에 대한 언급이 나와 있다.
>
> 하나님이 이스라엘에게 율법과 언약을 주시기 위해 이스라엘을 애굽에서 시내 산으로 데려가셨을 때, 하나님의 질투는 하나님이 그들에게 자신에 대해 첫 번째로 가르쳐 주신 사실 중 하나였다. 모세의 귀에 들리게 말씀하시고 돌판에 '하나님이 친히 쓰신'(출 31:18) 제2계명의 제재 규약은 '나는 질투하는 하나님'(출 20:5)이라는 것이다. 얼마 후, 하나님은 모세에게 좀 더 분명하게 "여호와는 질투라 이름하는 질투의 하나님임이니라"(출 34:14)고 말씀하셨다 (제임스 패커, 《하나님을 아는 지식》, 17장 질투하시는 하나님).

하나님이 질투하신다고 하면 약간 이상하게 생각됩니다. 물론 하나님은 어떠한 악함이나 잘못된 성품이 없으십니다. 그러나 이것은 인간 편에서 생각할 수 있는 최대한의 표현으로 하나님이 자신의 사랑을 사랑의 대상 외에는 다른 이와 나누지 않으시고, 인간도 그렇게 반응하시기를 원하는 강력한 표현으로 생각하시면 됩니다.

예를 들면, 부부가 서로의 배우자가 다른 이성에게 호감을 가질 때 질투하지 않는 것은 정상이 아닙니다. 왜냐하면 그것은 배우자에 대한 사랑과 관심이 없다는 말이기 때문입니다. 부부도 서로에게 사랑과 신뢰를 요구합니다. 그 사랑과 신뢰가 없이는 부부 생활을 유지할 수 없습니다. 마찬가지로 하나님도 인간에게 하나님에 대한 경외와 사랑, 순종을 요구하십니다.

2. 언약하시는 하나님

그런 면에서 선악과의 순종 여부는 하나님과 인간의 첫 번째 언약이었습니다. 성경을 이해하는 데 이 언약의 개념은 중요합니다. 언약은 하나님께서 사람들과 영원히 교제하고자 하는 의지와 뜻을 나타냅니다. 그래서 '언약'이라는 개념을 이해해야 성경을 이해할 수 있습니다. 언약은 하나님과 인간 사이에 맺는 특별한 관계입니다.

언약을 한마디로 표현하는 것은 어렵습니다. 말씀드렸듯이 언약은 특별한 관계이기 때문입니다. 부모와 자식의 관계를 한마디로 표현하기 어렵듯이 설명하기가 어려운 것입니다. 이해할 수 있는 제한된 한계 안에서 설명하자면, 어떤 의미에서 언약은 '계약'이면서 또한 '약속'입니다. 언제나 하나님이 주도하시는 계약이고, 약속입니다.

언약에는 하나님 편에서 그리고 사람 편에서 행하는 일이 있습니다. 하나님은 사람에게 당신의 의지를 표현하십니다. 하나님이 말씀하셔서 맺은 계약을 인간이 받아들이는가, 거절하는가 하는 것은 사람 편에서의 반응입니다. 그리고 이 계약은 피로써 보증이 됩니다(대부분의 경우 피를 흘려 제물을 하나님께 드리므로). 그래서 어떤 신학자들은 이 계약을, '피로 맺은 약속', '삶과 죽음의 약속'이라고 말합니다. 하나님은 이 언약을 결코 어기지 않으시고, 하나님 자신이 인간에게 약속을 지키십니다. 그리고 이런 모습은 반대로 우리 인간에게도 요구됩니다. 그래서 인간도 하나님에게 목숨을 걸고 지켜야 하는 것입니다.(최종진, 《구약적 이스라엘의 종교》, p. 73)

'선악과'를 예로 들면 하나님은 엄숙하게 '선악과'를 통해 하나님의 권위, 경외함에 대한 순종을 요구하십니다. 그리고 인간에게 그 조건으로 먹지 않는 것을 요구하십니다.

인간이 이 '선악과'를 먹지 않을 경우 하나님은 인간이 하나님을 경외하고, 사랑하는 것으로 인정하고, 영원히 에덴동산에서의 축복과 자유, 또 다른 어떠한 것으로부터의 보호를 엄숙히 약속하십니다. 그러나 그렇지 않을 경우, 인간은 하나님을 경외하지 않은 것으로 간주하고, 하나님과 자녀의 관계를 박탈당하고, 영원히 하나님과 관계가 끊어지게 됩니다.

그래서 '언약'은 엄숙하고, 언약을 맺는 당사자들에게 순종과 충성을 요구합니다. 목숨을 담보로 하는 약속이기 때문입니다.

성경은 이 하나님의 언약 개념으로 설명할 수 있습니다. 이 선악과뿐만 아니라, 노아와 하나님과의 언약, 아브라함과 하나님과의 언약, 모세와 하나님과의 언약, 다윗과 하나님과의 언약, 예수 그리스도를 통한 새 언약의 개념까지 하나님의 언약은 성경 전체에 나타나 있습니다. 이 하나님의 언약에 대한 이해는 '하나님의 사랑하는 자녀'라는 개념과 함께 성경을 이해하는 데 중요한 또 하나의 열쇠입니다.

한번에 이해하기가 쉽지 않으시지요? 그러나 분명한 것은 하나님은 늘 사람들과 언약하십니다. 그리고 그 언약을 반드시 이루십니다. 그래서 이 책을 통해서 하나님이 어떻게 언약하시고 언약을 갱신해 나가시는지 계속 살펴보도록 하겠습니다. 하나님과 위의 사람들이 맺어가는 언약을 살펴보면, 언약이 무엇인지, 왜 중요한지 차차 알게 되실 것입니다. 선악과의 언약부터 다시 살펴보겠습니다.

맨 처음 선악과를 통해 하나님은 인간들에게 엄숙히 언약합니다.

창세기 2:16-17 (개역개정)

16. 여호와 하나님이 그 사람에게 명하여 이르시되 동산 각종 나
무의 열매는 네가 임의로 먹되

17. 선악을 알게 하는 나무의 열매는 먹지 말라 네가 먹는 날에는
반드시 죽으리라 하시니라.

우리가 한번 상상하며 생각해 봤으면 좋겠습니다. 하나님은 인간에게 무한한 자유를 주셨습니다. 그래서 하나님을 향한 경외, 순종을 판단할 근거는 오직 하나, 선악과를 통할 수밖에 없었습니다. 인간 편에서도 하나님이 모든 자유를 주었기 때문에, 하나님을 경외하고 순종을 표현하는 길은 선악과에 대한 하나님의 언약을 지키는 일밖에 없었습니다. 죄를 지으려고 해도 죄를 지을 것이 없었기 때문에, 또 죄를 몰랐기 때문에, 오직 선악과를 따먹는 일 하나만이 죄를 짓는 유일한 길이었습니다.

3. 인간의 타락과 죽음

하와에게 마귀가 접근해서 선악과를 먹게 되었습니다. 하나님은 만물을 짓기 전 천사들을 지으셨는데 그 천사의 대표 중 루시퍼, 가브리엘, 미가엘이 있었습니다. 그중 루시퍼는 하나님을 찬양하기 위해 아름답게 만든 천사장입니다. 루시퍼 천사장이 자기 주제 파악을 못하고 하나님과 같이 높아지려다가 결국은 하나님께 쫓김을 받았습니다. 마귀가 루시퍼인 것입니다. 이 마귀 루시퍼는 하나님을 대적하는데 아담과 하와가 생명과를 따 먹고, 하나님과 더불어

영원히 사는 것에 시기하고 질투했습니다. 결국 마귀는 하나님과 하와와 아담의 사이를 이간시키려고 뱀으로 위장해서 하와에게 접근합니다.

"저 선악과를 먹으면 어찌된다 하더냐"(창 3:1) 하고 하와에게 묻습니다. 마귀는 진리에 대해 의심을 품게 하는 것입니다. 그리고 거짓말을 진짜처럼 합니다.

창세기 3:4-5 (개역개정)

4. 뱀이 여자에게 이르되 너희가 결코 죽지 아니하리라

5. 너희가 그것을 먹는 날에는 너희 눈이 밝아져 하나님과 같이 되어 선악을 알 줄 하나님이 아심이니라.

베드로전서 5:8 (개역개정)

근신하라 깨어라 너희 대적 마귀가 우는 사자같이 두루 다니며 삼킬 자를 찾나니.

마귀가 우는 사자와 같이 두루 삼킬 자를 찾는다고, 정신차리라고, 깨어 기도하라고 했습니다. 그러면 마귀는 어떤 사람을 찾습니까? 믿지 않는 자들은 이미 마귀의 밥입니다. 이미 마귀의 종입니다. 이미 마귀의 지배 아래 있습니다. 마귀의 시험 대상자는 믿음의 사람인 것입니다. 원래 자기 사람인데 하나님께 빼앗겼기 때문에 우는 사자같이 두루 삼킬 자를 찾는 것은 예수 믿는 사람을 낚아채어 넘어지게 하려고 욕심을 내게 하는 것입니다. 항상 마귀는 진리에 대해 의심하게 합니다.

오늘날 대학에서 사회과학 교수들은 진리는 상대적이라고 가르칩니다. 이 철학은 대중의 인기를 끌고 있습니다. 이런 말을 합니다. "당신에게는 그것이 진리일지 모르나 내게는 아니다. 절대적인 진리 같은 것은 없다. 모든 것은 상대적이다. 우리 모두 진리를 가지고 있지만 진리가 서로 다르다."

마귀의 전략은 태초의 에덴에서나 지금에서나 똑같습니다. 진리를 의심하게 하는 것입니다.

진리가 상대적이라고, 진리는 여러 개일 수 있다고 말합니다. 이것이 요즘 세상 사람들의 논리입니다. 말씀을 인생의 최고 권위로 세우지 않으면, 세상의 상대적이라고 말하는 진리 가운데 우는 사자와 같이 물려고 달려드는 마귀에게 당하고 말 것입니다.

하나님은 교만한 자를 물리치시고 겸손한 자에게 은혜를 주십니다. 겸손한 자세를 가지는 것 중에 가장 중요한 것은 하나님을 하나님의 위치(창조주)에 두고, 우리 인간은 피조물의 위치에 있어야 하는 것입니다.

창세기 3:6-7 (개역개정)

6. 여자가 그 나무를 본즉 먹음직도 하고 보암직도 하고 지혜롭게 할 만큼 탐스럽기도 한 나무인지라 여자가 그 열매를 따 먹고 자기와 함께 있는 남편에게도 주매 그도 먹은지라

7. 이에 그들의 눈이 밝아져 자기들이 벗은 줄을 알고 무화과나무 잎을 엮어 치마로 삼았더라.

요한일서 2:15-16 (개역개정)

15. 이 세상이나 세상에 있는 것들을 사랑하지 말라 누구든지 세
상을 사랑하면 아버지의 사랑이 그 안에 있지 아니하니
16. 이는 세상에 있는 모든 것이 육신의 정욕과 안목의 정욕과 이
생의 자랑이니 다 아버지께로부터 온 것이 아니요 세상으로부터 온
것이라.

여자가 그 나무를 보니 먹음직도 하고(육신의 정욕), 보암직도 하고(안목의 정욕), 지혜롭게 할 만큼 탐스럽기도 했습니다(이생의 자랑). 이것이 요한일서 2장 15-16절에 나온 것처럼 태초부터 지금까지 이어져 온 마귀의 전략입니다. 그래서 이것을 리처드 포스터라는 사람은 간단하게 정의하여 《돈 섹스 권력》이라는 제목의 책으로 출판했습니다. 이 세상의 모든 죄는 이것들과 연관되어 있는 것입니다. 마귀의 목표는 믿는 자들입니다.

마귀는 예수님께(마 4:1-11) 돌을 떡으로 만들고(육신의 정욕), 성전 꼭대기에서 뛰어내리며(안목의 정욕), 자신에게 경배하라(이생의 자랑)고 시험했습니다. 더 무서운 것은 마귀가 40일을 금식하시며 기도하시고 난 가장 거룩한 상태이신 예수님을 시험했다는 것입니다. 마귀가 성경 구절을 인용해서, 진리를 흐리게 했다는 것입니다(마 4:6). 우리가 말씀에 붙들려 있지 않다면 마귀가 가장 거룩한 장소에서 가장 거룩한 사람에게 언제 어디서나 유혹한다는 사실을 잊지 말아야 합니다.

창세기 3:7 (개역개정)

이에 그들의 눈이 밝아져 자기들이 벗은 줄을 알고 무화과나무 잎을 엮어 치마로 삼았더라.

결론적으로 하와와 아담이 선악과를 따 먹음으로 해서, 하나님께서 선악과를 통해 언약하신 내용(하나님의 뜻을 순종하게 되면 생명을 약속하시고, 사람이 하나님의 뜻을 순종하지 않을 경우에는 죽음이 오게 되는 언약)을 실행하실 수밖에 없게 되었습니다.

마귀는 90% 진리를 말하고, 가짜를 10% 섞습니다. 속을 수밖에 없습니다. 선과 악을 알게 된다는 것은 맞는 말입니다. 중요한 것은 악을 알게 되는 것은 너무 자기 파괴적인 결정이라는 것입니다. 악을 알고, 죄를 아는 순간 하나님과의 관계가 끊어지는 것입니다. 교묘히 그것을 숨기고 이야기를 해줍니다. 그런데 그때까지 아담과 하와는 악과 죄를 몰랐습니다. 마귀에게 순종하는 순간, 죄를 알게 되었습니다. 하나님이 주신 성을 아름답게 여겼는데, 이제 부끄럽게 여기게 됩니다.

예레미야 17:13 (개역개정)

이스라엘의 소망이신 여호와여 무릇 주를 버리는 자는 다 수치를 당할 것이라 무릇 여호와를 떠나는 자는 흙에 기록이 되오리니 이는 생수의 근원이신 여호와를 버림이니이다

에베소서 4:18 (개역개정)

그들의 총명이 어두워지고 그들 가운데 있는 무지함과 그들의 마

음이 굳어짐으로 말미암아 하나님의 생명에서 떠나 있도다.

하나님을 떠나고 하나님을 버리는 자는 흙에 기록된다고 했는데, 여기서 흙에 기록된다는 것의 의미는 죽는다는 의미입니다. 하나님의 언약은 이렇게 엄중합니다. 흙에서 났기 때문에 흙으로 돌아가고, 생수의 근원이신 여호와를 버리는 것은 생명의 근원을 버림으로써 죽게 되는 것입니다. 세상에서 말하는 죽음과 성경에서 말하는 죽음은 다릅니다. 성경은 하나님과 관계가 끊어진 것을 죽음이라 말합니다. 사람의 영혼이 하나님으로부터 왔기 때문에, 하나님과의 관계가 끊어진 영혼은 의미가 없습니다. 마귀의 지배 아래에 있다가 결국 영원한 지옥에 가게 되는 것입니다.

하나님의 생명에서 떠난 사람은 죄를 지었기 때문에 영혼의 죽음이 온 것이고, 두 번째로 육신의 죽음이 왔고, 세 번째로 영원한 죽음(지옥에 가는 것)이 오게 됩니다. 영원한 마귀의 지배를 받게 되는 것입니다. 더 구체적으로 설명하자면, 아담과 하와는 하나님의 첫 번째 언약인 선악과를 통한 언약을 어겼기 때문에 하나님과의 관계에서 아버지와 자녀의 관계를 박탈당한 것입니다.

로마서 6:16 (개역개정)

너희 자신을 종으로 내주어 누구에게 순종하든지 그 순종함을 받는 자의 종이 되는 줄을 너희가 알지 못하느냐 혹은 죄의 종으로 사망에 이르고 혹은 순종의 종으로 의에 이르느니라.

이 말씀은 성경을 이해하는 핵심 구절 중 하나입니다.

결정적으로 우리가 누구에게 순종하느냐에 따라 우리의 주인이 바뀝니다. 마귀의 종은 사망의 결과를, 하나님의 종은 선의 결과를 얻습니다. 이 개념은 언약이 가지고 있는 성격을 말해 줍니다. 하나님께 순종했을 때는 생명을, 하나님께 불순종하면 죽음을 얻습니다.

아담과 하와가 선악과를 따 먹은 것은 하나님을 따른 것이 아니고, 마귀에게 순종한 것입니다. 그 결과 사람은 하나님과의 관계가 끊어졌습니다. 주인이 바뀌는 것입니다. 원래는 하나님이 인간의 주인이었는데, 하나님을 불신하고 마귀의 말에 순종하고, 마귀를 더 믿음으로 마귀가 사람 마음의 주인이 되었습니다. 마귀의 지배를 받는 것입니다. 아담과 하와 이후로 태어난 인생은 그 마음에 이미 죄가 흐릅니다.

이것이 우리 인간의 상태입니다. 대부분의 사람들이 우리 인간은 왜 태어났는지, 어디로 가는지 잘 모릅니다. 인간의 근원, 인간의 목적, 죽음이 왜 존재하고, 왜 인간이 이토록 거짓되고 부패한가, 왜 더럽고 추악한가 하는 이러한 근본적인 문제들은 어디에서도 가르쳐 주고 있지 않습니다. 하지만 성경만이 이 문제의 해답을 알려 주고 있습니다.

4. 마귀의 특징

요한복음 8:44 (개역개정)

너희는 너희 아비 마귀에게서 났으니 너희 아비의 욕심대로 너희도 행하고자 하느니라 그는 처음부터 살인한 자요(가인이 아벨을 죽임) 진리가 그 속에 없으므로 진리에 서지 못하고 거짓을 말할 때마다 제 것으로 말하나니 이는 그가 거짓말쟁이요 거짓의 아비가 되었음이라.

이제 아담과 하와는 마귀의 종이 되었습니다. 그들의 마음에는 죄가 시작되었습니다. 그래서 그 죄의 흐름이 계속 자녀들에게 흐르게 됩니다. 마귀는 살인, 거짓의 아비입니다. 우리는 태어날 때부터 죄의 흐름 가운데 태어나고, 마귀의 성품과 속성을 마음에 지닌 채로 태어나게 되었습니다.

야고보서 1:15 (개역개정)

욕심이 잉태한즉 죄를 낳고 죄가 장성한즉 사망을 낳느니라.

마귀의 특징은 욕심쟁이입니다. 마귀는 그 욕심을 성취하기 위해 거짓말하고, 살인하는 것입니다. 모든 인간의 죄가 욕심으로부터 시작됩니다. 아담과 하와가 죄를 알고 난 후 그 자녀들인 가인과 아벨부터 바로 살인이 일어납니다. 가인과 아벨이 하나님께 제사를 드렸을 때 하나님께서는 아벨의 제사는 받으시고, 가인의 제사는 받지 않으셨습니다. 아벨보다 자신이 못하다는 열등감과 수치심, 아벨을 향한 이기심, 이러한 마음을 누군가 가인의 마음속에 계속 심어 넣습니다. 결국 이 마음이 계속 커져서 살인을 저지릅니다. 이것은 마귀가 욕심을 키워 파괴하고 살인하는 자라는 것을 분명히 보여줍니다. 이때 가인이 아벨을 죽이는데, 이것은 가인이 아니라 그 속에 있는 마귀가 죽인 것입니다.

디모데전서 6:9-10 (개역개정)

9. 부하려는 자들은 시험과 올무와 여러 가지 어리석고 해로운 욕
심에 떨어지나니 곧 사람으로 파멸과 멸망에 빠지게 하는 것이라
10. 돈을 사랑함이 일만 악의 뿌리가 되나니 이것을 탐내는 자들
은 미혹을 받아 믿음에서 떠나 많은 근심으로써 자기를 찔렀도다.

마태복음 6:24 (개역개정)

한 사람이 두 주인을 섬기지 못할 것이니 혹 이를 미워하고 저를 사랑하거나 혹 이를 중히 여기고 저를 경히 여김이라 너희가 하나님과 재물을 겸하여 섬기지 못하느니라.

두 주인을 섬기지 말라고 하십니다. 하나를 섬기면 반드시 다른 하나는 대수롭지 않게 여기게 되어 있다는 것입니다. 재물과 하나님을 겸하여 섬길 수 없다는 것입니다

사람의 마음에 두 주인이 있습니다. 하나님과 돈이 주인 역할을 하는데 돈이 주인 역할을 하면 마귀가 욕심으로 그 마음을 휘어잡습니다. 마귀는 항상 돈에 욕심을 내게 하고, 세상의 명예로 사람들을 휘어 잡으려 합니다.

주위만 살펴봐도 돈을 못 갚아서 자살하는 사람들이 얼마나 많습니까? 보험 사기를 위해 사람을 죽이는 일이 얼마나 끔찍합니까? 곧 돈을 사모하는 자들, 이것을 탐내는 자들이 미혹을 받게 되어 미혹으로 인해 덫과 올무에 빠지게 된다는 것입니다. 욕심이 우리 인간을 죽이는 것입니다. 마귀가 그렇게 하는 것입니다. 흥미로운 사실은 복권에 당첨된 많은 사람들이 이혼을 한다고 합니다. 배우자와

자기의 행운을 나누고 싶지 않기 때문입니다. 또 많은 사람들이 10년 안에 당첨된 금액을 모두 쓰거나, 재정적으로 더 어려운 삶에 빠진다고 합니다.

이렇게 돈이 우리 마음의 주인이 되면 욕심을 내게 하고, 욕심이 커져 가정을 파괴하고, 개인을 파괴하게 됩니다. 그런데 이 욕심이라는 것이 우리 사람의 마음에 들어와 마귀가 지배하기 때문에 우리 마음대로 되지 않는 것이 문제입니다. 욕심을 자제하는 것은 인간의 힘으로 되지 않습니다.

하지만 예수를 믿는 사람은 속사람 안에 예수님이 성령으로 마음 가운데 오셔서 내 주인이 되십니다. 그럴 때 우리를 지배하던 돈 욕심이 없어지게 됩니다. 구원받은 감격과 기쁨 때문에 욕심이 떠나가고 자유를 느끼게 되고 우리가 참 신앙인으로 살게 됩니다. 믿음은 우리의 주인이 바뀌는 것입니다. 예수를 믿기 전에는 마귀가 또는 우리 자신이 주인이었지만, 이제는 예수를 믿고 성령이 내 주인이 되신 것입니다. 예수의 영(성령)이 그 속에 들어가느냐, 안 들어가느냐에 따라 천국 백성인지, 마귀 백성인지가 판가름납니다.

> 고린도후서 13:5 (개역개정)
>
> 너희는 믿음 안에 있는가 너희 자신을 시험하고 너희 자신을 확증하라 예수 그리스도께서 너희 안에 계신 줄을 너희가 스스로 알지 못하느냐 그렇지 않으면 너희는 버림받은 자니라.

냉정하게 본인의 신앙을 판단해 보십시오. 당신의 마음의 주인은 예수입니까? 당신은 돈의 욕심에서 자유합니까? 얼마나 많은 교회의 성도들이 크리스천이라고 하면서 사실은 돈의 노예로 살아가는지 모릅니다. 정말 주인이 바뀌었다면 우리는 돈의 욕심, 성의 욕심, 권력의 욕심에서 자유할 것입니다. 그런데 많은 교인들이 그것들에 자유하지 않은 채로 신앙생활의 틀을 가지고 살고 있습니다. 무서운 일입니다. 본인이 크리스천이라고 착각합니다. 교회만 착실하게 다니면 안전하게 천국에 간다고 생각합니다. 마음에 예수의 영(성령)을 주인으로 모시지 않은 사람은 버리운 자입니다.

유대인과 서기관과 바리새인들에게는 유전적인 관례가 있는데 그릇의 겉을 깨끗이 닦는다는 것입니다. 밖에 나갔다 집에 들어오면 손과 발을 씻습니다. 손을 깨끗이 씻고 음식을 섭취해야 합니다. 마태복음 15장 1-2절을 보면 유대인들이 예수님과 제자들에게 당신들은 왜 손을 씻지 않느냐고 질문하는데, 예수님께서 말씀하시기를 "그릇은 깨끗이 닦는데 속은 더럽다"라고 하십니다. 입으로 들어가고 나오는 것, 씻지 않은 손으로 먹는 것이 더러운 것이 아니고 속에 있는 악한 것들, 즉 악한 생각, 거짓 증언, 살인, 도둑질, 음란, 간음, 비방, 해방함, 미움 등 이러한 것들이 더럽다고 말씀하셨습니다.

성령의 열매가 갈라디아서 5장 22-23절에 기록되어 있습니다. 사랑과 희락과 화평과 오래 참음과 자비와 양선과 충성과 온유와 절제 입니다. 이 성령의 열매와 대조되는 우리의 육신의 열매도 있습니다.

갈라디아서 5:19-21 (개역개정)

19. 육체의 일은 분명하니 곧 음행과 더러운 것과 호색과

20. 우상 숭배와 주술과 원수 맺는 것과 분쟁과 시기와 분냄과 당

짓는 것과 분열함과 이단과

21. 투기와 술 취함과 방탕함과 또 그와 같은 것들이라 전에 너희
에게 경계한 것같이 경계하노니 이런 일을 하는 자들은 하나님의 나
라를 유업으로 받지 못할 것이요

육체의 일이 현저하다는 것은 그 육체 가운데 마귀의 지배함으로 되는데 이런 일들을 행하는 자들은 죽게 되면 하나님의 심판을 받고 지옥에 가게 되는 것입니다.

디모데후서 3:1-5 (개역개정)

1. 너는 이것을 알라 말세에 고통하는 때가 이르러

2. 사람들이 자기를 사랑하며 돈을 사랑하며 자랑하며 교만하며
비방하며 부모를 거역하며 감사하지 아니하며 거룩하지 아니하며

3. 무정하며 원통함을 풀지 아니하며 모함하며 절제하지 못하며
사나우며 선한 것을 좋아하지 아니하며

4. 배신하며 조급하며 자만하며 쾌락을 사랑하기를 하나님 사랑
하는 것보다 더하며

5. 경건의 모양은 있으나 경건의 능력은 부인하니 이 같은 자들
에게서 네가 돌아서라.

마치 이 시대를 말씀하시듯이, 현재의 한국을 아픈 단면들을 보는 것 같습니다. 특별히 우리는 미디어를 조심할 필요가 있습니다. 미디어는 재미와 편리를 우리에게 줍니다. 반면, 미디어를 통해 우리는 절제하지 못하고, 쾌락 사랑하기를 하나님 사랑하는 것보다 더하

도록 하기 위해 마귀가 사용할 수 있는 통로입니다. 이 미디어에 관한 내용은 중요하기 때문에 계속해서 다루도록 하겠습니다.

말세에 악한 자들이 죄를 드러내는데 조금 더 구체적인 내용들이 로마서에도 기록되어 있습니다.

로마서 3:10-18 (개역개정)

10. 기록된 바 의인은 없나니 하나도 없으며

11. 깨닫는 자도 없고 하나님을 찾는 자도 없고

12. 다 치우쳐 함께 무익하게 되고 선을 행하는 자는 없나니 하나도 없도다

13. 그들의 목구멍은 열린 무덤이요 그 혀로는 속임을 일삼으며 그 입술에는 독사의 독이 있고

14. 그 입에는 저주와 악독이 가득하고

15. 그 발은 피 흘리는 데 빠른지라

16. 파멸과 고생이 그 길에 있어

17. 평강의 길을 알지 못하였고

18. 그들의 눈앞에 하나님을 두려워함이 없느니라 함과 같으니라.

말세에 의인을 찾아볼 수 없다는 말은 우리들에게도 적용되는 엄중한 경고의 말씀입니다.

세상을 40-50년 동안 살다 보면 피해를 안 보고, 사기를 안 당해 본 사람은 없을 것입니다. 사람이 싫어질 때가 있습니다. 마귀가 욕심을 내게 해서 가장 가까운 형제, 친구, 이웃이 돈 때문에 내 마음에

날이 선 칼처럼 아픈 배신을 꽂습니다. 배신을 당하고 관계가 끊어질 때가 있습니다. 그 칼에 찔려 보지 않으면 그 피눈물나는 고통을 모릅니다.

그 고통, 그 상처는 말로 표현할 수 없을 것입니다. 욕심이 생기면 남의 것을 빼앗으려고 대부분 천사처럼 행동합니다. 선물도 사주고, 맛있는 것도 사주고, 아주 잘 대우해서 환심을 얻습니다. 그다음에 돈을 빌려달라고 하고, 보증을 서 달라고 하는 등 여러 가지 요구를 합니다. 거기에 거절할 수 없어 응대하다 보면 결국 배신하고 도망갑니다. 돈 피해도 막심한데, 사람을 잃으니 너무 마음이 아픕니다. 결국 마음에는 피눈물이 흐릅니다. 이것이 마귀의 지배 아래 있는 사람들의 모습입니다. 그래서 우리는 어느 누구든지 사람을 믿어서는 안 됩니다.

미가 7:5 (개역개정)

너희는 이웃을 믿지 말며 친구를 의지하지 말며 네 품에 누운 여인에게라도 네 입의 문을 지킬지어다.

미가서 7장 1-6절은 이스라엘의 부패상을 설명하고 있습니다. 심지어 미가는 부패한 사람들 안에서는 품에 누운 아내에게도 입 조심을 하고 약속을 함부로 하지 말라고 말씀하고 있습니다. 그러나 그 사람들이 원래는 하나님의 자녀들이었습니다. 하나님을 떠나 타락해서 마귀의 자녀가 되었기 때문에 그를 불쌍히 여기고 사랑해야 하는 것입니다.

그런데 나의 마음에 칼을 꽂고 간 그 사람을 우리가 사랑할 수 있을까요? 절대로 사랑할 수 없습니다. 주님의 마음이 우리 속에 성령으로 들어와야 사랑할 수 있는 것입니다.

> **빌립보서 2:5 (개역개정)**
> 너희 안에 이 마음을 품으라 곧 그리스도 예수의 마음이니.
> 고린도후서 5:14 (개역개정)
> 그리스도의 사랑이 우리를 강권하시는도다 우리가 생각하건대 한 사람이 모든 사람을 대신하여 죽었은즉 모든 사람이 죽은 것이라.

우리는 오늘도 우리를 버리고 마음에 예수 그리스도의 마음을 품어야 합니다. 사람은 믿지 말아야 합니다. 믿어야 될 대상이 아닙니다. 사랑해야 할 대상입니다.

그리스도의 사랑이 우리 속사람을 강하게 권고하고 감동시키고 깨우쳐서 이 사랑에 끌림을 받아야 하는 것입니다. 한마디로 온전한 사랑의 내공을 키워야 합니다.

하나님이 사랑의 대상자로, 자녀로 지은 인생들이 하나님께 불순종해서 마귀의 지배 아래 있을때, 또 지옥에 들어갈 때 우리 하나님의 마음은 어떻겠습니까? 마음이 찢어지듯 아파하십니다. 자식이 죄를 지어 형무소에 들어갔고, 사형선고를 받았다면 그 부모의 마음은 어떻겠습니까? 살맛이 안 날 것입니다. 괴롭고 찢어지는 고통에, 대신 죽어 줄 수만 있다면 자식 대신 사형 선고장에서 죽어 주고 싶을 것입니다. 그러나 사람들은 그렇게 하지 못합니다. 법 제도도 허락하지 않을 뿐더러 인간의 연약함 때문입니다.

시편 27:10 (개역개정)

내 부모는 나를 버렸으나 여호와는 나를 영접하시리이다.

그러나 하나님은 우리 인간을 더 사랑하십니다. 하나님은 인간이 언약을 깨뜨리고 죄를 짓자마자 구원 계획을 세우십니다. 이것이 바로 하나님의 사랑입니다.

창세기 3:15 (개역개정)

내가 너로 여자와 원수가 되게 하고 네 후손도 여자의 후손과 원수가 되게 하리니 여자의 후손은 네 머리를 상하게 할 것이요 너는 그의 발꿈치를 상하게 할 것이니라 하시고.

요한일서 3:8 (개역개정)

죄를 짓는 자는 마귀에게 속하나니 마귀는 처음부터 범죄함이라 하나님의 아들이 나타나신 것은 마귀의 일을 멸하려 하심이라.

여자의 후손은 장차 오실 예수님을 의미합니다. 마귀가 사람을 지배하기 위해 예수님을 죽입니다. 최후의 수단으로 예수님을 죽이기까지 합니다. 하지만 예수님은 죽음의 세력을 꺾고 부활합니다. 이것은 마귀의 머리를 상하게 하고 마귀를 완전히 꺾었음을 의미합니다. 마귀를 멸하려 하는 것입니다. 이것은 완전히 새로운 언약을 새롭게 맺으시겠다고 작정하신 것입니다. 이후의 장에서 이러한 내용을 더 자세히 설명해 드리겠습니다.

요한복음 16:33 (개역개정)

이것을 너희에게 이르는 것은 너희로 내 안에서 평안을 누리게 하려 함이라 세상에서는 너희가 환난을 당하나 담대하라 내가 세상을 이기었노라.

예수를 모시고 살아갈 때 우리도 환란 많은 이 세상을 이긴다는 것입니다. 그 이후에 하나님께서는 인간이 언약을 깨뜨리고 죄를 짓자마자 아담과 하와에게 가죽옷을 지어 입혀 주십니다(창 3:21). 가죽옷을 지어 입히기 위해서는 살아 있는 동물을 죽여 피를 흘려야만 합니다. 이것은 하나님이 장차 예수의 보혈의 피를 통해서 죄를 덮어 주시겠다는 예시입니다. 그리고 창세기 4장 4절에 아벨을 통해 피의 제사를 받으시는 것은 역시 이후에 예수님의 보혈을 통한 죄 씻음을 상징합니다.

요한복음 3:16 (개역개정)

하나님이 세상을 이처럼 사랑하사 독생자를 주셨으니 이는 그를 믿는 자마다 멸망하지 않고 영생을 얻게 하려 하심이라.

왜 사랑해야 하는지, 왜 하나님이 이 땅에 오셔서 우리 인간을 위해서 죽어야 하는지 그 이유를 알아야 합니다. 하나님이 인간을 사랑하는 마음이 얼마나 크신지를 깨달아야 합니다.이 비밀을 잘 알지 못해서 신앙생활을 잘 못하는 것입니다. 하나님은 우리를 얼마나 사랑하시는지 독생자 아들까지 주셨습니다.

여러 가지 시험과 어려움, 혹은 유혹에 처해 있을 때 마귀가 주는 욕심인가, 아니면 하나님의 뜻을 좇아서 하는 것인가 생각해 보십시오. 내 입장을 하나님 편에 놓고 내가 예수님이라면 이럴 때 어떻게 처신했을까 하는 점들을 깊이 생각해 봐야 합니다.

6

'오래 참음'의 열매 맺음, 노아

이번 장부터는 하나님께서 특별히 구약의 네 사람을 통해서 언약을 계속 갱신해 나가시는데 도대체, 그들이 어떻게 살았길래 구약의 그 많은 사람들 중에 하나님이 선택하셔서, 새롭게 언약을 맺어 나가시는지 한번 살펴보도록 하겠습니다.

먼저 하나님께서 선택하신 네 사람은 노아와 아브라함, 모세와 다윗입니다. 먼저 이 사람들의 특징에 대해서 말씀드리자면 이 사람들은 그 시대에 하나님의 특별한 선택을 입은 사람들이었습니다. 저는 성경을 볼 때마다 하나님께서는 자신과 마음에 맞는 아주 적은 소수의 사람과 일하신다는 것을 많이 느낍니다.

사사기 7:2, 7(현대인의성경)

2. 여호와께서 기드온에게 말씀하셨다. "너와 함께 있는 백성이 너무 많아서 내가 미디안 사람들을 너희 손에 넘겨 주지 않겠다. 그들이 만일 전쟁에 이기면 자기들 힘으로 이긴 줄 알고 교만할 것이다."

7. 그때 여호와께서 기드온에게 말씀하셨다. "내가 물을 핥아 먹은 300명으로 너희를 구원하고 미디안 사람들을 너희 손에 넘겨 주겠다. 너는 그 나머지 사람들을 다 집으로 돌려보내라."

사사기 시대에도 기드온이 미디안 사람들과 싸울 때 처음에 32,000명의 군인들이 모였지만 나중에는 300명만을 사용하셔서 하나님의 일을 하시는 것을 볼 수 있습니다. 사람이 아니라 하나님의 능력을 드러내시기 위함입니다. 그 시대에 하나님의 마음에 맞는 사람이 한 사람밖에 없다면 단 한 사람과만 일하십니다. 노아의 시대가 그랬습니다. 하나님의 마음에 맞는 조건은 단 하나가 있는데, 하나님을 경외하는 것입니다. 위의 네 사람은 그 시대에 하나님이 선택한, 하나님의 마음에 맞는 사람이었습니다.

경외한다는 것은 하나님을 두려워하며 사랑하는 것입니다. 하나님은 질투하시는 하나님이시라고 설명해 드렸습니다. 자신의 창조물인 사람들이 하나님을 그 무엇보다 사랑하기를 바라십니다.

마태복음 10:37 (개역개정)

아버지나 어머니를 나보다 더 사랑하는 자는 내게 합당치 아니하고 아들이나 딸을 나보다 더 사랑하는 자도 내게 합당치 아니하며.

마태복음 19:29 (개역개정)

또 내 이름을 위하여 집이나 형제나 자매나 부모나 자식이나 전토를 버린 자마다 여러 배를 받고 또 영생을 상속하리라.

이번 장에서는 노아가 하나님을 얼마나 경외하였는지, 또 하나님을 사랑함으로 하나님을 닮은 성품들이 어떻게 열매 맺는지, 그리고 하나님은 이들을 통해서 어떤 언약들을 새롭게 맺어가시는지 살펴보겠습니다.

먼저 창세기 6-8장에 나타난 노아의 삶을 한번 보도록 하겠습니다.

아담과 하와의 후손들이 마귀의 지배 아래 있으면서 땅에 거하고 너무나도 죄를 많이 짓고 악을 행하는데 결국 그 죄악들이 하늘에까지 사무치게 되었습니다. 그 후 노아가 500세가 지나서(창 5:32) 하나님께서 방주를 지으라고 말씀하십니다. 그리고 물로 온 세상을 심판하시겠다고 말씀하십니다.

그런데 노아는 창세기 6장 8절에 하나님께 은혜를 입었다고 말씀하고 있습니다. 우리가 이 구절을 깊이 묵상해 보면 귀한 진리가 여기에 있는 것을 알 수 있습니다. 시대에 따르지 않고 하나님과 동행할 수 있는 것이 은혜입니다. 믿음으로 세상에서 소중하게 생각할 수 있는 것을 내려 놓는 것이 은혜입니다.

창세기 6:8-9 (개역개정)

8. 그러나 노아는 여호와께 은혜를 입었더라

9. 이것이 노아의 족보니라 노아는 의인이요 당대에 완전한 자라
그는 하나님과 동행하였으며.

한번 생각을 해보면 그 시대에서 노아가 하나님과 함께함으로 잃은 것이 많다는 것을 알 수 있습니다. 일단 세상 사람들과 교제함이 끊어졌습니다. 그리고 세상의 평판과 인기를 얻을 수가 없었습니다. 하나님과 교제함을 위해, 다른 세상적인 부분에서는 잃은 것입니다.

그런데 그것이 은혜입니다. 그렇게 함으로 노아와 가족은 최종적으로 구원받았습니다. 무엇이 더 크고 무엇이 더 작은 것인지 깨닫고 실행할 수 있는 것이 은혜입니다.

저는 최근에 사무엘상을 묵상하면서 요나단이 얼마나 은혜 입은 자인지 생각해 보게 됩니다.

> 사무엘상 23:16-17 (개역개정)
>
> 16. 사울의 아들 요나단이 일어나 수풀에 들어가서 다윗에게 이르러 그에게 하나님을 힘있게 의지하게 하였는데
>
> 17. 곧 요나단이 그에게 이르기를 두려워하지 말라 내 아버지 사울의 손이 네게 미치지 못할 것이요 너는 이스라엘 왕이 되고 나는 네 다음이 될 것을 내 아버지 사울도 안다 하니라.

이 본문은 다윗이 사울을 피해 돌아다니며 힘들어할 때 요나단이 와서 격려해 주는 장면입니다. 요나단은 16절에 다윗에게 하나님을 힘있게 의지하게 하면서, 네가 왕이 될 것이라고 다시 한 번 확인시켜 줍니다. 저는 이 본문을 묵상하면서, '요나단이 큰 은혜를 입은 사람이구나' 하는 생각을 했습니다. 요나단은 본인 스스로가 하나님을 힘있게 의지하면서 살기 때문에, 다윗에게 그렇게 말해 줄 수 있었던 것입니다. 요나단은 하나님을 선택하고, 왕 되는 욕심을 버릴 수

있었습니다. 요나단은 하나님께 은혜를 입었기에, 기꺼이 2인자가 되는 것을 받아들였습니다.

그와 사울을 한번 비교해 보십시오. 아버지와 아들이지만 얼마나 다릅니까? 아버지는 왕권을 유지하기 위해, 점점 하나님과 멀어지는 길을 갑니다. 이 시대에는 하나님을 위해 기꺼이 2인자가 되고, 기꺼이 많은 돈을 포기할 수 있는 노아와 요나단 같은 사람이 필요합니다.

하나님은 노아가 얼마나 기특하신지 하나님의 말씀에 다 순종했다는 것을 두 번에 걸쳐 말씀하십니다.

창세기 6:22 (개역개정)

노아가 그와 같이 하여 하나님이 자기에게 명하신 대로 다 준행하였더라.

창세기 7:5 (개역개정)

노아가 여호와께서 자기에게 명하신 대로 다 준행하였더라.

노아는 오백 세 된 후에 그의 자녀들을 낳고 육백 세 된 때 홍수가 왔습니다. 학자들마다 조금씩 다르지만 약 100년 정도 그는 방주 만드는 일에 착수했습니다.

창세기 6:15 (개역개정)

네가 만들 방주는 이러하니 그 길이는 삼백 규빗, 너비는 오십 규빗, 높이는 삼십 규빗이라.

창세기 6:15 (현대인의성경)

배의 크기는 길이 135미터, 너비 22.5미터, 높이 13.5미터로 하고.

1규빗이 사람의 손끝에서 팔꿈치까지의 길이입니다. 약 45-48cm라고 하면 약 135m 정도의 길이라고 생각하고 높이는 13m입니다. 이는 아파트 3층 정도의 높이라고 생각할 수 있겠습니다. 요즘에 초등학교, 고등학교 운동장이 100m가 안 되어 100m 달리기를 할 때 대각선으로 뜁니다. 그것보다 조금 더 긴 배를 노아의 가족들이 만들었다는 것입니다. 이러한 배를 만들기 위해 어떠한 노력을 기울였을지 상상해 보십시오. 보통 사람이었으면 기껏해야 몇 년 하면 포기했겠지만, 노아는 100년 동안 묵묵히 하나님과 동행하면서 그 배를 지어나갑니다.

노아는 믿음으로 의인이 되었는데, 세상 사람들과 구별되고 하나님이 원하시는 것을 100% 순종하는 믿음이었습니다. 어떻게 노아는 100년 동안 순종하면서 믿음으로 배를 지을 수 있었을까요? 성경에 그 힌트가 있습니다.

창세기 6:9 (개역개정)

이것이 노아의 족보니라 노아는 의인이요 당대에 완전한 자라 그는 하나님과 동행하였으며.

노아는 하나님과 동행했다고 말씀하고 있습니다. 하나님과 늘 함께 있으면 '참을 수' 있고, '견딜 수' 있습니다. 우리가 주의 깊게 묵상해야 할 것은 100년이라는 시간이 중요하지만 누구와 함께 그 시간을 '참고', '견디는가' 하는 것입니다. 하나님과 함께라면 시간이 중요하지 않습니다.

> 베드로후서 3:8 (개역개정)
>
> 사랑하는 자들아 주께는 하루가 천 년 같고 천 년이 하루 같다는 이 한 가지를 잊지 말라.

하나님과 동행하면 시대와 다르게 살 수 있는 힘을 얻게 됩니다.

그가 방주를 만들기 전까지 그는 하나님과 깊은 교제를 나누었습니다. 그리고 그의 성품은 하나님을 더욱더 닮아갑니다. 100여 년 동안 방주를 만드는 노아의 모습은 '깊은 인내'를 생각나게 하고, '충성됨'을 떠올리게 합니다.

전 장에도 썼지만 하나님은 당신의 성품을 닮아가길 원하고, 그 삶이 드러나길 원하신다고 하셨습니다. 그 하나님의 '사랑'의 성품 중에 가장 대표적인 것이 '인내'입니다.

고린도전서 13장 4절에 보면 사랑은 오래 참는다고 말씀합니다. 그 말씀이 '사랑'의 속성 중 가장 첫 번째로 나옵니다. 하나님은 항상 사람들에게 '오래 참고' 기다리십니다. 그리고 우리가 닮아가야 할 성품, 성령의 지배를 받게 될 때 맺어지는 성품 중(갈 5:22)에도 인내가 있습니다. 《기다림은 길을 엽니다》라는 책에서 강준민 목사님이 하신 말씀 중 오랫동안 마음에 남는 예화가 있어 소개합니다.

젊은 시절, 록펠러는 석유 회사에 입사해 석유통 덮개에 자동 땜질이 잘되었는지 검사하는 간단하고 재미없는 일을 맡았습니다. 반

년 후, 더 이상 참지 못하고 찾아온 록펠러에게 책임자가 말했습니다. "큰 꿈을 갖고 있다면, 지금 제일 단순한 일을 하더라도 남들보다 어떻게 하면 잘할 수 있을지 고민하게. 그리고 세상에 중요하지 않은 일은 없다는 것을 명심하게."

이 말을 들은 록펠러는 열심히 일하기 시작했습니다. 그리고 용접제가 자동으로 떨어지는 양과 속도를 자세히 관찰하고 연구해, 용접하려는 석유통 뚜껑에 용접제가 39방울 떨어진다는 사실을 발견했습니다. 그는 치밀한 계산을 통해 용접제가 38방울만 떨어져도 석유통 뚜껑이 완전히 용접된다는 결론을 얻고, '38방울형' 용접기를 개발했습니다. 이것을 사용하면 석유통마다 한 방울의 용접제를 절약할 수 있었습니다. 비록 한 방울이지만, 1년으로 따지면 5억 달러를 절감하는 것입니다. 이 한 방울은 석유왕 록펠러로 성장하는 첫 신호탄이었습니다.

우리는 오랜 기다림 때문에 회의가 생기거나, 고난 때문에 시야가 가려지기도 합니다. 혼란스럽고, 하나님께 잊혀진 것처럼 느껴질 때도 있습니다. 그러나 지금이 어느 때인지 분별해야 합니다. 무엇보다 때가 찰 때까지 끝까지 인내하는 것이 중요합니다. 때는 하나님이 정하시고, 하나님의 때는 반드시 옵니다. 그때에 하나님은 모든 일을 신속하게 이루어 주실 것입니다.

록펠러는 6개월 동안 석유통 용접제가 떨어지는 것을 쳐다보면서 일했습니다. 그 일 가운데에도 인내하며 집중하니 인생이 풀리는 것을 볼 수 있습니다. 이렇듯 보통 사람은 단순한 업무를 180일 동안 하는 것도 힘들어 합니다. 노아는 100년, 약 3만 6천 일이 넘는 시간 동안 목수질을 하고 배에 역청을 발랐습니다. 하나님을 신뢰하고 그분과 동행하지 않고서는 불가능한 일입니다.

'노아'가 하나님의 은혜를 입었다는 것은 하나님을 알아가고, 그 분의 성품을 닮게 되었다는 것입니다. 그는 하나님의 '오래 참음'과 '신실함'과 '충성됨'을 방주와 함께한 100여 년의 시간 가운데 점점 닮아가는 것입니다. 이것이 힘입니다.

오늘날 한국 사회에서 우리가 하나님을 닮아가야 할 성품 중 하나가 '오래 참음'이라고 생각합니다. 오직 '오래 참음'으로만 맺어지는 것이 있습니다. 노아가 '오래 참음'이 없었다면, 하나님은 그를 '구원'으로 이끄실 수가 없었을 것입니다.

하나님의 때를 기다리지 못해 일을 망치는 경우가 얼마나 많습니까? '오래 참지' 못한다는 것은 하나님을 신뢰하지 못한다는 것이고, '자기 자신'의 체면이나 위신을 더 많이 생각한다는 것입니다.

사무엘상 13:11-12 (개역개정)

11. 사무엘이 이르되 왕이 행하신 것이 무엇이냐 하니 사울이 이르되 백성은 내게서 흩어지고 당신은 정한 날 안에 오지 아니하고 블레셋 사람은 믹마스에 모였음을 내가 보았으므로

12. 이에 내가 이르기를 블레셋 사람들이 나를 치러 길갈로 내려오겠거늘 내가 여호와께 은혜를 간구하지 못하였다 하고 부득이하여 번제를 드렸나이다 하니라.

사울은 하나님의 때를 기다리지 못하고 자기 멋대로 번제를 드려 버립니다. 이 일은 하나님이 사울을 버리는 계기가 됩니다. 오늘날 우리는 '스마트폰'으로 대표되는 문명의 기기들을 통해서 24시간

인터넷도 하고, 여러 지식을 얻고 볼 수 있는 세상을 살아갑니다. 하지만 이런 문명의 기기들이 우리의 삶 가운데 하나님을 닮아서 '오래 참음'의 성품을 만들어 나가는 것을 방해하고, 하나님의 때를 기다리게 하는 데 어려움을 주는 마귀의 전략으로 사용될 수도 있음을 반드시 기억해야 합니다. 특별히 우리가 인스턴트 음식을 먹고, 매일매일 금방 바뀌는 TV 프로그램을 시청하는 시대에 살고 있기 때문에 그런 것들을 세상의 공중 권세 잡은 마귀가 사용하고 있다는 사실을 아셔야 합니다.

TV 광고를 만드는 사람들은 '10초' 안에 승부를 봐야 한다고 합니다. '10초' 안에 시청자들을 잡지 않으면 채널이 돌아가기 때문입니다. 끊임없이 자극적인 방송을 흘려보냅니다.

그런 TV와 인터넷에 '10초' 동안 프로그램의 주제들을 계속 보고 있는 우리 세대와, 100년 동안 방주만 만들었던 '노아'의 삶이 얼마나 다를지 상상해 보십시오. 10초와 100년입니다. 그와 우리의 삶의 성품들이 어떻게 다르게 맺어져 갈지 상상해 보십시오.

> 베드로전서 3:20 (개역개정)
>
> 그들은 전에 노아의 날 방주를 준비할 동안 하나님이 오래 참고 기다리실 때에 복종하지 아니하던 자들이라 방주에서 물로 말미암아 구원을 얻은 자가 몇 명뿐이니 겨우 여덟 명이라.

하나님을 경외하는 사람은 언제나 소수입니다. 노아 때도 8명밖에 없었고, 지금 시대도 마찬가지입니다.

노아는 약 100년 동안 방주를 만들면서 세상 사람들에게 철저하게 무시당했습니다. 위의 말씀처럼 노아가 아무리 말하고, 하나님이 아무리 기다리셔도 사람들은 듣지 않았습니다. 사람들이 볼 때 방주를 만들고 있는 노아가 얼마나 불쌍하고 시덥잖게 보이고, 융통성없고, 세상과 교류할 줄 모르는 사람으로 보였겠습니까? 그 100여 년 동안 얼마나 많은 사람들이 태어나고 죽고 시집 장가가고 그랬겠습니까? 그러나 하나님과 '동행' 하고 그분을 알아갔던 노아만이 하나님의 뜻을 분별하고, '방주'를 만드는 일에 착수했습니다. 지금 이 시대에도 하나님의 뜻을 분별해야 합니다. 여러분에게 도전하고 싶은 것은 이러한 영적 분별력을 가지기 위해 하나님을 아는 일에 부단히 애써야 한다는 것입니다.

마태복음 24:37-39 (개역개정)

37. 노아의 때와 같이 인자의 임함도 그러하리라

38. 홍수 전에 노아가 방주에 들어가던 날까지 사람들이 먹고 마시고 장가들고 시집가고 있으면서

39. 홍수가 나서 그들을 다 멸하기까지 깨닫지 못하였으니 인자의 임함도 이와 같으리라.

예수님께서도 마태복음을 통해 말씀하셨습니다. 마태복음 24장은 세상의 말세와 재림에 관한 메시지입니다. 예수님께서도 예수님의 재림 때가 이와 같다고 말씀하십니다. 사람들이 먹고 마시고 장가가고 시집가면서 홍수가 나서 멸하기까지도 깨닫지 못한다는 것입니다. 그리고 노아의 때와 같이 구원받을 자가 아주 적을 것이라고 우리에게 경고해 주십니다.

이 세대 가운데 책상에 앉아서 '성경'을 진득히 읽는 일은 참으로 어려운 시대가 되었습니다. 하나님의 말씀과 성령은 '고요하고' '세밀하게' 다가올 때가 많습니다. 그런데 지금의 세대는 이런 시간을 확보하는 것 자체가 힘들어졌습니다.

지금의 세대는 TV와 스마트폰과 인터넷을 통해서 '가볍고' '편리하고' '자극적인' 것들을 더 추구하게 되었습니다. 이런 시대에 본질적인 성경을 추구하고 갈망하는 사람이 과연 몇 명이나 될까요? 시대의 환경을 어떤 면에는 거절해야만 하기 때문입니다.

'가볍고' '편리하고' '자극적인' 것에 길들여진 세대들은 '고요하고' '세밀하게' 찾아야 하는 성경을 힘들어할 수밖에 없습니다.

최근에 스마트폰에 대해서 미국 명문 스탠퍼드 대학교 학생들을 대상으로 중독이 어느 정도 심한지 연구 조사한 것이 있습니다. 스마트폰을 1년 이상 사용한 학생들에게 설문한 결과입니다.

스마트폰을 지닌 채 잠이 든다. 75%

스마트폰에 완전히 중독되었다. 10%

스마트폰에 어느 정도 중독되었다. 34%

전혀 중독되지 않았다. 6%

스탠퍼드 대학은 미국에서 가장 명문 중에 명문입니다. 이런 대학은 '자기 절제력'이 굉장하지 않으면 절대 못들어 갑니다. 이런 대학교의 약 75%의 학생들이 자신이 스마트폰에 어느 정도 중독되었다고 말하는 것입니다. 스마트폰 중독 예방 교육을 하시는 선생님(권장희 소장, 놀이미디어교육센터)이 어떤 집회 장소에서 5,000명의 학생을 교육시킬 때, 스마트폰 중독에 대해 가르치려고 하니까 엄청난 저항에 부딪혔다는 것입니다. 학생들은 스마트폰이 괜찮다는 것입니다. 없는 애들이 더 난리라는 것입니다. "나는 가져보지도 못했는데……" 하면서 저항한다고 합니다.

이때 스마트폰이 없는 아이들에게 스마트폰이 가지고 싶은 이유를 말하게 하고 그 내용을 칠판에 적어 보았다고 합니다. 여러 가지 내용이 나오지만 카테고리로 묶어보면 두 가지입니다. '편리'와 '재미'를 위해 스마트폰이 필요하다고 합니다.

또 반대로 스마트폰이 있는 아이들에게 스마트폰의 불편한 점을 말해 보라고 하면 막지 않으면 1시간 이상도 이야기를 한다는 것입니다. 그것은 카테고리로 묶을 수 없는 본질적인 것입니다. 몇 가지만 적어 보면 이러합니다.

1. 건강이 나빠진다.
2. 돈이 들어간다.
3. 공부에 방해된다.
4. 엄마하고 갈등이 생긴다.
5. 잠을 못 잔다.

이것은 굉장히 중요한 일입니다. 결국 재미와 편리를 위해 본질적인 것을 놓치고 있다는 것입니다. 이 글을 읽고 계시는 여러분의 경우는 어떻습니까? '편리'와 '재미'를 위해서 가장 본질적인 하나님과의 시간을 놓치고 계시지는 않습니까? 잠시 읽는 것을 멈추고 생각해 보셨으면 좋겠습니다. 그리고 종이에 한번 적어 보셨으면 좋겠습니다. '나는 하루 중에 얼마만큼의 시간을 TV와 인터넷과 스마트폰을 하면서 보내고 있나? 각각 나에게 주는 유익과 해로움은 무엇이 있을까?'

여러분, 부단히 하나님과 '동행' 하셔야 합니다. 그리고 여러분의 '방주'를 만드셔야 합니다.

저도 마찬가지입니다. 저는 아프리카 '말리'라는, 한국 사람들이 볼 때는 정말 듣지도 보지도 못한 나라에서 사역하고 있습니다. '선교지'는 한국보다 더 자유롭습니다. 제가 뭘하든, 아무도 상관하지 않습니다. 그래서 제가 부단히 하나님과의 '동행'에 힘쓰고 애쓰지 않는다면 당장 표시는 나지 않겠지만, 점점 하나님을 닮아가지 못하게 되고, 그것이 자연스럽게 나 자신에게, 내 주위에, 선교지 사람들에게 안 좋은 영향들을 미치게 될 것입니다.

이곳에 부르심을 받아 사역하면서, 참으로 잘 바뀌지 않는 사람들을 봅니다. '현지인'과 짧은 기간 동안 '성경 공부'로 씨름하면서 '좌절감'을 느끼는 저의 연약함을 봅니다.

오직 한 영혼을 위해서 나 자신은 얼마의 시간을 헌신할 수 있을까 생각해 봅니다. 그리고 내 때에 반드시 '열매'를 봐야겠다는 욕심을 접습니다. 생각해 보니 조급한 마음을 가지는 것은, 반드시 제가 '선교지'에 있을 때 누군가 '개종'도 하고 '제자'도 많이 생기게 하는 등의 눈에 보이는 '열매'를 봐야겠다는 저의 선교사로서의 '체면'과 '위신' 때문이었음을 솔직히 고백합니다.

말리는 1919년에 몇 명의 선교사로 인해서 개신교 선교가 시작되었습니다. 약 100여 년간 부르심의 소명을 따라 누군가가 끊임없이 복음을 심어 놓은 그 땅에 또다시 저희 가정이 들어와서 심고 있는 것입니다. 하나님께서 하나님의 때에 반드시 열매 맺게 하실 줄 믿습니다. 저에게 '방주를 짓는 일'은 이곳 말리 현지인들입니다.

하나님께서 여러분과 여러분의 가족, 그리고 주위를 구원하시기 위해 사용하시는, 여러분이 '인내'하며 '참고 기다리며' 해야 할 '방주 짓는 일'은 무엇입니까? '오래 참음'으로 하나님의 때에 귀하게 그 열매를 맺는 것을 소망하는 여러분이 되시기를 기도합니다.

창세기 6장 4절에 그들은 용사이고 고대에 명성이 있는 사람들이었더라고 말하고 있습니다. 세상 사람들이 우리보다 더 인기 있고 돈도 잘 벌고 잘 놀 수 있습니다.

이 사람들이 하는 말이 있습니다. "저기 배 만드는 데 가면 노아라는 사람이 있는데 미친 사람이니까 절대 가까이 가지 마라."

> 히브리서 11:7 (현대인의성경)
>
> 믿음으로 노아는 아직 보이지 않는 일들에 대하여 하나님의 경고를 받고 그분을 두려워하는 마음으로 지체없이 배를 만들어 홍수 때에 가족을 구원해 냈습니다. 그래서 그는 세상에 죄가 있음을 선언하였고 믿음에 의한 의의 상속자가 되었습니다.

그래서 노아는 무시당하고 놀림당하면서 방주를 100여 년 동안 묵묵히 만들게 됩니다. 그리고 현대인의성경으로 보면, "세상에 죄가 있음을 선언했다"라고 말합니다. 즉, 노아는 하나님의 말씀을 듣고 자기만 구원받고 살기 위해서 조용히 방주를 지은 것이 아니라, 많은 사람들에게 "앞으로 물로 심판을 받게 되니 구원받기 위해서는 회개하고 나와 함께 방주를 지어야 된다"라고 전해 주었다는 것입니다.

이 당시에 이런 말을 하는 것이 '노아' 입장에서 정말 얼마나 힘든 일일지 상상해 봅시다.

그들은 용사이고 명성 있는 사람들이라고 했습니다. 한마디로 말한다면 '잘나가는' 사람들이라는 것입니다. 당연히 "미친 소리 하지 마쇼" , "꺼져" 하는 소리를 들을 줄 알면서도 노아는 세상을 향해 죄가 있음을 선포하고, 회개하라고 외친 것입니다.

하나님 마음을 닮은 노아는 세상의 잃어버린 영혼에 대한 안타까운 마음을 가질 수밖에 없었습니다. 그래서 혼자 '방주'에 타지 않고 사람들에게 하나님의 마음을 외칠 수밖에 없었던 것입니다. 그리고 온갖 짐승들이 방주로 들어가고 나서도 7일간이나 사람들에게 또 기회를 주시는 '하나님'의 마음을 생각해 봅니다. 지금도 하나님은 사람들이 하나님께 돌아오기를 계속해서 기다리고 계십니다. 그리고 오늘날에도 노아와 같이 '공중 권세 잡은' 마귀에 굴복하지 않고, 세상을 향해 하나님의 메시지를 담대히 외칠 하나님의 사람을 하나님은 기다리고 계십니다. 그래서 노아의 때는 예수님의 재림의 때를 생각하게 합니다. 하나님은 이 노아에게 새로운 언약을 세울 것이라고 말씀하십니다.

창세기 6:18 (개역개정)

그러나 너와는 내가 내 언약을 세우리니 너는 네 아들들과 네 아내와 네 며느리들과 함께 그 방주로 들어가고.

오직 하나님께서는 노아의 가정만을 그 많은 사람들 중에 선택하시고 언약을 체결하십니다. 하나님께 순종하는 믿음의 사람에게는 하나님의 일하심을 보는 역동적인 삶이 있습니다. 여러분이 정말로 하나님이 원하시는 그 명령에 세상 사람들과 구별되어 산다면 여러분은 하나님이 얼마나 일하시고 계신가를 보는 역동적인 삶을 살게 될 것입니다. 방주를 짓고 며칠 동안 온 세상의 짐승들이 방주로 들어가는 것을 보고 있는 노아의 눈을 한번 상상해 보십시오. 100년 동안 기다리고 기다린 끝에 하나님이 순식간에 일하고 계십니다. 온 세상의 짐승들이 방주로 몰려오고 있습니다. 40일 동안 세상을 삼킬 비가 내리고 있습니다.

40일 동안 비가 억수같이 내리는 가운데 방주에서 하나님이 준비하라고 명령하신 저축한 음식으로(창 6:21) 먹고 기다리는 노아와 그 가족들이 하나님의 진노와 보호하심에 얼마나 감사를 느꼈을지 상상해 보십시오. 하나님은 너무 친절하시게도 사람들이 죽어 나가는 것을 보여주지 않으시고, 천장으로만 창문을 만들게 하셨습니다. 노아는 오직 하늘만 바라보면서 하나님이 이 세상을 심판하시는 것을 계속 함께했습니다. 그리고 오직 그 가정만 홍수 후에 하나님이 만들어 주시는 아름다운 무지개를 보았습니다. 여러분의 삶 가운데는 하나님의 역동성이 함께하고 계십니까?

여러분에게 하나님께서 일하시는 역동성이 일어나지 않는다면 자신이 순종하는 믿음을 살고 있는지 자신을 한번 살펴보십시오.

노아는 비가 그친 이후에도 섣불리 밖으로 나가지 않고, 조심스럽게 까마귀와 비둘기를 통해서 땅이 어느 정도 말랐는지를 점검해 봅니다. 그리고 마지막으로 하나님의 말씀을 기다립니다. 1년여간 방주에 있으면서 얼마나 갑갑했겠습니까? 각종 짐승들과 사람이 1년 동안 한 공간 안에서 같이 있는 것을 상상해 보십시오. 그런데 노아는 100년을 방주를 지은 사람이었습니다. 그는 하나님의 말씀을 기다리는 데 너무나 익숙하였기에 조심스럽게 일을 진행합니다. 땅이 제대로 말랐는지 까마귀와 비둘기를 통해서 확인합니다. 마지막까지 하나님의 말씀으로 확인을 받습니다. 교회 일이나 세상 일이나 조급하게 처리하는 우리에게 노아는 너무나 많은 '오래 참음'으로 도전하고 있습니다. 그가 땅에 나와서 처음으로 한 일이 하나님께 감사로 제사를 드린 일이었습니다. 그리고 하나님은 그 제사를 기뻐 받으셨습니다.

창세기 8:20-21 (개역개정)

20. 노아가 여호와께 제단을 쌓고 모든 정결한 짐승과 모든 정결한 새 중에서 제물을 취하여 번제로 제단에 드렸더니

21. 여호와께서 그 향기를 받으시고 그 중심에 이르시되 내가 다시는 사람으로 말미암아 땅을 저주하지 아니하리니 이는 사람의 마음이 계획하는 바가 어려서부터 악함이라 내가 전에 행한 것같이 모든 생물을 다시 멸하지 아니하리니.

그리고 그 응답으로 다시는 홍수로 세상을 심판하지 않겠다고 언약하십니다. 이것은 너무나 놀라운 새로운 언약입니다. 노아와 하나님과의 언약은 보존의 언약이라고 볼 수 있습니다. 노아와의 언약은 타락한 사람들 가운데서, 하나님을 경외하는 사람은 반드시 보존해 주실 것이라는 약속입니다. 그리고 더 나아가 노아의 방주는 예수

그리스도를 상징적으로 예시하는 것입니다. 타락한 인생들 가운데서 예수 그리스도라는 방주에 올라탄 사람은 하나님이 반드시 보존해 주실 것이라는 약속을 미리 보여주시는 것입니다. 그리고 더 놀라운 것은 하나님이 이후로 사람들이 계속 타락한 죄 가운데 있더라도 종말 때까지 인류 전체를 보존해 주시겠다는 언약을 맺습니다. 이렇게 노아와의 언약은 하나님의 사랑의 성품을 보여줍니다. 사랑으로 오래 참으시겠다는 하나님 아버지의 마음을 느끼게 합니다.

사랑의 가장 큰 속성은 '오래 참음'입니다. 이제 사람들이 죄를 지어도 다시 멸망시키지 않겠다는 보존의 언약을 하신 것입니다. 그리고 처음에 창조하셨던 창세기 1장 26-29절의 말씀과 너무나 유사하게 창세기 9장 1-7절을 보면 두 번씩이나 생육하고 번성하라고 말씀하십니다.

창세기 9:1,7 (개역개정)

1. 하나님이 노아와 그 아들들에게 복을 주시며 그들에게 이르시되 생육하고 번성하여 땅에 충만하라

7. 너희는 생육하고 번성하며 땅에 가득하여 그중에서 번성하라 하셨더라.

비록 사람들이 죄 가운데 있지만 생육하고 번성하도록 은혜를 베푸신 것입니다. 이 뜻은 최종적인 구원에 이르기까지 사람들을 '오래 참고' 기다리시겠다는 하나님의 의지를 보여주십니다. 그리고 계절을 주심으로 이 의지를 확인해 주시고, 무지개를 통한 언약을 주심으로 다시금 인류를 보존하시겠다는 언약을 노아에게 주십니다.

창세기 8:22 (개역개정)

땅이 있을 동안에는 심음과 거둠과 추위와 더위와 여름과 겨울과 낮과 밤이 쉬지 아니하리라.

창세기 9:12-13 (개역개정)

12. 하나님이 이르시되 내가 나와 너희와 및 너희와 함께하는 모든 생물 사이에 대대로 영원히 세우는 언약의 증거는 이것이니라

13. 내가 내 무지개를 구름 속에 두었나니 이것이 나와 세상 사이의 언약의 증거니라.

하나님이 얼마나 사람을 사랑하시는지 예수님 다시 오실 때까지 사람들을 심판하지 않고 보존하시겠다는 약속과 밤과 낮, 여름과 겨울, 계절을 통해 약속하시고 무지개를 통해서 약속하시는 것입니다.

이렇게 말씀하시면서 홍수가 지난 후의 아름다운 무지개를 보여주셨을 때 노아의 가족들은 감사와 황송함으로 마음이 뭉클했습니다. 그리고 그 은혜로 인해서 노아의 자녀들 '셈'과 '함'과 '야벳'은 다시금 인류와 각 종족의 조상이 되었습니다.

7
모든 것을 참으며, 모든 것을 믿으며, 모든 것을 바라며, 아브라함

하나님께서는 노아 이후 이 땅에 번성케 하는 축복을 주십니다. 하나님은 땅에 충만하여 흩어져 살라고 말씀하셨는데, 사람들은 하나님께서 은혜로 보존해 주셨다는 언약을 잊고, 하나님을 경외하지 않았습니다. "절대로 흩어지지 말자. 우리 자신의 이름도 떨쳐 보자" 하고 한곳에 모여, '바벨탑'을 쌓았습니다.

창세기 11:3 (현대인의성경)

그들은 "자, 벽돌을 만들어 단단하게 굽자" 하고 서로 말하며 돌 대신 벽돌을 사용하고 진흙 대신 역청을 사용하였다.

문명을 가장 단순하게 그리고 명확하게 보여주는 것이 '벽돌'과

'바벨탑'입니다. 문명의 사전적 뜻을 보니 '사람의 지혜가 깨서 자연을 정복하여 사회가 정신적 · 물질적으로 진보된 상태'라고 정의합니다.

생육하고 번성하고 자연을 정복하라는 말씀(창 1:28)은 하나님이 하신 말씀입니다. 그런데 문명 발전의 원래 목적은 하나님을 찬양하도록 되어 있음에도 불구하고, 하나님과 역방향으로 갈 때가 많습니다. 예를 들면 벽돌은 바벨탑 때 만들어졌습니다. 그래서 지금까지 사용되고 있습니다. 그런데 이 벽돌은 바벨탑을 만들 수도, 하나님을 위한 제단을 만들 수도 있습니다. 그러나 사람들은 그때부터 지금까지 자신들의 이름을 높이려 벽돌로 빌딩을 만들고 있습니다. 역청은 하나님께서 지혜를 주셔서 노아의 방주 때부터 방수용으로 사용한 것입니다. 사람들은 좋은 머리로 자신들의 빌딩에 비가 새지 않도록 세심하게 노력하고 빌딩을 높이려 하고 있습니다.

하나님께서는 이 사건을 중단시키시고, 언어를 혼잡하게 하셨습니다. 대화가 이루어지지 않자, 이들은 자연스럽게 자신의 말을 알아들을 수 있는 사람들끼리 민족을 이루게 됩니다. 결국 하나님은 '셈'과 '함'과 '야벳'의 자손들을 흩으셔서, 지금의 '아시아', '중동과 아프리카', '유럽'의 조상이 되게 하십니다. 하나님께서는 '셈'의 후손 중 한 명인 아브라함을 선택하십니다. 그리고 또 아브라함을 통해 새로운 언약을 맺습니다.

창세기 12:1-3 (개역개정)

1. 여호와께서 아브람에게 이르시되 너는 너의 고향과 친척과 아버지의 집을 떠나 내가 네게 보여줄 땅으로 가라

2. 내가 너로 큰 민족을 이루고 네게 복을 주어 네 이름을 창대하게 하리니 너는 복이 될지라

3. 너를 축복하는 자에게는 내가 복을 내리고 너를 저주하는 자에게는 내가 저주하리니 땅의 모든 족속이 너로 말미암아 복을 얻을 것이라 하신지라.

아브라함이 있었던 곳은 갈대아 우르였습니다. 에덴동산에서 흐르던 티그리스, 유프라테스 강이 지금도 이란과 이라크 지역에 현존하고 있습니다. 바로 이곳에 갈대아 우르가 있었습니다. 하나님은 이곳에 있던 아브라함을 선택하시고, 가나안 땅으로 가라고 하십니다.

아브라함의 아버지 데라는 우상 숭배자였습니다. 데라는 우상을 제작해 파는 사람이었습니다. 이때에는 노아 시대와 마찬가지로 하나님을 제대로 믿고 헌신하는 사람이 없는 시대였습니다. 하나님께서는 아브라함을 선택하셨습니다. 그리고 12장 1절의 말씀처럼 '순종'을 먼저 요구하십니다. 그 말씀에 순종할 경우에 하나님께서 2절, 3절과 같이 축복하실 것을 말씀하십니다. 노아 이후 선택한 아브라함을 통하여서 축복의 언약을 하시는 것입니다. 이 언약은 창세기 15장에 더 구체적으로 나타나 있습니다.

창세기 15:9-10 (개역개정)

9. 여호와께서 그에게 이르시되 나를 위하여 삼 년 된 암소와 삼 년 된 암염소와 삼 년 된 숫양과 산비둘기와 집비둘기 새끼를 가져올지니라

10. 아브람이 그 모든 것을 가져다가 그 중간을 쪼개고 그 쪼갠 것을 마주 대하여 놓고 그 새는 쪼개지 아니하였으며.

하나님은 3년 된 성숙한 암소와 암염소와 숫양과 비둘기를 쪼갬으로 그 증거를 맺으시고, 아브라함이 믿음으로 순종하면 그 씨를 통해 축복을 주고, 그 자손들 또한 하나님의 기업으로 삼으시겠다고 언약하십니다.

이렇게 하나님과 아브라함의 관계는 하나님의 일방적인 선택에 의한 일방적인 명령으로 시작됩니다. 창세기 15장에는 하나님이 아브라함과 언약을 맺는 구체적인 행위와 내용이 나오는데, 아브라함은 하나님의 명령대로 동물을 쪼개어 놓고, 하나님은 아브라함을 깊이 잠들게 하신 후 홀로 타는 횃불로 쪼개어진 동물 사이를 지나가십니다. 아브라함은 깊이 잠들어 있을 뿐입니다. 이것은 하나님만이 언약의 당사자로 모든 것을 하시고, 인간이 구원을 받기 위해 할 수 있는 것은 하나님의 은혜를 받는 것뿐이라는 것을 보여줍니다(J.P. Millton, 《하나님의 축복의 언약》, 이군호 역, p. 50).

신앙은 눈에 보이지 않는 것을 보이는 것처럼 선택하는 것이며, 만져지지 않는 것을 선택하는 것입니다.

히브리서 11:1-2 (개역개정)

1. 믿음은 바라는 것들의 실상이요 보이지 않는 것들의 증거니

2. 선진들이 이로써 증거를 얻었느니라.

그러나 “떠나라”는 말씀에 순종하기란 쉬운 일이 아닙니다. 저는 이 말씀을 대할 때마다 신앙이란 무엇인가를 생각해 봅니다. 신앙이란 하나님의 축복을 믿고 ‘떠나는 삶’입니다. 즉 타성적인 삶에서, 안락한 삶에서 떠나는 것입니다. 떠나지 못할 때 신앙에는 진보가 없습니다. 성장이나 성숙이 없습니다. 마치 결혼한 남녀가 ‘그 부모를 떠나’지 못하고 계속해서 정서적으로 부모의 그늘 밑에 머물 때 결혼 생활 자체에 발전이 없는 것과 같습니다. 신앙생활도 마찬가지입니다. 하나님의 ‘떠나라’는 음성을 들은 사람은 순종하고 ‘떠나야’ 합니다.

아브라함도 75세에 소명을 받고 황무지 같은 가나안 땅으로 떠났습니다. 다 늦은 인생이었지만 하나님이 떠나라 하셨을 때 떠나서 하나님이 주시는 개인과 민족의 축복을 받았고 또한 그의 후대를 통해 온 인류가 구원의 축복을 받았습니다. 우리가 처음 예수님을 믿을 때도 마치 황무지로 떠나는 것과 같고, 또한 가족 중에 아무도 예수님을 믿는 사람이 없으면 마치 이방인 같고 황무지에 온 것 같습니다. 하나님은 외롭게 느껴지는 우리를 통해 이방인과 같은 가족 속에서 연단시키려는 것입니다.

가족과 친척 중 믿는 사람이 아무도 없다고 두려워하지 마십시오. 가나안 땅과 같이 이방인들만 있는 곳을 변화시키기 위해 하나님은 우리를 부르신 것입니다. 하나님께서 아브라함을 통해 가나안 땅을 정복하신 것처럼 “이 땅을 네 자손에게 주리라”(창 12:7)고 우리에게 주시는 말씀을 믿어야 합니다. 나는 내 가족과 친구들에게 파송된 선교사라는 선교사적 사명감을 가져야 하며 또한 그들을 위한 선교사로 보내셨다는 것을 믿어야 합니다.

이 책을 읽으시는 분 가운데 혼자서 외롭게 믿는 분이 있습니까? 하나님은 그 외로움을 위해 여러분을 부르셨습니다. 여러분을 통해 여러분의 가족과 친척들이 모두 예수님을 믿고 큰 민족을 이루게 하시려고 여러분을 부르신 것입니다.

> 히브리서 11:8 (개역개정)
>
> 믿음으로 아브라함은 부르심을 받았을 때에 순종하여 장래의 유업으로 받을 땅에 나아갈새 갈 바를 알지 못하고 나아갔으며.

저는 늘 권진희 목사가 저의 아버지이신 것이 저에게 얼마나 큰 은혜인지 자주 생각합니다. 이 책 서문에 적었지만, 아버지는 권 씨들만 모여 산다는 경상북도 문경의 조그마한 마을에서 5남 2녀 중 장남으로 태어났습니다. 지금도 그렇지만 권 씨들은 유교적인 성향이 강한데, 아버지가 집안에서 처음으로 예수를 믿었습니다. 할아버지께서는 장남이 예수 믿고 신학교 간다고 얼마나 미워하셨겠습니까? 이런저런 어려움을 다 적을 수는 없겠지만, 중요한 것은 아버지는 확실히 '떠났다'라는 것입니다. 유교에서 떠나고 잘못된 가르침과 온갖 제사에서 떠났습니다. 아버지의 '떠남'으로 인해 저희 집안의 많은 분들이 예수를 알게 되고, 많은 분들이 신앙생활을 하게 되었습니다.

게다가 아버지는 당신의 고향에 여러 동기 목사님들과 힘을 합하여 교회도 개척하시고, 지금 은퇴를 바라보는 나이까지 목회를 하고 계십니다. 그때 그 '떠남'의 순종으로 인해 아버지는 저희 가정에 아브라함과 같은 신앙의 조상이 되었고, 저희 자녀들은 이삭과 같은 큰 복을 누리고 있습니다.

아브라함의 첫 번째 첩 하갈은 애굽 출신의 여종이었습니다(창 16:1). 아브라함이 기근 때문에 애굽으로 갔을 때 하갈을 얻게 됩니다. 애굽에서 아브라함은 자기 아내 사라에 대해 바로에게 거짓말을 했습니다. 그때 바로가 아브라함에게 많은 양과 소와 노비 등을 선물로 주었는데, 그 종 가운데 하나가 하갈이었습니다. 결국 애굽 땅에서 아내를 잃을 뻔한 거짓말의 대가로 받은 하갈 때문에 아브라함은 이후에 많은 고통을 겪게 됩니다. 하갈이 이스마엘을 낳았습니다. 이 이스마엘은 하나님이 말씀하셨던 아브라함과 사라를 통한 '씨'가 아니기 때문에, 언약의 자손이 되지 못합니다. 그러나 사랑의 하나님은 '이스마엘'을 죽이지 않으시고, 살려 주시고, 다른 큰 민족에 관한 약속을 주십니다(창 21:18).

아브라함의 불순종으로 말미암아 낳은 이스마엘은 나중에 중동의 조상이 되고, '이슬람' 종교의 기원이 됩니다. '이슬람'은 나중에 '중동'을 중심으로 전 세계에 퍼지고 맙니다. 지금도 전 세계에 10억이 넘는 '모슬렘'(이슬람을 믿는 사람)들은 하나님께서 이삭 대신에 '이스마엘'을 선택했다고 믿습니다. 참으로 가슴 아픈 일입니다.

아브라함의 이런 '불순종' 가운데에서도 하나님은 끝까지 아브라함을 놓지 않으십니다. 그리고 그와 친구가 되어 주시고, 마음을 나누십니다.

창세기 18:17-23 (개역개정)

17. 여호와께서 이르시되 내가 하려는 것을 아브라함에게 숨기

겠느냐

18. 아브라함은 강대한 나라가 되고 천하 만민은 그로 말미암아 복을 받게 될 것이 아니냐

19. 내가 그로 그 자식과 권속에게 명하여 여호와의 도를 지켜 의와 공도를 행하게 하려고 그를 택하였나니 이는 나 여호와가 아브라함에게 대하여 말한 일을 이루려 함이니라

20. 여호와께서 또 이르시되 소돔과 고모라에 대한 부르짖음이 크고 그 죄악이 심히 무거우니

21. 내가 이제 내려가서 그 모든 행한 것이 과연 내게 들린 부르짖음과 같은지 그렇지 않은지 내가 보고 알려 하노라

22. 그 사람들이 거기서 떠나 소돔으로 향하여 가고 아브라함은 여호와 앞에 그대로 섰더니

23. 아브라함이 가까이 나아가 이르되 주께서 의인을 악인과 함께 멸하려 하시나이까.

이 본문을 보면, 약간 이상한 것을 발견합니다. 하나님과 아브라함은 흡사 친한 친구 같은 느낌입니다. 17절에 보면 하나님은 그분의 마음을 아브라함에게 숨기시지 않는다고 말합니다. 하나님은 그분이 하시고자 하는 일을 아브라함에게 모두 알려 주려고 하십니다. 그리고 하나님은 아브라함의 자손들에 대한 축복을 다시 확신시켜 주십니다(18, 19절).

그리고 하나님은 소돔과 고모라의 심판에 대해서 말씀하십니다. 그 후 아브라함은 하나님께 소돔과 고모라를 향해 중보 기도를 하기 시작합니다. 그런데 아브라함의 태도를 한번 살펴보십시오. 특히 22

절과 23절에서의 태도는 마치 사랑하는 여인이나 가장 가까운 친구를 대하듯이, "앞에 그대로 섰더니, 가까이 나아가 이르되"라는 표현을 하고 있습니다. 저는 이 말씀을 보면서 놀랐습니다.

아브라함은 가족과 협상하듯이 담대한 기도를 합니다. 하나님은 이렇게 무례한 듯이 보이는 아브라함을 왜 꾸중하거나 벌하지 않으시는지 의문이 듭니다. 아브라함의 기도는 어떤 면에서 볼 때 지나치게 강하다는 느낌이 있습니다. 그는 하나님이 하시는 일을 방해하는 듯이 보이기도 합니다. 그러나 이 본문을 계속 읽다 보면, 하나님이 아브라함의 기도를 기뻐하신다는 것을 느낄 수 있습니다. 왜냐하면 아브라함의 마음은 이미 하나님의 마음과 한마음이 되었기 때문입니다. 하나님 역시 이 두 도시, 소돔과 고모라를 벌하고 싶지 않으셨습니다. 그러나 어쩔 수 없이 아브라함이 중보했듯이 10명의 의인이 없어서 심판했던 것입니다. 만약 10명의 의인이 존재했다면, 하나님의 심판을 막을 수도 있었을 것입니다. 하나님은 이렇게 하나님의 마음을 가지고 기도하는 하나님의 사람들을 기다리십니다.

노아가 하나님과 동행했던 것처럼, 아브라함도 이제 하나님과 동행하는 삶을 사는 것을 창세기 18장을 통해 느낄 수 있습니다. 아브라함은 75세 때 하나님의 부르심을 받아서 이런저런 '기다림', '오래 참음'과 연단의 과정 가운데 성숙해진 것입니다. 하나님은 아브라함에게 자신의 마음을 나누시고, 아브라함은 하나님의 마음을 가지고 소돔과 고모라를 위해 중보합니다. 아브라함은 하나님과 동행함으로 인해서, 소돔과 고모라를 향한 하나님 아버지의 아픈 마음을 알고 있었던 것입니다. 그래서 그렇게 기도할 수 있었습니다. 아브라함은 계속 하나님의 성품을 닮아서, 그 사랑이 소돔과 고모라를 향한 애타는 마음으로 나타나게 된 것입니다. 이렇듯 하나님께서는 당신의 마음에 합한 사람을 계속 찾으시고, 그 사람들과 언약을 계속 맺으십니다. 앞으로 보게 될 모세와 다윗도 하나님이 얼마나 친밀하게 교제하시고, 마음을 나누었는지 모릅니다. 지금도 우리의 신앙생활에서 하나님은 당신의 마음을 알고, 또 그 마음(성품)이 자연스럽게 우리의 기도 가운데, 삶 가운데 나오기를 원하고 계십니다.

아브라함은 이삭을 하나님께 바치는 의식을 통해서 하나님께 인정받습니다. 그러나 저는 아브라함의 인생의 터닝포인트(전환점)는 바로 100세 때 아들을 받은 그 순간이었다고 생각합니다. 아브라함은 75세 때 하나님의 부르심을 받았고, 또 자녀를 주신다는 약속을 받았지만 10년 동안 아무런 일도 일어나지 않았습니다. 그래서 이스마엘을 낳았지만, 그것은 하나님이 원하시는 자녀가 아니었습니다. 모든 힘이 빠지던 어느 날, 하나님은 이삭을 100세 때 주십니다. 아브라함이 하나님을 잘 믿어서가 아니고, 하나님의 신실하심 때문에 선물로 '이삭'을 주신 것입니다. 아브라함은 약속을 받고, 25년 동안 '오래 참는' 훈련을 받은 것입니다.

하나님의 때에 이삭을 가지게 되면서, 아브라함은 얼마나 기쁜지 아이 이름을 '이삭'(웃음)이라고 짓습니다. 이때 아브라함은 아들 '이삭'이 재롱피는 것을 볼 때마다 신기하고 놀라웠을 것입니다. '어떻게 여자가 90세에 아이를 낳을 수 있을까? 하나님께서는 정말 능치 못함이 없으시구나.' 아브라함은 하나님을 어떠한 상황에도 온전하게 신뢰하는 믿음이 생기게 된 것입니다. 하나님의 은혜로 그의 믿음은 점점 온전해져 갑니다. 이런 그의 마음은 고린도전서 13장의 예수님의 사랑을 생각나게 합니다.

고린도전서 13:7 (개역개정)

(온전한 사랑은) 모든 것을 참으며 모든 것을 믿으며 모든 것을 바라며 모든 것을 견디느니라.

하나님은 아브라함의 믿음과 신뢰가 온전해졌을 즈음에 그를 다시 부릅니다. 창세기 22장에 아브라함이 100세에 이삭을 낳고 애지중지 키워 소년으로 15-16세 정도 됐을 때, 하나님께서 아브라함을 시험하기 위해 눈에 넣어도 아프지 않을 사랑스런 아들 이삭을 번제로 바치라고 합니다. 번제는 양이나 짐승을 잡아 피를 흘려 각을 떠서 속 내장을 다 드러내고 그 제물을 불에 태워 바치는 것입니다. 그런데 이 번제물로 아브라함의 아들 이삭을 바치라고 한 것입니다.

상식적으로 생각해 봤을 때 아브라함은 하나님이 말씀하시던 날 잠을 못 잤을 것 같습니다. 하나님이 무슨 뜻으로 아들 이삭을 바치라고 하셨는지 곰곰이 밤을 새며 생각해 봅니다. 아들 이삭 생각에 이리저리 뒤척이다가도, 마음에 굳게 순종하겠다고 결심하고 아침 일찍 일어나 출발합니다.

창세기 22:3-5 (개역개정)

3. 아브라함이 아침에 일찍이 일어나 나귀에 안장을 지우고 두 종과 그 아들 이삭을 데리고 번제에 쓸 나무를 쪼개어 가지고 떠나 하나님이 자기에게 일러 주신 곳으로 가더니

4. 제삼일에 아브라함이 눈을 들어 그곳을 멀리 바라본지라.

5. 이에 아브라함이 종들에게 이르되 너희는 나귀와 함께 여기서 기다리라 내가 아이와 함께 저기 가서 경배하고 우리가 너희에게로 돌아오리라 하고.

우리, 즉 다시 말해 아브라함과 이삭이 다시 돌아올 것이라는 것입니다. 이상하지 않습니까? 만약에 아브라함이 정말로 번제로 이삭을 바치는 결심을 했다면, 우리가 돌아온다고 하지 않고, "내가 돌아오겠다"라고 하든지, 사환에게 "내가 아이와 함께 저기 갔다가 오겠다"라고 얼버무렸을 것 같은데, 아브라함은 아들 이삭을 바치려고 굳게 마음을 먹었음에도 불구하고, 이삭과 같이 돌아오겠다고 분명한 목소리로 사환에게 말합니다.

아브라함은 알고 있었던 것입니다. 나이 100세에 약속하셔서 아브라함이 불가능하다고 생각했던 아들을 낳도록 하셨던 하나님이셨습니다. 그 하나님은 이스마엘이나 또 다른 여종인 그두라가 낳은 다른 아들들이 아니라 바로 이삭을 통해 뭇별과도 같은 후손을 주시겠다고 약속하신 하나님이셨습니다.

따라서 아브라함은 하나님이 명하신 대로 단순하게 순종하여 이삭을 번제로 드리면 하나님이 다시 이삭을 살리시리라고 믿었던 것입니다. 노아가 그때까지 한 번도 경험해 보지 못했던 대홍수를 100여 년이나 걸려 준비했던 것처럼, 아브라함도 지금까지 한 번도 보지 못했지만 부활에 대한 소망이 있었던 것입니다. 바로 하나님이 어떤 분이신지 알았기 때문입니다. 100세에 이삭을 준 하나님은 다시 이삭을 살리실 수 있는 하나님으로 믿었던 것입니다. 이삭을 다시 살리실 것을 믿는 믿음이 있었습니다.

히브리서 11: 17 (개역개정)

아브라함은 시험을 받을 때에 믿음으로 이삭을 드렸으니 그는 약속들을 받은 자로되 그 외아들을 드렸느니라.

히브리서 11:19 (개역개정)

그가 하나님이 능히 이삭을 죽은 자 가운데서 다시 살리실 줄로 생각한지라 비유컨대 그를 죽은 자 가운데서 도로 받은 것이니라.

이삭을 바치고 칼로 찌르려는 순간 하나님께서 아브라함을 부르시는데 하나님이 너무 급해서 "아브라함아, 아브라함아"라고 두 번이나 부르시며 "네 손을 멈춰라"고 하셨습니다. 그리고 "이제야 하나님을 경외하는 줄 알았다"라고 말씀하시는 것입니다.

창세기 22:11-12 (개역개정)

11. 여호와의 사자가 하늘에서부터 그를 불러 이르시되 아브라함아 아브라함아 하시는지라 아브라함이 이르되 내가 여기 있나이다 하매

12. 사자가 이르시되 그 아이에게 네 손을 대지 말라 그에게 아무 일도 하지 말라 네가 네 아들 네 독자까지도 내게 아끼지 아니하였으니 내가 이제야 네가 하나님을 경외하는 줄을 아노라.

경외하는 신앙은 독자도 아끼지 아니하고 드리는 신앙입니다. 그것은 자식보다도 하나님을 더 사랑하는 것을 나타내는 것입니다. 경외는 두려워하고 사랑해서 하나님을 위해 아낌없이 드리는 것입

니다. 아브라함은 하나님을 '경외'하는 사람이었습니다. 하나님이 왜 아브라함을 믿음의 조상으로 삼기 전에 '이삭'을 바치라는 이토록 어려운 명령을 하셨을까요? 이 점을 깊이 묵상해 보아야 합니다. 그가 '믿음'의 선조가 되어야 하기 때문입니다. 하나님은 그 무엇보다도 하나님을 사랑하시는지 아브라함을 시험합니다. 우리도 우리가 가진 모든 것을 내려놓고 '주님'을 우리의 마음에 주인으로 모셔야 하는 것입니다(마 19:16-30). '믿음'은 모든 것을 내려놓고 그분을 의지하는 것입니다. '아브라함'이 그 삶을 우리에게 보여주고 있습니다.

아브라함이 하나님을 '경외'함으로 순종했을때, 혈통적으로는 아브라함을 통해서 '이스라엘' 민족이 형성되는 축복을 받았고, 그의 가문을 통해 약 42대 후손인(마태복음 1장 참조) 예수님을 하나님이 보내 주심으로써 예수를 통해 구원을 받는 자는 다 아브라함의 '영적 후손'이 되는 것이었습니다. 하나님께서 언약을 신실하게 이루시는 것입니다.

하나님이 아브라함과 맺은 언약은 하나님의 일방적인 '선택'으로 또한 일방적인 '명령'으로 이루어졌습니다. 그러나 아브라함은 그 하나님께 '순종함'으로 자신의 인생을 그분에게 맡기는 믿음의 모험을 시작하였습니다. 그는 갈대아 우르에서 순종해서 '떠나고' 그 이후에 하나님의 성품을 계속해서 닮아가서 마침내 이삭을 믿음으로 '바칠 수' 있었던 '온전한 신뢰'에 이르게 된 것입니다. 하나님은 창세기 12장 1-3절의 모든 약속들을 아브라함 시대 이후 4,000년이 지난 지금까지 신실하게 지켜오고 계시는 것입니다. 아브라함의 삶을 통해서 '구원'은 나로부터 시작되는 것이 아니라 바로 '하나님'의 일방적인 '선택'과 '은혜'로부터 시작되는 것을 깨달을 수 있습니다. 우리는 그저 하나님의 일방적인 은혜에 '순종'하기만 하면 되는 것입니다. 노아로부터 우리의 '죄'에도 불구하고 '보존'하시기로 언약한 하나님께서 아브라함을 통해 '이스라엘' 백성을 만드시겠다는 약속을 하십니다. 그리고 온 인류의 '구원'의 언약을 시작하신 것입니다.

8
온유함으로
200만 출애굽 백성을 품은 모세

창세기 15장은 하나님이 아브라함과의 언약 내용 중에 400년간 애굽에서 종살이하다가 다시 가나안 땅으로 돌아올 것에 대해서 말씀하시는 부분입니다.

창세기 15:13-16 (개역개정)

13. 여호와께서 아브람에게 이르시되 너는 반드시 알라 네 자손
이 이방에서 객이 되어 그들을 섬기겠고 그들은 사백 년 동안 네 자
손을 괴롭히리니
14. 그들이 섬기는 나라를 내가 징벌할지며 그 후에 네 자손이 큰
재물을 이끌고 나오리라
15. 너는 장수하다가 평안히 조상에게로 돌아가 장사될 것이요

16. 자손은 사 대 만에 이 땅으로 돌아오리니 이는 아모리 족속의 죄악이 아직 가득 차지 아니함이니라 하시더니.

기억해야 할 것은 하나님은 말씀하신 것을 꼭 이루신다는 것입니다. 하나님은 아브라함에게 말씀하셨던 자녀의 축복을 기억하시고, 이삭과 야곱, 그 이후에 야곱의 열두 아들을 통해서 이스라엘 12지파를 이루시고, 이스라엘 민족을 탄생시키십니다. 그리고 연단을 통해 야곱의 이름이 이스라엘로 바뀝니다(창 32:28 참조). 그 후 요셉을 통해 야곱과 칠십 인을 애굽으로 이주시킵니다.

사람들은 500여 년 전에 맺은 약속을 잊겠지만 하나님은 사람이 아니시니, 반드시 이루시는 것입니다. 그래서 약속이 아니라 언약입니다. 우리 인생은 하나님이 언약하실 때 거부할 수 있는 자격이 없습니다. 순종해야만 하는 것이 하나님과 사람 사이의 언약입니다. 하나님이 반드시 지키시니 사람 편에서도 온전히 순종해야만 하는 것입니다.

민수기 23:19 (개역개정)

하나님은 사람이 아니시니 거짓말을 하지 않으시고 인생이 아니시니 후회가 없으시도다 어찌 그 말씀하신 바를 행하지 않으시며 하신 말씀을 실행하지 않으시랴.

출애굽기라는 책은 이스라엘이 애굽에서 400년 동안 종살이 생활을 당하는 내용으로 시작됩니다. 애굽의 총리였던 요셉은 잊혀지고, 이스라엘 사람들은 애굽의 종살이 생활을 하게 된 것입니다. 이스라엘 백성들은 하나님께 부르짖게 됩니다. “여호와여, 우리를 구원시켜 주소서.”

하나님은 그의 언약을 기억하십니다.

출애굽기 2:24-25 (개역개정)

24. 하나님이 그들의 고통 소리를 들으시고 하나님이 아브라함과 이삭과 야곱에게 세운 그의 언약을 기억하사

25. 하나님이 이스라엘 자손을 돌보셨고 하나님이 그들을 기억하셨더라.

그래서 하나님은 이 언약의 사람들을 애굽에서 구해낼 지도자로 모세를 세우게 됩니다.

우리가 모세를 잘 알아야 하는 것은 모세를 통해 하나님은 십계명으로 대표되는 율법의 언약을 주시기 때문입니다. 모세의 삶을 통해서 이 율법의 언약을 왜 주셨는지, 그리고 이 율법의 언약은 어떤 역할을 하는지 살펴보도록 하겠습니다.

모세가 태어날 당시, 애굽은 이스라엘 종족 말살 정책을 써서 이스라엘의 남자아이는 태어나는 대로 죽이게 했습니다. 모세라는 이름은 '물에서 건져냄'이란 이름의 뜻으로, 어릴 때 애굽 공주의 눈에 띄어 애굽의 왕자로 살았습니다. 모세는 당시의 언어학, 군사 및 지리학 등 각종 학문에 통달하였습니다. 그러나 그는 40년 동안 행복하지 않았습니다. 공부는 많이 했는데 공부한 것을 어떻게 쓸지 잘 몰랐습니다. 그리고 자신의 종족들인 이스라엘 사람들은 애굽에서 노예 생활을 하고 자신은 안락한 왕자의 위치에 있었습니다. 굉장히

마음이 불편했습니다.

모세도 힘쓰고 애써서 삶의 의미를 찾으려고 노력했던 것 같습니다. 그래서 나름대로 이스라엘 사람들을 도와주려다 애굽 사람을 죽이는 모습을 볼 수 있습니다. 그런 모습을 보면 모세는 힘도 세고 혈기도 있어 보입니다.

출애굽기 2:11-12 (개역개정)

11. 모세가 장성한 후에 한번은 자기 형제들에게 나가서 그들이 고되게 노동하는 것을 보더니 어떤 애굽 사람이 한 히브리 사람 곧 자기 형제를 치는 것을 본지라

12. 좌우를 살펴 사람이 없음을 보고 그 애굽 사람을 쳐죽여 모래 속에 감추니라.

그러나 그것은 모세에게 삶의 질문, '정말 어떻게 살아야 할까?' 하는 물음을 해결해 주지는 못했습니다. 오히려 그 일로 인해 바로에게 미움을 받아 고통스럽게 다시 40년의 시간 동안 애굽에서 도망치는 삶을 살았습니다. 아마도 왕자이긴 하지만 유대인인 모세를 애굽의 바로 왕은 싫어했을 것이라는 것을 쉽게 생각할 수 있습니다.

얼마 전 자살률이 가장 많은 나라 세 곳을 인터넷에서 살펴봤더니 스위스, 싱가포르, 덴마크, 한국 등으로 나와 있었습니다. 왜 잘사는 나라의 사람들이 자살하는 것입니까? 목적이 없기 때문입니다.

말리에서 살면서 신기하게 느끼는 것은 자살하는 사람이 없다는 것입니다. 먹고살 것이 없어 굶어 죽는 사람은 많은데, 자살하는 사람은 없습니다. 이슬람의 영향으로 인생을 운명적으로 생각하고, 공

동체 의식이 워낙 강해서 가족들끼리 잘 챙겨 주는 것도 있습니다. 하지만 정말 먹을 것도 제대로 없고, 깨끗한 물도 제대로 못 마십니다. 태어나는 아이의 5분의 1이 죽습니다. 평균 수명이 약 50세 정도밖에 안 됩니다. 어린 나이에 이런저런 이유로 너무 많이 죽기 때문입니다. 자살해야겠다는 거창(?)한 생각을 못하는 것입니다. 자살은 먹고살 만한 나라에서 하는 것입니다. 먹고살 만은 한데 삶의 의미가 없고, 목적이 없습니다. 그 무의미가 사람을 죽이는 것입니다. 무의미나 허무함이 사람을 당장 죽게 하지는 않는다 하더라도 날마다 죽음을 느끼며 살게 만듭니다.

행복한 삶은 무엇입니까? 내 인생에 있어서 목숨을 걸 만한 일, 그 일을 찾았을 때 우리는 비로소 행복할 수 있습니다. 그것은 다른 말로 하면 사명입니다. 여러분에게는 인생을 걸 만큼 소중한 일이 있습니까? 목숨을 걸고 해야 할 만큼 귀한 일이 여러분에게 있습니까? 만약 그런 사람이 있다면 그 사람은 정말 행복한 사람입니다. 그런 사람은 눈에서 빛이 납니다. 자신이 해야 할 무엇인가가 있기 때문입니다. 사명을 좇아 살 때 행복이 오는 것입니다. 그런데 대부분 사람은 그것이 무엇인지 찾는 과정 가운데 있습니다. 이 글을 읽는 여러분은 신앙 안에서 그 해답을 모세처럼 찾으셨으면 좋겠습니다. 그런데 정말 다행스럽게도 모세는 비로소 하나님을 만나고 그의 인생을 어떻게 살지 결정했습니다. 사명을 찾았습니다.

출애굽기 3:1-5 (개역개정)

1. 모세가 그 장인 미디안 제사장 이드로의 양 떼를 치더니 그 떼를 광야 서쪽으로 인도하여 하나님의 산 호렙에 이르매

2. 여호와의 사자가 떨기나무 가운데로부터 나오는 불꽃 안에서 그에게 나타나시니라 그가 보니 떨기나무에 불이 붙었으나 그 떨기나무가 사라지지 아니하는지라

3. 이에 모세가 이르되 내가 돌이켜 가서 이 큰 광경을 보리라 떨기나무가 어찌하여 타지 아니하는고 하니 그때에

4. 여호와께서 그가 보려고 돌이켜 오는 것을 보신지라 하나님이 떨기나무 가운데서 그를 불러 이르시되 모세야 모세야 하시매 그가 이르되 내가 여기 있나이다

5. 하나님이 이르시되 이리로 가까이 오지 말라 네가 선 곳은 거룩한 땅이니 네 발에서 신을 벗으라.

그렇다면 사명은 어디서 옵니까? 간단합니다. 모세는 하나님을 만났습니다. 하나님을 진정으로 만난 사람은 왜 살아야 하는가에 대한 분명한 답을 얻게 됩니다.

인생은 때로는 너무나 잔인할 만큼 고통스럽습니다. 저는 아버지가 장례식 예배를 인도하는 것을 많이 보면서 자랐습니다. 그리고 사역을 하면서 많은 장례식을 경험합니다. 어떤 장례식에 갈 때는 마음이 너무 힘듭니다. 특히 부모님보다 자녀들이 사고로 먼저 죽는 경우에, 아버지는 보통 찬송가 217장 "주님의 뜻을 이루소서"라는 찬양을 불렀습니다. 주님의 뜻을 이루어 달라는 말밖에 할 말이 없기 때문입니다.

성경 룻기에 보면 힘든 인생을 산 '나오미'라는 여자가 나옵니다. 이 히브리어 이름 '나오미'의 뜻은 '나의 기쁨'이라는 뜻입니다. 그러나 그녀는 너무나 큰 마음의 고통을 겪고 살았습니다. 그녀는 남편

도 죽고, 흉년이 들어 고향 땅을 떠나 이방 민족들 가운데 섞여 사는 동안, 10년 상간에 두 아들 말론과 기룐마저 죽습니다. 덩그라니 자기 자신과 두 며느리만 남게 됩니다.

룻기 1:20-21 (현대인의성경)

20. 나를 나오미라 부르지 말고 '마라'라고 불러 주시오. 이것은 전능하신 하나님이 나에게 괴로운 시련을 많이 주셨기 때문입니다.

21. 내가 이 곳을 떠날 때는 가진 것이 많았으나 여호와께서는 나를 빈손으로 돌아오게 하셨습니다. 여호와께서 나를 버리시고 나에게 괴로움을 주셨으니 어떻게 당신들이 나를 나오미라고 부를 수 있겠습니까?

정말 나오미는 살 희망도, 소망도 없을 정도로 지치고 괴로운 인생을 살았습니다. 얼마나 괴로운지 자기 이름이 '기쁨'이라는 것이 너무 버겁게 느껴져서 '쓰다', '고통스럽다'라는 뜻의 히브리어 이름인 '마라'라고 불리기를 원했습니다. 괴로운 인생 끝에 말년에 얻은 작은 기쁨은 자신을 따라온 며느리 룻이 보아스라는 좋은 친구와 재혼을 해서 오벳이라는 남자아이를 낳아 준 것, 그것이 나오미의 말년의 작은 기쁨이었습니다. 그러나 나오미가 하나 잘한 것이 있다면 절대 '고통'과 '어려움' 가운데에서도 '신앙'을 놓지 않았다는 것입니다. 그녀는 잘 알 수 없었지만 하나님의 뜻에 의해서 나오미의 삶과 룻을 통해 다윗 왕을 준비시키십니다. 그리고 예수님의 족보에 이방 여인 룻이 등장하기 위해서 나오미의 힘들고 어려운 삶이 꼭 필요했던 것입니다.

룻기 4:17 (현대인의성경)

이웃 여자들이 "나오미에게 아들이 생겼다!" 하며 그 이름을 오벳이라 불렀다. 후에 오벳은 다윗 왕을 낳은 이새의 아버지가 되었다.

나오미는 죽을 때까지도 왜 자신의 이름의 뜻이 '나의 기쁨'이라는 것인지 몰랐을 것입니다. 그러나 하나님은 그녀의 고통 가운데에서도 하나님을 놓지 않는 삶을 이름처럼 아름답게 사용하셨습니다. 두 아들이 죽는 고통이 있어야, 룻과 보아스가 연결되게 됩니다. 오직 하나님만이 이 모든 고통을 선으로 만들어 가시는 것입니다.

로마서 8:28 (개역개정)

우리가 알거니와 하나님을 사랑하는 자 곧 그의 뜻대로 부르심을 입은 자들에게는 모든 것이 합력하여 선을 이루느니라.

세상의 가치관은 '자기 계발', '자기 안에 있는 잠재력' 등 이런 부분을 끌어올리라고 말합니다. 그러나 '내 안의 잠재력', '내 안의 능력'을 아무리 끌어올려 봐야 돈이나 조금 더 벌 수 있을 뿐입니다. 하나님이 내게 주신 '그 인생'을 살아야 합니다.

역사는 영어로 'history'입니다. '그의 역사'입니다. 오늘날도 우리는 예수님 오시기 전, 오신 이후로 '연도'를 측정합니다. '자기 계발'을 한다고 해서 역사의 주인공이 되는 것이 아닙니다. 우리는 모두 '하나님이 만들어 가시는 '그의 역사'의 한 페이지에 불과합니다.

그래서 그 '한 페이지'의 인생을 잘살기 위해 하나님을 만나야 하는 것입니다.

우리는 "왜 내 인생에 이러이러한 일들이 생겼나?"라고 말할 정도로 나오미처럼 억울하고 알 수 없는 인생을 살아갑니다. 오직 하나님께만 내 인생의 '해답'이 있습니다. 왜냐하면 하나님이 내 인생을 디자인하셨기 때문입니다. 우리가 깨달아야 하는 것은 우리보다 우리의 삶을 하나님이 더 잘 아신다는 것입니다. 하나님을 만날 때에만 비로소 하나님이 나에게 계획하신 그 인생을 살 수 있습니다. 그래서 우리는 하나님을 만나야 합니다.

하나님을 만날 때에야 비로소 우리는 쉴 수 있습니다. 내가 내 인생을 다 알지 못해도, 왜 내 인생에 이런 일들이 생기는지 다 깨닫지 못해도 우리는 그 안에서 쉴 수 있습니다.

하나님이 내 인생의 주인이고 나는 그저 따라가면 된다는 것을 깨닫기 때문입니다.

이 책을 읽는 여러분들이 진리 안에서 영혼이 자유케 되고 쉰다는 것을 잘 깨달으셨으면 좋겠습니다.

요한복음 8:32 (개역개정)

진리를 알지니 진리가 너희를 자유롭게 하리라.

마태복음 11:28 (개역개정)

수고하고 무거운 짐 진 자들아 다 내게로 오라 내가 너희를 쉬게 하리라.

모세의 인생도 그랬습니다. 어머니를 어머니로 부르지도 못하고, 유모라고 불러야 했습니다. 그는 이집트의 왕자로 이집트의 온갖 앞선 학문들을 배웠지만 그에게는 허무감뿐이었습니다. 미디안 광야에서 40년을 보내고 나서야 하나님을 만났습니다. 하나님을 만나고 나서야 비로소 죽기 전에 해야 할 사명이 있다는 것을 깨달았습니다. 그가 왜 이름이 '모세'(물에서 끌어냄)인지, 왜 이집트에서 온갖 학문을 배웠어야 하는지 깨달았습니다. 왜 광야에서 그렇게 오랜 시간 방황했어야 하는지 깨달았습니다. 이스라엘 백성들을 광야에서 리더로 이끌어 가야 하는 삶을 살아야 하기 때문에 미리 하나님께서 광야의 삶을 체험시키신 것입니다.

모세는 120년의 생애 중에 80세 되던 때에 하나님을 만났습니다. 그리고 마지막 40년 동안 이스라엘 백성들을 가나안으로 이끄는 지도자의 삶으로 아름다운 삶을 마무리하게 됩니다. 사명은 하나님을 만나는 것에서 시작합니다.

하나님께서는 본인이 거룩하니 네 발의 신을 벗으라고 말씀하셨습니다. 이제부터 모세는 자기 마음대로 사는 삶이 아니라 하나님을 모시고, 참된 종의 모습으로 살아갑니다.

우리는 우리 마음대로 사는 것이 아니라, 하나님을 내 인생의 주인으로 모시고 종으로 살아야 합니다. 역설적이게도 거기에 참 자유가 있습니다. 하나님을 만난 사람만이 인생의 참 만족과 기쁨이 무엇인지 깨닫습니다.

출애굽하는 이스라엘 백성들에게 하나님께서는 유난히 거룩함을 강조하십니다. 이제는 믿음의 조상 때처럼 한 사람씩 만나시는 것이 아니고, 이스라엘 민족 전체에게 교훈과 율법을 주시기 위해 하나님의 성품을 강하게 말씀하시는 것입니다.

베드로전서 1:16 (개역개정)

(구약에) 기록하였으되 내가 거룩하니 너희도 거룩할지어다 하셨느니라.

(참조 말씀: 레위기 11:44, 19:2, 20:7)

그리고 하나님께서는 당신의 의의 기준에 대해 말씀하십니다. 그 대표적인 것이 십계명입니다. 모세는 하나님을 모시고 거룩한 삶을 살게 되었습니다. 점점 더 하나님과 마음을 나누고, 그분의 성품을 닮아가게 되었습니다. 그리고 모세는 자기가 그렇게도 실패를 겪고 상처를 받았던 이집트 왕궁으로 돌아가 바로 왕과 이스라엘 백성들을 애굽으로 나오게 하기 위한 투쟁을 벌입니다.

출애굽기 12:29-30 (개역개정)

29. 밤중에 여호와께서 애굽 땅에서 모든 처음 난 것 곧 왕위에 앉은 바로의 장자로부터 옥에 갇힌 사람의 장자까지와 생축의 처음 난 것을 다 치시매

30. 그 밤에 바로와 그 모든 신하와 모든 애굽 사람이 일어나고 애굽에 큰 부르짖음이 있었으니 이는 그 나라에 죽임을 당하지 아니한 집이 하나도 없었음이었더라.

하나님께서는 모세에게 이스라엘 백성들을 출애굽하라는 명령을 내립니다. 그런데 그 당시 애굽 왕이었던 바로는 백성들을 보내주지 않습니다. 그래서 하나님은 이스라엘 땅에 10가지 재앙을 내리십니다. 피, 개구리, 이, 파리, 악질, 독종, 우박, 메뚜기, 암흑 같은 재

앙이 온 애굽을 뒤덮었는데도 불구하고 바로 왕은 이스라엘 백성들을 곱게 내보내 주지 않습니다. 마지막으로 하나님은 온 애굽의 첫 장자를 다 죽이셨습니다. 그것은 큰아들이 모두 죽었다는 말입니다. 그런데 하나님은 이스라엘 백성들에게는 미리 어린 양을 죽여 문 앞에 그 피를 바르면 구원을 받는다고 말씀하셨습니다.

잠시 우리가 상상을 해보았으면 좋겠습니다. 이미 애굽에는 9가지의 이상한 재앙들이 계속해서 일어나 애굽 사람들과 이스라엘 사람들을 괴롭혔습니다. 그리고 드디어 마지막으로 하나님은 애굽 사람들의 첫 장자를 모두 죽이려 하고 있습니다. 이스라엘 사람들은 어린 양을 죽여 집 문밖에 그 피를 바르기에 여념이 없습니다. 애굽 사람들은 이스라엘 사람들이 도저히 이해가 되지 않았을 것입니다. 도대체 무슨 짓을 하고 있는 걸까요? 아마 미쳤다고 생각할지도 모르겠습니다.

그러나 그날의 결과는 참담했습니다. 애굽의 모든 가축의 처음 난 것과 사람의 첫아들이 모두 죽었던 것입니다. 그 밤은 여호와의 밤이었습니다. 곳곳에서 아이를 잃은 슬픈 울음소리가 들립니다. 애굽 사람들은 미칠 것만 같았습니다. '고작 죽음을 구별하는 것이 어린 양의 피일 뿐인가?' 하는 생각이 들었습니다. '왜 애굽 사람들은 그 사실을 진정으로 몰랐던가?' 하는 생각을 했습니다. 그것은 왕이었던 바로의 집안도 마찬가지였습니다. 그의 큰아들이 죽었습니다. 결국 그들은 이스라엘의 하나님을 인정할 수밖에 없었고, 이스라엘 사람들은 애굽에서 벗어나서 출애굽하게 됩니다. 이 사건을 기념하여 이스라엘은 이날을 '유월절'로 지키게 됩니다.

어린 양을 통해서 우리의 모습을 살펴볼 수 있습니다. 우리의 장자가 죽지 않으려면 반드시 어린 양이 죽어야 합니다. 죄가 있는 사람은 영적으로 죽은 존재입니다. 그렇지 않다면 반드시 누가 대신 죽어 주어야 합니다. 하나님은 죄가 없으신 분이시기 때문에 하나님과 교제와 만남을 가지려면 우리에게 죄가 있으면 안 됩니다. 어린 양은 예수님을 상징합니다. 그래서 우리가 마음속에 예수님을 나의 죄를 대신 지신 분으로 고백만 한다면 우리는 하나님 앞에 죄가 없는 사람으로 대우받게 됩니다. 마치 이스라엘 사람들의 장자는 죽이지 않고 그냥 넘어갔던 근거가 어린 양의 피였던 것처럼, 우리는 예수님이 우리를 위해서 십자가에 돌아가셨던 그 보혈을 의지하여 하나님과 다시 교제할 수 있게 됩니다.

혹시 이 글을 읽으시는 분 중에 아직도 예수님을 모르시는 분이 있습니까? 예수님은 나를 위해 돌아가신 우리의 어린 양입니다. 우리는 단지 그분을 맞아들이기만 하면 되는 것입니다. 우리는 인생을 살 때 두 가지 중 하나를 선택해야 합니다. 애굽 사람들처럼 자기 마음대로 좋아하는 대로 사는 것이고, 두 번째는 이스라엘 사람들처럼 하나님이 인도하시는 대로 하나님의 뜻을 좇아 사는 삶입니다. 그러나 중요한 것은 마지막 날에 하나님의 심판이 있게 되는데 그때에 예수님의 인도를 좇지 않은 사람은 확연히 구분됩니다.

예수님을 마음 가운데 인정하고 모시기만 하면 되는데, 그것을 못해서 영원히 죽게 되는 것입니다. 세상의 많은 사람들이 그것에 대해 의심합니다. "고작 예수님을 인정하고 마음에 모시기만 하면 영원한 천국과 하나님과 교제할 수 있는 특별한 은혜가 주어진다고? 말도 안 돼"라고 말할 수 있습니다. 그러나 우리는 마지막 여호와의 날에 명확하게 보게 될 것입니다. 마치 애굽 사람들이 단지 어린 양의 피를 알지 못했기 때문에 큰아들들이 다 죽었던 것처럼, 예수님을 알지 못하는 인생은 자기 마음대로 살다가 영원한 죽음에 이르게 될 것입니다.

하나님께서는 모세와 이스라엘 백성들이 시내 산에 이르자 율법의 언약을 선포하십니다.

우리가 먼저 생각해 볼 것은 이 율법의 언약은 처음 아담에게 세워지고, 노아와 아브라함에게 확인되고, 모세에 의해서 이어지는 연계성 안에 있습니다. 이것은 출애굽 과정 자체가 하나님의 언약을 기억하심으로 출발하였고(출 2:24), 십계명은 "나는 애굽 땅 종 되었던 집에서 인도하여 낸 너희 하나님 여호와니라"(출 20:2)로 시작되기 때문입니다.

> 시편 105:8-10 (개역개정)
>
> 8. 그는 그의 언약 곧 천대에 걸쳐 명령하신 말씀을 영원히 기억하셨으니
>
> 9. 이것은 아브라함과 맺은 언약이고 이삭에게 하신 맹세이며
>
> 10. 야곱에게 세우신 율례 곧 이스라엘에게 하신 영원한 언약이라.

이때까지 하나님은 아담, 노아, 아브라함, 이삭, 야곱 같은 대표성을 지닌 하나님의 사람들에게 언약을 말씀하셨습니다. 하지만 이제 하나님의 언약대로 이스라엘 민족이 번성하고 커졌기 때문에, 이스라엘 민족 전체에게 하나님의 하나님 되심을 말씀하시고, 하나님의 의의 기준을 말씀하시는 것입니다. 당시의 율법은 세 가지가 있었습

니다. 첫 번째는 시민법으로 하나님의 시민으로 살아가야 할 때 지켜야 하는 법이 있었고, 두 번째는 광야에서의 제사 제도인 의식법이 있었습니다. 마지막으로 도덕법인 십계명이 있었습니다.

하나님께서는 "너희 이스라엘 백성들이 나의 자녀이고 내가 너희 아버지라고 한다면 이 율법을 지켜 행할 때에 내가 의롭다, 나의 자녀라고 인정해 주고 축복해 주겠다"라고 하시는 것입니다. 그래서 모세는 출애굽 1세대들에게도 율법을 가르치고, 출애굽 2세대들에게도 동일하게 하나님의 율법을 가르칩니다. 모세가 시내 산에서 율법을 가르쳤을 때 2세대들은 아직 태어나지 않았기 때문에 모압 평지로 와서 2세대들에게 율법을 가르칩니다. 그 내용이 바로 신명기입니다. 이 신명기 6장 20-25절은 율법 언약의 의의에 대해 잘 보여주고 있습니다.

신명기 6:20-25 (개역개정)

20. 후일에 네 아들이 네게 묻기를 우리 하나님 여호와께서 명령하신 증거와 규례와 법도가 무슨 뜻이냐 하거든

21. 너는 네 아들에게 이르기를 우리가 옛적에 애굽에서 바로의 종이 되었더니 여호와께서 권능의 손으로 우리를 애굽에서 인도하여 내셨나니

22. 곧 여호와께서 우리의 목전에서 크고 두려운 이적과 기사를 애굽과 바로와 그의 온 집에 베푸시고

23. 우리 조상들에게 맹세하신 땅을 우리에게 주어 들어가게 하시려고 우리를 거기서 인도하여 내시고

24. 여호와께서 우리에게 이 모든 규례를 지키라 명령하셨으니

이는 우리가 우리 하나님 여호와를 경외하여 항상 복을 누리게 하기 위하심이며 또 여호와께서 우리를 오늘과 같이 살게 하려 하심이라

25. 우리가 그 명령하신 대로 이 모든 명령을 우리 하나님 여호와 앞에서 삼가 지키면 그것이 곧 우리의 의로움이니라 할지니라.

모세가 시내 산에서 율법을 받아와서 백성들에게 이 율법을 선포하자 백성들이 아멘 하고 그것을 지켜 행한다고 말하였습니다. 그러나 결국은 광야 생활을 하면서 이 율법을 지키지 못했습니다. 우상을 숭배하고 다른 신을 섬기고 하나님을 떠나고 말았습니다. 전부 다 광야에서 죽고 갈렙과 여호수아만 남아, 새로운 지도자인 여호수아가 광야에서 태어난 2세들만 이끌고 가나안 땅으로 들어가게 됩니다.

그러면 이스라엘 백성들은 율법을 못 지켰는데 모세는 하나님의 율법을 지켰을까요?

모세는 하나님의 율법을 지켰습니다. 그는 하나님과 동행함으로 하나님과 같은 마음을 가지게 되어서, 자연스럽게 하나님을 깊이 사랑하고, 이스라엘 백성을 깊이 사랑하게 되었습니다.

출애굽기 32:31-32 (개역개정)

31. 모세가 여호와께로 다시 나아가 여짜오되 슬프도소이다 이 백성이 자기들을 위하여 금 신을 만들었사오니 큰 죄를 범하였나이다

32. 그러나 이제 그들의 죄를 사하시옵소서 그렇지 아니하시오면

원하건대 주께서 기록하신 책에서 내 이름을 지워 버려 주옵소서.

모세가 하나님께 십계명을 두 돌판에다가 받아 내려왔을 때, 이스라엘 백성들은 모세가 40일 동안 전혀 연락이 없자 아론을 중심으로 금송아지를 만듭니다. 이 일로 백성들의 죄를 한탄한 모세는 하나님이 백성들에게 분노를 내리실까 두려웠습니다. 그래서 천국의 생명책에 자기 이름을 지워 달라고 할 정도로 백성들을 죄를 위해 중보하였습니다. 하나님께서도 사실 백성들에게 벌을 내리고 싶지 않으셨습니다. 다만 이렇게 백성들의 죄를 위해 중보할 의인을 기다리고 계시는 것입니다. 모세의 이러한 기도는 소돔과 고모라를 향해 하나님의 마음으로 기도했던 아브라함을 생각나게 합니다. 둘 다 하나님의 마음을 가졌기 때문에 그러한 기도를 할 수 있게 되는 것입니다.

출애굽기 34:29-30 (개역개정)

29. 모세가 그 증거의 두 판을 모세의 손에 들고 시내 산에서 내려오니 그 산에서 내려올 때에 모세는 자기가 여호와와 말하였음으로 말미암아 얼굴 피부에 광채가 나나 깨닫지 못하였더라

30. 아론과 온 이스라엘 자손이 모세를 볼 때에 모세의 얼굴 피부에 광채가 남을 보고 그에게 가까이하기를 두려워하더니.

모세가 두 번째로 하나님께 십계명을 받아올 때, 모세는 하나님과 40일을 같이 있었습니다. 그랬더니 모세의 얼굴에서 빛이 나서 백성들이 모세를 제대로 쳐다볼 수가 없었습니다. 모세는 백성들을 배려해서 얼굴에 수건을 가려야 할 정도였습니다. 이러한 모세의 모습은

우리가 하나님을 가까이할 때 얼마나 거룩하고 의롭게 되는지 알려 주는 것입니다. 모세는 율법을 억지로 지키지 않았습니다. 하나님과 가까이함으로 자연스럽게 거룩하게 되고 의롭게 된 것입니다. 이러한 모습은 '예수님께서 베드로와 야고보와 요한에게 변화산상에서 천국의 모습으로 변화되실 때 그것이 얼마나 아름답고 거룩한 모습이어서 베드로가 계속 거기서 살자고 말할 정도일까?' 생각하고 묵상하게 합니다.

마태복음 17:1-5 (개역개정)

1. 엿새 후에 예수께서 베드로와 야고보와 그 형제 요한을 데리시고 따로 높은 산에 올라가셨더니

2. 그들 앞에서 변형되사 그 얼굴이 해같이 빛나며 옷이 빛과 같이 희어졌더라

3. 그때에 모세와 엘리야가 예수로 더불어 말하는 것이 그들에게 보이거늘

4. 베드로가 예수께 여쭈어 가로되 주여 우리가 여기 있는 것이 좋사오니 만일 주께서 원하시면 내가 여기서 초막 셋을 짓되 하나는 주님을 위하여, 하나는 모세를 위하여, 하나는 엘리야를 위하여 하리이다

5. 말할 때에 홀연히 빛난 구름을 그들을 덮으며 구름 속에서 소리가 나서 이르시되 이는 내 사랑하는 아들이요 내 기뻐하는 자니 너희는 그의 말을 들으라 하시는지라.

심지어 하나님은 아론과 미리암이 모세를 비방했을 때 모세를 위

해 직접 변호를 해주십니다.

민수기 12:1-10,13 (개역개정)

1. 모세가 구스 여자를 취하였더니 그 구스 여자를 취하였으므로
미리암과 아론이 모세를 비방하니라

2. 그들이 이르되 여호와께서 모세와만 말씀하셨느냐 우리와도
말씀하지 아니하셨느냐 하매 여호와께서 이 말을 들으셨더라

3. 이 사람 모세는 온유함이 지면의 모든 사람보다 더하더라

4. 여호와께서 갑자기 모세와 아론과 미리암에게 이르시되 너희
세 사람은 회막으로 나아오라 하시니 그 세 사람이 나아가매

5. 여호와께서 구름 기둥 가운데로부터 강림하사 장막 문에 서시
고 아론과 미리암을 부르시는지라 그 두 사람이 나아가매

6. 이르시되 내 말을 들으라 너희 중에 선지자가 있으면 나 여호
와가 환상으로 나를 그에게 알리기도 하고 꿈으로 그와 말하기도 하
거니와

7. 내 종 모세와는 그렇지 아니하니 그는 내 온 집에 충성함이라

8. 그와는 내가 대면하여 명백히 말하고 은밀한 말로 하지 아니
하며 그는 또 여호와의 형상을 보거늘 너희가 어찌하여 내 종 모세
비방하기를 두려워하지 아니하느냐

9. 여호와께서 그들을 향하여 진노하시고 떠나시매

10. 구름이 장막 위에서 떠나갔고 미리암은 나병에 걸려 눈과 같
더라 아론이 미리암을 본즉 나병에 걸렸는지라

13. 모세가 여호와께 부르짖어 이르되 하나님이여 원하건대 그
를 고쳐 주옵소서.

하나님은 아론과 미리암에게 모세를 변호하기를, 모세는 하나님의 형상을 본 사람이고 하나님께 충성된 사람이라는 것입니다. 거기에 대해 화를 내시면서, 미리암을 며칠 동안 문둥병이 들게 만드셨습니다. 하나님이 모세를 얼마나 아끼시는지 알 수 있는 대목입니다. 모세는 하나님께 순종하고, 하나님과 동행함으로 인해서, 성령의 열매인 충성과 온유를 얻었습니다. 특별히 모세가 젊은 시절, 혈기로 애굽 사람을 죽였을 때와 비교하면 그가 얼마나 속사람이 하나님과 가까워졌는지 묵상하게 합니다. 미디안에서의 40년 세월, 또 광야에서 하나님과의 동행을 통해 모세는 출애굽 200만의 사람들을 위해 목숨을 내놓고 중보 기도를 할 만큼 넉넉한 온유함을 가지게 되었습니다. 심지어 자기를 비판한 미리암을 위해서도 중보 기도해서 문둥병을 빨리 낫도록 도왔습니다.

하나님의 마음은 창조 때부터 모세까지 똑같습니다. 하나님의 사랑의 자녀인 사람들이 하나님을 닮아 그분의 성품이 밖으로 드러나는 것을 원하십니다. 하나님은 모세에게서 하나님의 성품을 계속해서 발견하고 있는데, 그것을 깨닫지 못하는 아론과 미리암을 책망하시는 것입니다.

마태복음 22:36-40 (개역개정)

36. 선생님 율법 중에서 어느 계명이 크니이까

37. 예수께서 이르시되 네 마음을 다하고 목숨을 다하고 뜻을 다하여 주 너의 하나님을 사랑하라 하셨으니

38. 이것이 크고 첫째 되는 계명이요

39. 둘째도 그와 같으니 네 이웃을 네 자신같이 사랑하라 하셨

으니

40. 이 두 계명이 온 율법과 선지자의 강령이니라.

요한복음 14:21 (개역개정)

나의 계명을 지키는 자라야 나를 사랑하는 자니 나를 사랑하는 자는 내 아버지께 사랑을 받을 것이요 나도 그를 사랑하여 그에게 나를 나타내리라.

사람들이 흔히 착각하는 것은 율법 언약은 형식적인 것이라고 생각합니다. 그러나 이 율법에는 하나님의 마음이 있습니다. 이 율법은 형식적으로 지키는 것이 아닙니다. 그를 사랑하여 지키게 되는 것입니다. 이 율법의 핵심은 예수님이 말씀하신 것처럼 하나님을 열심을 다해 사랑하라는 것이며, 두 번째는 네 이웃을 네 몸처럼 사랑하는 것입니다. 왜 그렇습니까? 하나님의 마음의 중심에 사랑(아가페)이 있기 때문입니다.

그런데 사람들은 하나님과 마음을 함께하려 하지 않고 계속 죄의 지배 아래 있으려고 합니다. 마치 출애굽 40년 동안 모세의 눈은 항상 가나안을 향해 있는데, 백성들은 하나님의 만나와 홍해의 기적과 구름기둥과 불기둥을 항상 체험하면서도, 그들의 눈이 떠나온 애굽에 계속 머물러 있는 것과 같습니다. 결국 이 사람들은 모두 광야에서 죽고 맙니다. 하나님을 기뻐하지 않고 사랑하지 않았기 때문에 율법도 지킬수 없었던 것입니다. 신약에서 바울은 고린도 교회에게 보낸 편지에서 이런 이유를 잘 설명해 주고 있습니다.

고린도전서 10:1-6 (개역개정)

1. 형제들아 나는 너희가 알지 못하기를 원하지 아니하노니 우리
조상들이 다 구름 아래에 있고 바다 가운데로 지나며
2. 모세에게 속하여 다 구름과 바다에서 세례를 받고
3. 다 같은 신령한 음식을 먹으며
4. 다 같은 신령한 음료를 마셨으니 이는 그들을 따르는 신령한
반석으로부터 마셨으매 그 반석은 곧 그리스도시라
5. 그러나 그들의 다수를 하나님이 기뻐하지 아니하셨으므로 그
들이 광야에서 멸망을 받았느니라
6. 이러한 일은 우리의 본보기가 되어 우리로 하여금 그들이 악
을 즐겨한 것같이 즐겨하는 자가 되지 않게 하려 함이니.

하나님은 이 백성들을 위해 다른 언약을 체결하십니다. 이후에 이러한 율법의 언약을 못 지키는 사람의 한계와 다윗과 예수 그리스도를 통한 새 언약을 새롭게 살펴볼 것입니다.

9
왕으로 오실 그리스도를 닮은 다윗

이번 장에서는 다윗을 중심으로 하나님께서 다윗과 맺은 언약, 다윗을 통해 드러나는 하나님의 성품을 살펴보면서 하나님이 다윗을 얼마나 사랑하셨고, 또 다윗을 통해 언약이 어떻게 갱신되어 나가는지 살펴보도록 하겠습니다.

먼저 당시의 이스라엘의 역사를 간략하게 보도록 하겠습니다. 앞에서 말씀드린 대로 모압 평지에서 모세의 역할은 끝나고, 여호수아에게 리더십이 이양됩니다. 모세가 죽고 여호수아의 인도에 따라 요단 강을 건너 가나안 땅을 정복하고 가나안 땅을 분배받아 살게 되는데(언약의 성취), 그때가 바로 사사 시대입니다. 이때는 다른 나라처럼 왕이 없었고 하나님만이 이스라엘의 왕이었는데 이것을 가리켜 신정 정치라고 했습니다. 즉 하나님이 다스리고 통치하는 시대였습니다.

사사기 시대에 백성들이 이 율법을 지키고 순종하며 하나님을 사랑하면 참 좋았겠지만 계속해서 하나님을 떠나고 우상을 숭배하고 다른 신을 섬기며 죄를 짓게 합니다.

그러자 하나님은 다른 나라(암몬, 아람, 블레셋) 등을 사용하셔서 그들을 징계해 종살이를 하게 합니다. 백성들은 고통스러워 하나님께 살려 달라고 합니다. 이에 하나님은 사사들을 세워 저들을 점령하고 지배했던 나라들을 무찌르게 하십니다. 그러다가 다시 좀 편안하고 먹고 살 만하면 또 하나님을 떠나는 것입니다. 이러한 일들이 성경 사사기에서 7번이나 계속해서 400여 년간 반복되는데, 기드온, 삼손,입다 외 12명의 사사들의 통치 시기였습니다.

사사들이란 하나님이 성령의 능력을 주어 이스라엘 백성의 지도자로 세운 사람들이었습니다. 그중에 마지막 사사가 사무엘이었습니다. 사무엘 시대에 이스라엘 백성들이 구하기를 우리도 다른 나라처럼 왕을 세워 달라고 합니다.

이스라엘 백성들의 입장에서는 다른 나라가 전쟁에 이기는 것을 보고, 그 이유가 왕을 세워 일사분란하게 싸워서 이길 수 있었다고 생각하는 것입니다. 왕이 있는 나라가 힘이 세 보이고 강해 보여 왕을 세워 달라고 한 것입니다. 사실은 이스라엘 백성들이 하나님께 죄를 지어 전쟁에 패하게 하신 것을 깨닫지 못했던 것입니다. 하나님은 이 일을 기뻐하지 않으셨습니다. 왕을 세워 달라고 하는 것은 하나님을 거역하는 일이었습니다. 이스라엘 백성들 마음대로 이방나라처럼 왕을 세워 달라고 했을 때 하나님이 마지못해 억지로 허락하신 것입니다. 그렇게 해서 세운 왕이 최초의 이스라엘 왕 사울이었습니다.

하나님은 사울을 세웠는데 그가 처음에는 겸손했지만 나중에는 하나님의 명령을 거역하고 불순종하게 됩니다. 그래서 하나님은 하나님의 마음에 합한 자, 다윗을 세우게 됩니다.

다윗에 대해 더욱 깊이 알고 싶으신 분들은 사무엘상 · 하, 역대상 · 하, 시편을 깊이 읽어 보시면 됩니다. 성경을 읽을수록 하나님은 하나님을 사랑하는 자를 사랑하신다는 것을 묵상하게 됩니다.

> 잠언 8:17 (개역개정)
>
> 나를 사랑하는 자들이 나의 사랑을 입으며 나를 간절히 찾는 자가 나를 만날 것이니라.

다윗은 하나님을 정말 많이 사랑했습니다. 그래서 하나님은 그 마음이 얼마나 흡족하신지 다음과 같이 말씀하셨습니다.

> 사도행전 13:22 (개역개정)
>
> 폐하시고 다윗을 왕으로 세우시고 증거하여 이르시되 내가 이새의 아들 다윗을 만나니 내 마음에 맞는 사람이라 내 뜻을 다 이루리라 하시더니.

성경에 가장 많이 나오는 이름은 예수님의 이름입니다. 그다음으로 많이 나오는 이름이 바로 다윗입니다. 이런 부분만 보아도 하나님이 다윗을 얼마나 사랑하시는지 엿볼 수 있습니다.

다윗의 인생의 전환점은 널리 알려진 대로 골리앗과의 싸움입니다. 그전에 다윗은 사무엘에게 기름 부음을 받고, 이미 성령이 충만한 삶을 살았습니다(삼상 16:1-13).

다윗과 골리앗의 싸움에서 골리앗이 하나님을 모욕하고 이스라엘 백성을 모욕했을 때, 하나님께서 다윗의 말을 듣고 얼마나 기뻐하셨을지 생각해 봅시다.

하나님의 백성이라는 이스라엘 백성들 가운데 그 어떤 장수도 하나님의 이름으로 싸우려 하지 않았을 때 자신의 목숨을 걸고, 하나님의 이름으로 골리앗 앞에 서 있는 다윗을 상상해 보십시오. 하나님의 마음은 온통 다윗에게 있는 것을 신구약성경을 통해서 확인할 수 있습니다.

사무엘상 17:45-47 (개역개정)

45. 다윗이 블레셋 사람에게 이르되 너는 칼과 창과 단창으로 내게 나아오거니와 나는 만군의 여호와의 이름 곧 네가 모욕하는 이스라엘 군대의 하나님의 이름으로 네게 나아가노라

46. 오늘 여호와께서 너를 내 손에 넘기시리니 내가 너를 쳐서 네 목를 베고 블레셋 군대의 시체를 오늘 공중의 새와 땅의 들짐승에게 주어 온 땅으로 이스라엘에 하나님이 계신 줄 알게 하겠고

47. 또 여호와의 구원하심이 칼과 창에 있지 아니함을 이 무리에게 알게 하리라 전쟁은 여호와께 속한 것인즉 그가 너희를 우리 손에 넘기시리라.

다윗이 통치할 때는 남북이 통일을 이루고 확장하고 번성했습니다. 감히 주위의 나라들이 쳐들어올 생각도 못했습니다. 하나님이 늘

다윗과 함께하셔서 다윗이 전쟁을 하면 늘 승리하였기 때문입니다. 다윗이 40년 동안 이스라엘을 통치했을 때가 이스라엘이 가장 강력하고 넓은 토지를 가진 시기였습니다. 이러한 외적인 부분도 있지만 제가 집중하고 싶은 부분은 다윗이 얼마나 하나님을 사랑했는가 하는 부분입니다. 다윗은 정말 자신의 모든 것을 드려 하나님을 사랑하였습니다. 그의 절절한 하나님 사랑은 하나님을 향한 시와 편지인 시편에 잘 드러나 있습니다. 대표적인 말씀을 몇 가지 살펴보겠습니다.

> 시편 18:1-2 (개역개정)
>
> 1. 나의 힘이신 여호와여 내가 주를 사랑하나이다
>
> 2. 여호와는 나의 반석이시요 나의 요새시요 나를 건지시는 자시요 나의 하나님이시요 내가 그 안에 피할 나의 바위시요 나의 방패시요 나의 구원의 뿔이시요 나의 산성이시로다.

그리고 그는 하나님을 너무 사랑하여서 그의 말씀과 율례를 늘 가까이하고 사모하였습니다. 특별히 시편 119편은 성경의 가장 긴 절수를 가지고 있는데 온통 율례와 법도, 하나님의 말씀을 묵상함으로 가득 채워져 있습니다.

> 시편 19:9-10 (개역개정)
>
> 9. 여호와를 경외하는 도는 정결하여 영원까지 이르고 여호와의 규례는 확실하여 다 의로우니
>
> 10. 금 곧 많은 정금보다 더 사모할 것이며 꿀과 송이꿀보다 더 달도다.

시편 119:97 (개역 한글)

내가 주의 법을 어찌 그리 사랑하는지요 내가 그것을 종일 묵상하나이다.

그는 다음과 같은 하나님의 말씀에 정확히 부합하는 사람이었습니다.

요한복음 14:21 (개역개정)

나의 계명을 지키는 자라야 나를 사랑하는 자니 나를 사랑하는 자는 내 아버지께 사랑을 받을 것이요 나도 그를 사랑하여 그에게 나를 나타내리라.

특별히 말년에 이스라엘이 잘되어서 나태해지기 쉬울 때, 예외없이 그도 밧세바와 동침함으로 인해서 간음과 밧세바의 남편인 우리야까지 죽이게 하는 끔찍한 범죄를 저지릅니다. 그러나 다윗은 나단이 찾아와 책망했을 때(삼하 12:1-15) 통렬히 회개하는 모습을 보입니다. 한 나라의 왕으로 사람들 앞에서 죄를 고백하고, 철저하게 회개하는 모습을 보이는 것은 쉬운 일이 아닙니다. 그는 하나님을 너무나 사랑했기 때문에 그렇게 할 수 있었습니다.

시편 51:9-12, 17 (개역개정)

9. 주의 얼굴을 내 죄에서 돌이키시고 내 모든 죄악을 지워 주소서

10. 하나님이여 내 속에 정한 마음을 창조하시고 내 안에 정직한 영을 새롭게 하소서

11. 나를 주 앞에서 쫓아내지 마시며 주의 성령을 내게서 거두지 마소서

12. 주의 구원의 즐거움을 내게 회복시켜 주시고 자원하는 심령을 주사 나를 붙드소서

17. 하나님께서 구하시는 제사는 상한 심령이라 하나님이여 상하고 통회하는 마음을 주께서 멸시하지 아니하시나이다.

하나님은 그의 죄에 책임을 물으시지만(삼하 12:12-14) 결국 용서해 주십니다. 이러한 다윗의 모습은 우리에게 큰 도전을 줍니다. 저는 저를 포함해서 교회의 지도자급에 계신 분들이 공개적으로 자신의 죄를 고백할 만한 용기와 하나님을 사랑하는 마음을 주시기를 자주 기도합니다. 또 그 일을 위해 한국 교회 성도님들이 같이 기도해야 된다고 생각합니다. 그렇게 될 때 한국 교회는 더욱 영적 건강함과 기쁨을 되찾을 수 있을 것입니다.

1907년 한국의 평양 대부흥이, 한 외국 선교사의 한국 교회를 향한 교만과 죄를 공개적으로 고백하는 자리에서 시작되었다는 것을 잊지 않았으면 좋겠습니다. 그는 하나님을 너무나 사랑하기 때문에 그러한 용기를 가지고 죄를 고백할 수 있었던 것입니다.

로버트 하디는 1901년부터 원산과 강원도 통천 지방에서 개척 선교사로 3년간 선교 활동을 했으나 선교의 결실이 거의 없었다. 그가 1904년 고백한 것처럼 이것은 그에게 엄청난 절망감을 안겨 주었다.

"나는 3년 동안 강원도에 교회가 처음 세워진 지경대 지역에서

어떤 다른 지역에서보다 애써 일하였으나, 그곳에서의 선교 사역의 실패는 나에게 말할 수 없는 타격을 안겨 주었고, 사역을 더 할 수 없을 정도로 절망감을 안겨 주었다."

그러나 그는 한 선교사들의 기도 모임에서 성령의 충만함을 받고, 회개하는 마음을 받았다. 이와 같은 상황에서 하디가 8월 처음에는 선교사들 앞에서, 그리고 주일 오전 예배 때 자신이 시무하는 교회의 한국인들 앞에서 공개적으로 "교만, 심령의 강퍅함, 그리고 믿음의 부족" 등 자신의 죄악을 낱낱이 털어놓으며 눈물로 참회하고 회개했던 것이다. 하디의 말을 직접 빌린다면 "성령이 내게 오셨을 때 그의 첫 요구는 나의 선교사 생활의 대부분을 함께 보냈던 선교사들 앞에서 나의 실패와 그 실패의 원인을 시인하게 하시는 것이었다. 그것은 고통스럽고 굴욕적인 경험이었다."

그러나 그가 성령의 충만함을 깨달은 후 그 첫 주일 아침 원산감리교회 회중 앞에 서서 부끄럽고 당황한 얼굴로 그의 교만, 심령의 강퍅함, 그리고 믿음의 결핍과 또한 이것들이 가져다 준 많은 결과들을 고백하면서 성도들은 처음으로 죄의 확신과 회개가 실제적인 경험 속에서 무엇을 의미하는지를 알게 되었다(《한국 기독교회사》 上, 박용규 지음, 생명의말씀사, 제15장 원산 부흥 운동).

요한복음 3:19-21 (개역개정)

19. 그 정죄는 이것이니 곧 빛이 세상에 왔으되 사람들이 자기 행위가 악하므로 빛보다 어둠을 더 사랑한 것이니라

20. 악을 행하는 자마다 빛을 미워하여 빛으로 오지 아니하나니 이는 그 행위가 드러날까 함이요

21. 진리를 따르는 자는 빛으로 오나니 이는 그 행위가 하나님 안에서 행한 것임을 나타내려 함이라 하시니라.

하나님을 사랑하는 사람들은 죄를 빛 가운데 드러냅니다. 빛 되신 진리(하나님, 예수님)를 더 사랑하기 때문입니다. 반면 위에서 언급했던 사울은 똑같이 죄를 지어도 하나님 앞과 사람들 앞에 자기의 죄를 드러내지 못합니다. 계속 숨기려고 하고, 혼자 해결하려고 노력합니다. 하나님을 깊이 사랑하는 마음이 없기 때문입니다. 그는 자신을 위해 하나님의 일을 했습니다(참고. 사무엘상 28장 전체).

제가 어린 시절에 신앙생활을 같이 하던 친구가 있었습니다. 유치원, 초등학교, 중학교까지 신앙생활을 같이 잘하다가 이 친구가 고등학교를 가더니 신앙생활을 안 하는 것이었습니다. 그리고 저를 조금 멀리하는 모습을 보였습니다. 고등학교 2학년 때쯤인가? 그의 집 근처 버스 정류장에서 그를 만났습니다. 그 친구는 나에게 말하기를, 지금 내가 교회에서 너무 멀리 와서(술도 마시고, 담배도 피고) 하나님 앞과 사람들 앞에서 창피해서 교회에 다시 가기가 미안하여 교회에 못 가겠다는 것입니다. 그래서 알았다고 하고는 헤어졌습니다. 그리고 그 친구를 다시는 교회에서 보지 못했습니다.

지금 와서 생각해 보면 그 친구는 하나님과 교회분들에게 미안한 것이 아니라, 새로 사귄 고등학교 친구들이 더 좋았던 것입니다. 하나님을 더 사랑한다면 다윗처럼 깊이 회개하고 주님 앞에 돌아오는 것입니다. 그 길만이 살길입니다.

우리 마음이 컵이라고 한다면 더러운 것을 계속 닦아 내려고 한다고 해도 또다시 더러워집니다. 성령의 물로 다시 채울 때 더 이상 더러워지지 않는 것입니다. 저도 어린 시절부터 지금까지 수없이 많이, 죄 가운데서 마음이 어려울 때 예배드리러 가기가 그렇게 싫었습니다. 계속 마귀가 죄 가운데, 마음이 눌려 있는 상태로 있으라고 유혹하는 것입니다. 그럼에도 불구하고 성령의 인도에 따라 예배 가운데 있을 때에, 생각지도 못했던 한 구절의 말씀이나 찬양의 한 소절이 눌려 있고 힘들어 하던 내 영혼을 다시 살려내는 경험을 여러 번 했습니다. 혹시 여러분도 자주 죄 가운데 눌려서, 마음이 우울한 가운데 살고 계십니까? 유일한 길은 주님 앞에 나오는 것입니다. 다시 빛 가운데로 회복되는 것입니다. 여러분의 마음이 어려운 가운데 다시 소생케 되도록 주의 공동체로 내딛는 발걸음을 상상해 봅니다. 그 걸음에 성령님이 도우시길 간절히 소망해 봅니다.

이러한 하나님을 깊이 사랑하는 다윗의 모습은 자연스럽게 이웃을 사랑하는 모습으로 나타나게 됩니다. 하나님의 마음을 품은 사람은 원수 같은 사람도 용서하고 품을 수 있는 것을 보여주게 됩니다. 특별히 다윗이 사울을 2번씩이나 죽일 수 있는 기회가 있음에도 살려 주는 모습은 그가 얼마나 하나님을 사랑해서 하나님의 사람을 귀하게 생각했는지 묵상하게 합니다. 흥미로운 점은 그 일에 감동받은 사울은 그 때에는 다윗에게 잘못을 고백하고 뉘우치는 것 같지만 돌아서면 그뿐이라는 것입니다. 마음 중심에 하나님을 향한 마음이 없기 때문입니다.

사무엘상 24:10 (개역개정)

오늘 여호와께서 굴에서 왕을 내 손에 넘기신 것을 왕이 아셨을 것이니이다 어떤 사람이 나를 권하여 왕을 죽이라 하였으나 내가 왕을 아껴 말하기를 나는 내 손을 들어 내 주를 해하지 아니하리니 그는 여호와의 기름 부음을 받은 자이기 때문이라 하였나이다.

사무엘상 26:11 (개역개정)

내가 손을 들어 여호와의 기름 부음 받은 자를 치는 것을 여호와께서 금하시나니 너는 그의 머리 곁에 있는 창과 물병만 가지고 가자 하고.

이뿐 아니라 자기를 저주한 사울의 친족 시므이도 쉽게 죽일 수 있었는데도 용서해 주고 떠나게 해줍니다. 원수 갚는 것은 하나님께 맡깁니다. 그것이 하나님이 기뻐하시는 일이라는 것을 알고 있기 때문입니다.

사무엘하 16:11-12 (개역개정)

11. 또 다윗이 아비새와 모든 신하들에게 이르되 내 몸에서 난 아들도 내 생명을 해하려 하거든 하물며 이 베냐민 사람이랴 여호와께서 그에게 명령하신 것이니 그가 저주하게 버려두라

12. 혹시 여호와께서 나의 원통함을 감찰하시리니 오늘 그 저주 때문에 여호와께서 선으로 내게 갚아 주시리라 하고.

로마서 12:19 (현대인의성경)

사랑하는 여러분, 여러분이 직접 복수하지 말고 하나님께 맡기십시오. 성경에는 "원수 갚는 것은 나의 일이다. 내가 갚아 주겠다"라

고 기록되어 있습니다.

그 밖에도 사울과 요나단이 죽은 후 요나단의 아들인 두 발에 장애가 있는 므비보셋에게 사울의 땅도 돌려 주고, 항상 같은 테이블에서 식사를 할 수 있도록 배려하는 다윗의 모습(삼하 9:1-13)은 따뜻한 하나님의 사랑을 생각나게 합니다.

다윗은 정말로 하나님을 사랑하고, 그 마음이 하나님을 닮아 원수까지 품어 주는 마음을 보였습니다. 왜 하나님이 다윗을 그토록 흡족히 여기고, 다윗 후대의 여러 가지 잘못에도 불구하고 다윗 왕의 가문을 보존시켜 주셨는지 깨닫게 됩니다. 하나님께서는 다윗에게 그 가문과 나라가 영원히 보존되겠다는 언약을 주십니다. 그래서 그 이후에 그의 후손이 잘못을 많이 범함에도 불구하고 북이스라엘의 왕권이 많이 교체된 것과는 달리, 남유다의 왕권은 다윗의 혈통으로 끝까지 이어져 가는 것을 역사를 통해 확인할 수 있습니다.

사무엘하 7:13-16 (개역개정)

13. 그는 내 이름을 위하여 집을 건축할 것이요 나는 그의 나라 왕위를 영원히 견고하게 하리라

14. 나는 그에게 아버지가 되고 그는 내게 아들이 되리니 그가 만일 죄를 범하면 내가 사람의 매와 인생의 채찍으로 징계하려니와

15. 내가 네 앞에서 물러나게 한 사울에게서 내 은총을 빼앗은 것처럼 그에게서 빼앗지는 아니하리라

16. 네 집과 네 나라가 내 앞에서 영원히 보전되고 네 왕위가 영원히 견고하리라 하셨다 하라.

이 말씀에 따라 다윗은 하나님의 성전을 짓기를 원했습니다. 하지만 하나님께서 원하시는 것은 다윗이 그의 성을 짓고, 왕위를 튼튼히 하는 것이었습니다. 다윗의 왕조는 영원히 계속되는 것입니다(시 89:33-37). 예레미야는 또 낮과 밤이 변함이 없도록 하나님이 만드신 것과 같이 다윗의 왕조가 영원할 것을 말씀하십니다(렘 33:17-26).

그러나 다윗 언약은 조건이 있었습니다. 그것은 후대의 자손들이 다윗과 같이 하나님을 사랑하고 하나님의 율례와 법도를 지키는 일이었습니다.

열왕기상 9:4-5 (개역개정)

4. 네가 만일 네 아버지 다윗이 행함같이 마음을 온전히 하고 바르게 하여 내 앞에서 행하며 내가 네게 명령한 대로 온갖 일에 순종하여 내 법도와 율례를 지키면

5. 내가 네 아버지 다윗에게 말하기를 이스라엘의 왕위에 오를 사람이 네게서 끊어지지 아니하리라 한 대로 네 이스라엘의 왕위를 영원히 견고하게 하려니와.

더욱이 역대상・하에서는 역사 자체를 다윗을 중심으로 쓰고 있습니다. 역대기에서 다윗은 하나님을 경외하는 이상형으로, 포로 이후 공동체가 바라고 기다리던 메시아상으로 묘사됩니다. 다윗이 보여주었던 모범적인 왕권은 신정 정치를 바라고 소망하게 하며, 그리스도를 소망하게 합니다. 언젠가 다윗 자손의 왕이 오시면 하나님께서 말씀하신 언약의 모든 사항을 행하실 것이고, 영원한 통치를 실

현하실 것입니다.

다윗과 후대 다윗 왕조에 제시된 은혜에 근거한 영원한 언약은 바로 다윗의 자손으로 불리는 그리스도의 오심에 있습니다. 그래서 신약의 첫 번째 복음서인 마태복음은 이렇게 시작합니다.

마태복음 1:1 (개역개정)

아브라함과 다윗의 자손 예수 그리스도의 계보라.

다윗 왕에게 약속한 영원한 언약은 아브라함과 모세에게 약속한 언약의 완결을 소망하게 하는 것입니다. 예수 그리스도는 다윗의 24대 후손으로 하나님께서는 혈통적으로도 다윗에게 그 언약을 지키셨고, 영적인 의미에서는 예수 그리스도를 통해 구원을 받은 하나님의 자녀들이 영원한 하나님의 통치를 받는 하나님 나라를 소망하게 하는 것입니다.

이렇게 다윗의 언약은 다윗의 자손 그리스도의 왕 되심을 예언하고 있는 것입니다.

에스겔 37:24-27 (현대인의성경) (에스겔을 통해 예언하는 하나님)

24. "내 종 다윗과 같은 왕이 그들의 왕이 될 것이며 그들은 다 한 목자 아래서 내 법과 규정을 따르고 지킬 것이다.

25. 그들은 내가 내 종 야곱에게 준 땅, 곧 그 조상들이 살던 땅에 자손 대대로 살 것이며 내 종 다윗과 같은 왕이 영원히 그들을 다스릴 것이다.

26. 내가 그들과 평화의 계약을 맺겠다. 그것이 영원한 계약이 될

것이다. 그리고 내가 그들을 견고하게 하며 번성하게 하고 그들 가운데 내 성소를 영원히 세워 두겠다.

27. 내 처소가 그들과 함께 있을 것이며 나는 그들의 하나님이 되고 그들은 내 백성이 될 것이다.

마태복음 21:9 (개역개정) (예수님이 예루살렘에 입성하실 때 이스라엘 유대인들의 찬양)

앞에서 가고 뒤에서 따르는 무리가 소리 높여 이르되 호산나 다윗의 자손이여 찬송하리로다 주의 이름으로 오시는 이여 가장 높은 곳에서 호산나 하더라.

요한계시록 22:16 (개역개정) (마지막 계시의 말씀 중에 예수님의 확언)

나 예수는 교회들을 위하여 내 사자를 보내어 이것들을 너희에게 증거하게 하였노라 나는 다윗의 뿌리요 자손이니 곧 광명한 새벽별이라 하시더라.

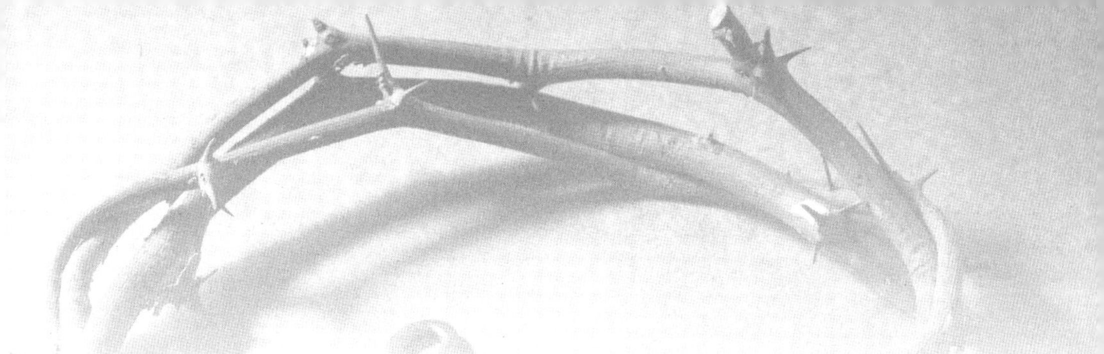

10

구약 언약에 대한 인간의 한계와 새로운 소망

이번 장에서는 구약의 언약에 대해 정리해 보는 시간을 가지려고 합니다.

그전에 다윗 왕 이후의 역사에 관해 간단하게 정리해 보도록 하겠습니다. 다윗 왕 이후의 역사에 대해 더 깊이 알고 싶으신 분들은 성경 열왕기하, 역대하를 보시면 됩니다.

다윗이 이스라엘을 40년 동안 통치할 때 가장 강한 나라가 되었는데, 다윗의 아들 솔로몬이 통치할 때 그는 다윗을 본받아 처음에는 나라를 잘 다스렸습니다. 다윗을 좇아 기브온에서 일천 번제도 드렸습니다. 일천번제란 제물을 한 번, 두 번 드리는 것이 아니고 천 마리의 제물을 한꺼번에 드리는 것을 말하는 것입니다.

솔로몬은 하나님을 잘 섬기기 위해 일천 번제의 제물로 하나님께

드렸는데 하나님은 그런 솔로몬을 너무 기뻐하고 감동하셨습니다. 그래서 솔로몬의 꿈에 나타나셔서 "솔로몬아, 솔로몬아, 내가 네게 무엇을 줄까. 내게 구하라"라고 말씀하셨습니다.

솔로몬은 아무것도 구하지 아니하고 지혜를 구했습니다.

장수라든지 원수가 멸망하는 것을 구하지 않고 왕위에서 오래 통치하는 것도 구하지 않고 지혜를 구했습니다. 그러자 하나님은 그것도 마음에 들어서 지혜를 주실 줄 뿐만 아니라 지혜 이외에 부귀영화를 극에 달하도록 허락해 주셨습니다. 모든 사람이 갈망하고 원하는 것을 하나님께서는 솔로몬에게 다 안겨 주신 것입니다. 하나님께서 이렇게 하신 이유가 있었습니다.

모든 후손들이 솔로몬을 보고 교훈을 받게 하려 한 것이었습니다. 세상 사람들이 구하는 것이 아니라 하나님께서 원하는 것을 구할 때 그분께서는 다른 모든 것도 더하여 주신다는 것을 솔로몬을 통해 보여주신 것입니다.

지혜도 주시고 부귀 영화도 주셨습니다. 그러나 부귀 영화가 극에 달하자 솔로몬이 감당하지 못하게 됩니다. 율법에는 이방 사람과 혼인을 못하게 했는데, 솔로몬은 당시 이방 나라였던 모압이나 암몬에서 예쁜 여인들을 데려다가 아내와 후궁으로 삼았습니다. 그 여인들의 숫자가 무려 1,000명이나 되었습니다. 솔로몬이 하룻밤에 한 여자에게만 심방해도, 여인들이 1천 명이니까 3년이 지나야 전체 후궁에게 심방할 수가 있는 것입니다.

솔로몬의 부귀가 어느 정도였냐면, 그가 사용하는 그릇들 중 은그릇은 천해서 사용하지도 않고 금그릇으로만 사용할 정도로 눈에 보이는 대로 마음 내키는 대로 다 해보았다는 것입니다.

너무 지혜가 뛰어나고 주변의 좋은 여건과 환경을 주시니 솔로몬은 그것을 하나님을 위해 사용하지 않고, 자기 자신을 위해 사용합니다. 솔로몬은 성전을 지었습니다. 7년 동안 성전을 지었습니다. 그러나 그것의 4배 규모로 13년 동안이나 자기 왕궁을 지었습니다('구약의 파노라마' 이재학 목사 강의 참조).

그러나 안타까운 일은 이방 여인들이 왕궁에 들어올 때 우상 신상을 가지고 들어오게 됩니다. 우상을 가지고 와서 솔로몬의 마음을 유혹하고 미혹시켜 이 후궁들이 제사를 드릴 때 자기 남편인 솔로몬을 데리고 가서 제사에 참여하게 합니다. 우상을 숭배하고 우상의 제사에 참여함으로 죄를 짓게 되니 나라 전체에 우상이 많아지게 된 것입니다.

그래서 하나님은 솔로몬을 괘씸히 여기시지만 다윗과의 언약을 기억하셔서 솔로몬 때는 그냥 두시고 솔로몬의 아들 르호보암 때에 결국은 나라가 둘로 갈라지게 됩니다. 열두 지파 가운데서 열 지파가 북쪽 이스라엘 나라를 형성하게 됩니다. 여로보암 왕이 그 지역을 지배하게 되고, 남쪽은 유다 지파와 베냐민 지파 두 지파만 유다라는 나라를 형성하게 됩니다.

여로보암은 북쪽 여로보암이 통치할 때 자기가 다스리는 백성들이 남쪽 예루살렘에 가서 제사를 못 드리게 하기 위해 단과 벧엘에 금송아지를 만들어 놓고 이것이 너희가 섬길 하나님이라며 금송아지를 숭배하도록 조장합니다.

하나님이 기뻐하셨을까요? 당연히 기뻐하지 않으셨습니다. 나라 전체가 우상으로 가득 차고 남쪽 유다 르호보암 왕도 자기 아버지(솔로몬)을 본받아서 우상 숭배를 하니까 양쪽 나라가 다 하나님을 떠나고 우상 숭배를 하며 죄를 짓게 되었습니다. 왕들이고 제사장들이고 선지자들이고 전부 죄악 가운데 빠진 것입니다.

그래서 결국 양쪽 나라에 왕들이 다스리다가(북이스라엘 19명의 왕, 남유다 20명의 왕) 주전 722년에 북쪽 이스라엘이 앗수르에 포로로 잡히게 됩니다.

남쪽 유다 백성은 주전 586년에 바벨론에 포로로 잡혀가게 되고 예루살렘 성전이 함락됩니다. 이스라엘 전체가 완전히 망하게 된 것입니다. 이 일은 결국 다윗에게 약속했던 언약 중에 솔로몬에게 경고하셨던 부분을 이루시는 것입니다.

열왕기상 9:6-7, 9 (개역개정)

6. 만일 너희나 너희의 자손이 아주 돌아서서 나를 따르지 아니하며 내가 너희 앞에 둔 나의 계명과 법도를 지키지 아니하고 가서 다른 신을 섬겨 그것을 경배하면

7. 내가 이스라엘을 내가 그들에게 준 땅에서 끊어버릴 것이요 내 이름을 위하여 내가 거룩하게 구별한 이 성전이라도 내 앞에서 던져버리리니 이스라엘은 모든 민족 가운데에서 속담거리와 이야깃거리가 될 것이며

9. 대답하기를 그들이 그들의 조상들을 애굽 땅에서 인도하여 내신 그들의 하나님 여호와를 버리고 다른 신을 따라가서 그를 경배하여 섬기므로 여호와께서 이 모든 재앙을 그들에게 내리심이라 하리라 하셨더라.

솔로몬에게 주셨던 지혜와 부귀함이 오히려 독약처럼 되었습니

다. 왕권 초기 때 그렇게 하나님 앞에 신실하던 사람이 나중에 하나님을 버림으로 또 그 후손들이 솔로몬을 본받아 하나님을 마음에 품지 않으므로 이스라엘은 아주 망한 것처럼 느껴지는 것입니다.

처음에 하나님을 아주 잘 섬기다가 하나님 앞에 멀리하게 되는 것은 청교도 정신으로 세워진 미국이 현재 소수의 신실한 크리스천만 남은 일들을 생각하게 합니다. 또한 한국을 보면 일제 치하, 6 · 25 한국전쟁 등 어려웠던 시대 가운데에서도 1907 평양 대부흥, 말씀 사경회 등으로 영적 생명력이 넘쳤습니다. 그 후 크리스천들이 경제의 발달로 말미암아 대학생들의 교회 출석률이 2-3%에 이르는 지금의 안타까운 현실을 돌아보게 합니다. 솔로몬이 주는 아주 무서운 교훈은 아무리 신실한 기독교 가정이라 해도, 또 과거에 내가 아무리 하나님을 잘 섬겼다 해도, 현재 내 마음의 주인이 예수님이 아니라면 아무 소용 없다는 것입니다. 그리고 그러한 솔로몬의 죄악은 후대에 우상 숭배를 하는 빌미를 남겨 주게 됩니다. 그러나 하나님은 다윗의 왕조를 영원까지 이루신다는 언약을 기억하십니다.

사무엘하 7:14-16 (개역개정)

14. 나는 그에게 아버지가 되고 그는 내게 아들이 되리니 그가 만일 죄를 범하면 내가 사람의 매와 인생의 채찍으로 징계하려니와

15. 내가 네 앞에서 물러나게 한 사울에게서 내 은총을 빼앗은 것처럼 그에게서 빼앗지는 아니하리라

16. 네 집과 네 나라가 내 앞에서 영원히 보전되고 네 왕위가 영원히 견고하리라 하셨다 하라.

민수기 23:19-21 (개역개정)

19. 하나님은 사람이 아니시니 거짓말을 하지 않으시고 인생이
아니시니 후회가 없으시도다 어찌 그 말씀하신 바를 행하지 않으시
며 하신 말씀을 실행하지 않으시랴
20. 내가 축복할 것을 받았으니 그가 주신 복을 내가 돌이키지 않
으리라
21. 야곱의 허물을 보지 아니하시며 이스라엘의 반역을 보지 아
니하시는도다 여호와 그들의 하나님이 그들과 함께 계시니 왕을 부
르는 소리가 그중에 있도다.

이스라엘의 왕조가 끊어지고 이방 나라의 종으로 고생하던 약 400년 후에 하나님께서는 예수 그리스도를 이 땅에 보내심으로 완전히 새로운 언약을 만들어 내십니다.

그러면 지금까지의 내용을 한번 정리해 보도록 하겠습니다.

사랑의 하나님은 사랑의 대상자로 인간을 만드셨습니다. 그리고 그분은 사람과 친밀한 사랑의 교제를 나누고, 사람들이 번성하여 하나님의 성품을 마음껏 드러내며 살기를 원하셨습니다. 그리고 첫 언약으로 아담과 하와에게 선악과를 말씀하셨습니다. 선악과는 하나님의 권위와 순종에 대한 상징입니다. 그러나 아담과 하와가 선악과를 따 먹음으로 인해, 최초로 죄(불순종)가 발생했습니다.

그러자 인간이 범죄하자마자 하나님께서는 구원에 관한 계획을 세우십니다. 그래서 가죽옷이나 아벨의 제사, 노아의 보존의 언약 등을 통해 하나님의 구원에 계획에 대한 하나님의 마음을 엿볼 수

있습니다.

어떤 신학자는 하나님은 인간이 죄를 지을 것을 알면서도, 선악과를 통한 처음의 언약을 체결하셨다고 말합니다. 인간의 타락과 예수 그리스도를 통한 구속 없이는 하나님이 얼마나 사람을 사랑하시는지 표현되지 않기 때문입니다. 우리의 제한된 지식으로 하나님의 마음을 다 깨달을 수는 없지만 통찰력 있는 말씀입니다.

하나님께서 아브라함에게 "너의 후손이 번창하고, 또 너를 통해 모든 후손이 복받을 것이다"라고 말씀하신 것은 그의 씨를 통한 예수 그리스도의 나타나심과 구원을 말씀하시는 것입니다. 또한 애굽에서의 고난과 출애굽, 가나안에 가는 과정까지 언약 내용으로 주신 것(창 15:15-16)은 사실상 하나님께서 인간의 구원 전 과정을 미리 계획하신 것입니다.

이스라엘 백성이 애굽에 종살이를 한 것은 죄악 가운데서 마귀에게 붙잡혀 사는 것을 가리키며, 유월절 어린양의 피로 힘입어 탈출하는 것은 예수를 믿음으로 구원받는 것을 가리킵니다. 홍해를 건는 것은 세례 받는 것에 비유될 수 있고, 광야 40년의 생활은 우리 인간이 이 땅에 사는 육신의 삶을 가리킵니다. 우리가 흔히 장례식장에서 부르는 찬송가 "요단강 건너편에"가 의미하는 것과 같이, 요단강은 죽음을 의미하고, 가나안 땅은 우리가 영원히 사모할 천국을 가리킵니다. 모세의 율법은 언약의 하나님께서 자신의 기준(의로움, 거룩함, 하나님의 성품)을 전체 이스라엘에게 교훈하시는 것이며, 다윗에게 한 언약은 왕으로 오실 예수 그리스도의 통치를 말씀하고 있습니다.

이렇듯 하나님의 구약의 언약은 인간을 다시 구원시키기 위한 하나님의 섭리였습니다. 그러나 모세의 언약(십계명)으로 대표되는 구약의 언약은 인간의 입장에서 볼 때 문제가 있었습니다. 이 구약의 언약, 선악과에서 모세 율법에 이르기까지 모두 하나님의 율례와 법도를 온전히 순종하는 것을 축복의 기준으로 주셨다는 것입니다.

우리 인간이 순종의 행동으로 지켜야만 하나님의 약속과 축복을 받을 수 있다는 것입니다. 그런데 사람들은 하나님의 특별한 섭리로 은혜를 입은 노아와 아브라함, 모세, 다윗과 몇몇 구약의 인물들을 빼놓고는 그 마음 중심이 하나님을 향해 가고 있지 않았기 때문에, 그 율례와 법도를 지킬 수가 없었습니다.

하나님은 이스라엘 백성들이 하나님을 향한 마음이 없기 때문에 못 지킬 것을 알면서도 이 언약의 율례와 그 율법을 주신 것입니다. 그 이유로는 세 가지가 있습니다.

로마서 3:20 (개역개정)

그러므로 율법의 행위로 그의 앞에 의롭다 하심을 얻을 육체가 없나니 율법으로는 죄를 깨달음이니라.

율법은 죄를 깨닫게 하기 위해서 주었다는 것입니다. 율법이 없을 때에는 죄를 죄로 여기지 아니하였습니다. 에덴 동산에서부터 하나님은 인간에게 자유를 너무 많이 주셨기 때문에 죄에 대한 규정이 없었습니다. 다른 말로 하면 모세 편에서 잠깐 언급한 대로, 하나님은 본인의 거룩한 성품을 이스라엘 백성들이 닮기 원하셨습니다. 그래서 몇몇 믿음의 선조들에게 말씀하셨던 하나님은 모세를 통해 이스라엘 전체에게 하나님의 의의 기준과 거룩함의 기준을 모세의 율법(시민법과 제사법과 도덕법)을 통해서 주신 것이었습니다.

베드로전서 1:15-16 (개역개정)

15. 오직 너희를 부르신 거룩한 이처럼 너희도 모든 행실에 거룩
한 자가 되라

16. 기록되었으되 내가 거룩하니 너희도 거룩할지어다 하셨느
니라.

〈율법의 십계명〉

제일은 너는 나 외에는 다른 신들을 네게 두지 말라.

제이는 너를 위하여 새긴 우상을 만들지 말고

제삼은 너는 네 하나님 여호와의 이름을 망령되게 부르지 말라.

제사는 안식일을 기억하여 거룩하게 지키라.

제오는 네 부모를 공경하라.

제육은 살인하지 말라.

제칠은 간음하지 말라.

제팔은 도둑질하지 말라.

제구는 네 이웃에게 거짓 증거하지 말라.

제십은 네 이웃의 집을 탐내지 말라.

이러한 규정이 없었다면 우리 인간이 어떤 것이 의로운 것인지에 대한 기준이 없으니까 하나님이 죄에 대한 기준으로 이 십계명을 율례와 법도로 주신 것입니다. 문제는 이것을 지키지 못하는 것이 곧 죄를 짓는 것이기 때문에 우리 인간은 죽을 수밖에 없게 된 것입니다.

야고보서 1:15 (개역개정)

욕심이 잉태한즉 죄를 낳고 죄가 장성한즉 사망을 낳느니라.

성경은 인간이 처음 죄를 지었을 때부터 마귀가 지배하여 마음 자체가 부패하고 타락했다고 말씀하고 있습니다.

예레미야 17:9 (개역개정)

만물보다 거짓되고 심히 부패한 것은 마음이라 누가 능히 이를 알리요마는.

마태복음 15:11, 19 (개역개정)

11. 입으로 들어가는 것이 사람을 더럽게 하는 것이 아니라 입에서 나오는 그것이 사람을 더럽게 하는 것이니라.

19. 마음에서 나오는 것은 악한 생각과 살인과 간음과 음란과 도적질과 거짓 증언과 비방이니 이런 것들이 사람을 더럽게 하는 것이요.

근본적으로 죄가 있고 마귀의 지배를 받는 부패한 사람은 외부에서 들어온 이 율법을 지키려고 해도 인간의 힘으로 지킬 수 없습니다.

그러나 하나님의 언약의 기준으로 볼 때 못 지키는 그 자체가 죄가 됩니다. 율법을 지키고자 하면 마음 중심이 하나님께 있지 않고, 마귀의 지배 아래 있기 때문에 지킬 수가 없게 되고, 죄를 짓게 되는 것입니다. 그 죄의 결과로 저주를 받게 되는 것입니다. 우리가 지키려 하면 할수록 더 지키지 못하고 죄 가운데, 저주 아래 놓여 있다는 현실을 깨닫게 하는 것이 율례와 법도를 주신 두 번째 목적입니다.

> 갈라디아서 3:10 (개역개정)
>
> 무릇 율법 행위에 속한 자들은 저주 아래에 있나니 기록된 바 누구든지 율법책에 기록된 대로 모든 일을 항상 행하지 아니하는 자는 저주 아래에 있는 자라 하였음이라.

세 번째 십계명은 우리에게 몽학 선생과 같은 역할을 합니다. 몽학 선생은 유대인들 가정에 율법을 가르쳐 주던 성경 교사와 같은 사람이었습니다. 성경 교사로 인해서 아이들은 하나님의 법과 성품을 알 수 있었습니다.

하나님은 구약 백성들이 하나님의 율법을 완전히 지킬 수는 없다는 것을 알면서도 이 율법을 주셨습니다. 율법은 바로 우리가 죄 때문에 하나님께 나아갈 수 없으며 하나님께 나아가려면 은혜가 필요하고 우리의 죄 때문에 하나님과 우리가 이렇게 멀어졌다는 것을 깨닫게 하는 인도자의 역할을 하는 것입니다. 그래서 십계명은 우리에게 예수님이 필요할 수밖에 없다는 인도자의 역할을 하는 것입니다.

> 갈라디아서 3:24 (개역개정)
>
> 이같이 율법이 우리를 그리스도께로 인도하는 초등 교사가 되어 우리로 하여금 믿음으로 말미암아 의롭다 함을 얻게 하려 함이라.

구약의 언약은 인간이 하나님의 기준에 맞추어 순종해야만 하나님의 축복의 약속들을 받을 수 있는데, 결국 깨닫는 것은 인간의 행함으로는 구원을 얻을 수 없다는 것입니다.

하나님의 거룩함의 기준, 죄의 기준을 깨닫고, 이 율법을 지키려고 하면 할수록 못 지키고 죄를 짓게 됩니다. 그래서 결국 이 율법은 우리 마음에 예수가 필요하다는 것을 깨닫는 것입니다.

성경의 중심은 하나님과 사람이 아버지와 자녀의 관계라고 말씀드렸습니다. 이 자녀가 아버지에게 죄를 지어서 아버지와 관계가 끊어졌습니다(죄의 결과). 아버지는 "네가 나와 다시 교제하기 위해 내가 중요하게 생각하는 기준이 뭔지 알려 주마" 하고 이것저것 중요한 것을 말씀하셨습니다(율법의 언약). 그러나 자녀는 이것이 중요하다는 것을 잘 알면서도 자기가 지은 죄 때문에 이것을 잘 지키지 못했습니다(구약의 율법 언약 안에서의 인간의 한계성). 그래서 아버지는 이 죄를 먼저 치유해야겠다고 생각하고 죄를 완전히 용서해 주고 치유해 줄 방법을 찾습니다(신약 새 언약으로 필요). 그 문제가 해결되어야만 자연스럽게 자녀와 다시 관계가 회복되기 때문입니다.

예레미야는 요시야 왕 13년에 활동을 시작하여(B.C. 627년), 바벨론에 의해 예루살렘이 함락된 B.C. 587년 이후 얼마 동안까지 선지자 역할을 감당했습니다. 그는 남유다가 몰락해 가는 쇠퇴기에 유다와 예루살렘이 망하게 될 것이라는 것을 전해야 하는 슬픈 선지자였습니다. 유다의 죄악을 바라보며 유다가 망할 것을 알려야 하는 예레미야는 눈물의 선지자로 불렸습니다. 하도 마음이 아파서 너무 많이 울었기 때문입니다. 그러나 하나님께서는 예레미야에게 이스라엘과 유다의 회복에 대해서 말씀하십니다. 이스라엘이 계속 죄를 지을 수밖에 없는 근본적인 문제를 해결하시겠다는 것입니다.

예레미야 31: 31-33 (개역개정)

31. 여호와의 말씀이니라 보라 날이 이르리니 내가 이스라엘 집
과 유다 집에 새 언약을 맺으리라
32. 이 언약은 내가 그들의 조상들의 손을 잡고 애굽 땅에서 인도
하여 내던 날에 맺은 것과 같지 아니할 것은 내가 그들의 남편이 되
었어도 그들이 내 언약을 깨뜨렸음이라 여호와의 말씀이니라
33. 그러나 그날 후에 내가 이스라엘 집과 맺을 언약은 이러하니
곧 내가 나의 법을 그들의 속에 두며 그들의 마음에 기록하여 나는
그들의 하나님이 되고 그들은 내 백성이 될 것이라 여호와의 말씀이
니라.

애굽 땅에서 인도하여 내던 날에 맺은 것은 모세 언약을 가리킵니다. 지킬 수 없는 것을 아시는 하나님이 우리 마음속에 법과 기준을 기록하신다는 것입니다.

에스겔도 이스라엘이 포로로 잡힌 지 5년째 되는 해인 B.C. 593년에 부르심을 받아 이스라엘의 죄와 주변 여러 나라들에 대한 하나님의 예언과 환상을 선포했습니다. 이 에스겔서에도 하나님이 우리 마음 근본을 바꿔 버리시겠다는 메시지를 주십니다.

에스겔 11:19-20 (개역개정)

19. 내가 그들에게 한 마음을 주고 그 속에 새 영을 주며 그 몸에
서 돌 같은 마음을 제거하고 살처럼 부드러운 마음을 주어

20. 내 율례를 따르며 내 규례를 지켜 행하게 하리니 그들은 내 백성이 되고 나는 그들의 하나님이 되리라.

에스겔 37:13-14 (개역개정)

13. 내 백성들아 내가 너희 무덤을 열고 너희로 거기에서 나오게 한즉 너희는 내가 여호와인 줄을 알리라

14. 내가 또 내 영을 너희 속에 두어 너희가 살아나게 하고 내가 또 너희를 너희 고국 땅에 두리니 나 여호와가 이 일을 말하고 이룬 줄을 너희가 알리라 여호와의 말씀이니라.

특별히 에스겔에게는 37장에서 골짜기의 마른 뼈 환상을 주십니다. 마른 뼈는 바벨론에 포로로 있는 이스라엘 민족을 말합니다. 마른 뼈처럼 소생할 가능성이 전혀 없는 이 민족에게 하나님의 영을 그 속에 주신다는 것입니다. 하나님께서는 이스라엘의 근본적인 문제를 너무나 잘 알고 있었습니다. 마귀의 지배 아래 있는 그 부패한 마음 때문에 하나님의 율례와 법도를 지키려고 해도 도저히 지킬 수가 없는 그 문제를 하나님은 아십니다. 예수 그리스도를 통해서 그 마음 가운데 하나님의 새 영을 주시겠다는 것입니다. 영혼을 되살리시겠다는 하나님의 사랑을 선지자들을 통해 말씀하시는 것입니다.

결국 구약의 가르침에서 우리에게 중요한 것은 우리의 마음 가운데 예수 그리스도가 필요하다는 것을 깨닫고, 마음 가운데 오실 예수 그리스도를 새롭게 소망하는 일입니다.

그래서 목사님들이 구약의 율법에 관해 설교할 때 단순히 "부모를 공경하라, 안식일을 거룩하게 지키라"고 설교하면 안 되는 것입

니다. 《Jesus All》의 저자 튤리안 차비진은 이렇게 말합니다.

> 설상가상으로 교회의 가르침과 설교가 자기 우상 숭배를 더욱 부추긴다. 오늘날 수많은 설교가 알게 모르게 도덕주의를 퍼뜨리고 있다. 요즘 이런 설교가 너무도 많다. "조금만 더 열심히"라는 말이 후렴구처럼 끊임없이 반복된다. 이런 설교는 우리를 자꾸만 성과 위주의 그리스도인의 삶으로 몰아간다. 수많은 설교자가 '복음'(예수님이 해주신 일)은 전하지 않고 입만 열면 '율법'(우리가 해야 할 일) 타령이다. 세상은 우리 자신이 커질수록 더 자유로워진다고 말한다. 현대 교회는 이런 교만한 세상 문화를 여과 없이 받아들여 "당신은 할 수 있다"라는 식의 노래와 설교로, 예배를 마치 자기 계발 세미나처럼 변질시켰다(《Jesus All》, 튤리안 차비진, p. 61).

왜냐하면 그 마음에 예수 그리스도가 있는 사람만이 율법을 지킬 수 있는데 우리 힘으로 하나님이 주신 율법과 도덕을 지킬 수 있고 할 수 있다는 듯이 말한다는 것입니다.

> 에베소서 6:1 (개역개정)
>
> 자녀들아 주 안에서 너희 부모에게 순종하라 이것이 옳으니라.

우리는 '주 안에서'라는 말에 주목해야 합니다. 우리 인간의 마음으로는 부모를 공경할 수 없습니다. 주님의 마음을 가질 때, 하나님의 사랑이 우리 가운데 자라고 열매 맺어서 부모에게 순종할 수 있게 되는 것입니다.

이것이 바로 예수 그리스도를 통한 새 언약입니다. 하나님이 죄의 문제를 근본적으로 해결하시고자 하시는 의지가 바로 새 언약입니다. 그래서 구약의 언약은 예수 그리스도를 중심으로 볼 때 , 옛 언약이라 할 수 있습니다.

서두에 말씀드린 것처럼 하나님의 언약은 이렇게 중요합니다. 하나님은 인간을 너무나 사랑하셔서 언약을 지키지 못하는 사람들을 위해 계속해서 노아와 모세, 다윗과 같은 하나님의 사람들을 통해 언약을 갱신해 나가시고, 마침내 예수 그리스도를 통해서 영혼의 중심에 언약을 심으려 하시는 것입니다. 옛 언약과 새 언약을 알게 되면 성경을 이해하게 됩니다.

하나님이 구약과 신약을 주신 것은 이 구약과 신약을 예수 그리스도를 중심으로 하나로 묶기 위함입니다. 그러나 구약이라고 해서 오실 예수님을 보여주는 그 정도가 아니라는 것입니다. 구약을 알아야 우리가 왜 창조되었는지, 인간의 타락 과정, 타락하자마자 구원을 계획하시는 하나님의 계획, 그 계획을 이루고자 하시는 하나님의 마음과 그의 마음과 함께한 사람들, 하나님의 거룩함과 죄의 기준, 그것을 지킬 수 없는 인간의 한계와 예수 그리스도를 필요로 하는 인간이 설명되는 것입니다.

옛 언약과 새 언약이 합해져야만 온전한 구원을 설명할 수 있습니다. 다음 장에서는 새 언약으로 오시는 예수 그리스도에 대해서 자세히 알아보겠습니다.

11
새 언약으로 오신 예수 그리스도와 성령

드디어 새 언약의 시대가 되었습니다. 새 언약을 언급하기에 앞서 먼저 언약 자체가 '하나님의 사랑'이라는 것을 기억하시면 좋겠습니다. '하나님의 언약'에 대한 이해는 '사람은 하나님의 사랑하는 자녀'라는 개념과 함께 성경을 이해하는 두 가지 열쇠라고 말씀드렸습니다. 구약에서 하나님의 언약을 가만히 되돌아보면 그것이 '사랑'이었음을 느낍니다. 그리고 한결같이 언약을 맺은 당사자들은 하나님과 동행하고 그의 사랑을 닮아갔습니다. 노아와 언약을 맺을 때 방주는 하나님의 '보존의 언약', 죄악 가운데도 '오래 참음'으로 세상 사람들을 인내하며 참으시는 하나님의 마음을 생각하게 합니다. 아브라함과의 언약에서도 그를 통해 이스라엘 민족을 세우시고, 그의 후손을 통해 모든 민족을 구원하시겠다는 '축복의 언약'이었습니다.

모세에게는 죄악 가운데에서도 하나님의 거룩함을 알려 주시고, 그것을 지켜 행하라고 하나님의 기준과 죄의 기준을 '율법의 언약'을 통해 말씀하셨습니다. 마지막으로 다윗은 다시 오실 예수 그리스도의 왕권을 미리 보여주신 예표였습니다. 노아, 아브라함, 모세, 다윗 등 하나님의 '언약'과 함께한 사람들이 하나님을 얼마나 닮아갔는지 우리는 충분히 묵상해 보아야 합니다.

하나님은 사람들의 죄악에도 불구하고, 끊임없이 '언약'을 갱신함으로 하나님의 끝없는 사랑을 보여주십니다. '하나님의 언약'은 '사랑'입니다.

예레미야 31:34-36 (현대인의성경)

34. 그 때에는 아무도 자기 형제나 이웃에게 나를 알도록 가르칠 필요가 없을 것이다. 이것은 모든 사람이 다 나를 알게 될 것이기 때문이다. 내가 그들의 잘못을 용서하고 다시는 그들의 죄를 기억하지 않을 것이다. 이것은 나 여호와의 말이다

35. 낮에 빛을 내는 해를 주시고 달과 별들의 질서를 정하셔서 밤을 비추게 하시며 바다를 휘저어 성난 파도를 일으키시는 여호와, 그의 이름은 전능하신 여호와이시다. 여호와께서 말씀하신다

36. 이런 자연 질서가 지속되는 한 이스라엘도 언제까지나 나라로서 존속할 것이다.

다이아몬드는 어떤 상황에도 그 모양이나 빛이 변하지 않는다고 해서 영원의 상징입니다. 마치 이 말씀은 다이아몬드처럼 '언약'의 영원성을 말씀해 주고 있습니다. 이 말씀은 새 언약을 말씀하신 후

(렘 31:31-32) 바로 이어서 하시는 말씀입니다. 해와 달과 별이 없어지기 전까지는 하나님께서 새 언약을 통해 영원히 이스라엘의 죄를 기억하지 않겠다는 것입니다.

할렐루야! 하나님의 사랑은 인간의 어떠한 죄악으로도 끊을 수 없는 영원한 사랑입니다. 하나님은 이 영원한 사랑을 새 언약을 통해 실현하시겠다는 것입니다. 이 하나님의 사랑의 속성을 알려면 예수 그리스도를 중심으로 풀어나가야 한다고 말씀드렸습니다.

고린도전서 11:23-26 (개역개정)

23. 내가 너희에게 전한 것은 주께 받은 것이니 곧 주 예수께서 잡히시던 밤에 떡을 가지사

24. 축사하시고 떼어 이르시되 이것은 너희를 위하는 내 몸이니 이것을 행하여 나를 기념하라 하시고

25. 식후에 또한 그와 같이 잔을 가지시고 이르시되 이 잔은 내 피로 세운 새 언약이니 이것을 행하여 마실 때마다 나를 기념하라 하셨으니

26. 너희가 이 떡을 먹으며 이 잔을 마실 때마다 주의 죽으심을 그가 오실 때까지 전하는 것이니라.

이 말씀은 예수님이 십자가에 달려 돌아가시기 전 제자들과 마지막 만찬을 나누면서 하시는 말씀입니다. 25절에 "이 잔은 내 피로 세운 새 언약이니"라고 말씀하셨는데 이 잔이란 예수 그리스도께서 십자가에 피 흘려 죽으심을 가리키고 있습니다. 이 본문을 통해서 새 언약의 중심에 예수 그리스도의 십자가가 있음을 확실히 알 수

있습니다.

히브리서 9:13-15 (개역개정)

13. 염소와 황소의 피와 및 암송아지의 재를 부정한 자에게 뿌려 그 육체를 정결하게 하여 거룩하게 하거든

14. 하물며 영원하신 성령으로 말미암아 흠 없는 자기를 하나님께 드린 그리스도의 피가 어찌 너희 양심을 죽은 행실에서 깨끗하게 하고 살아 계신 하나님을 섬기게 하지 못하겠느냐

15. 이로 말미암아 그는 새 언약의 중보자시니 이는 첫 언약 때에 범한 죄에서 속량하려고 죽으사 부르심을 입은 자로 하여금 영원한 기업의 약속을 얻게 하려 하심이라.

15절의 '새 언약의 중보자'라는 말씀을 깊이 묵상할 필요가 있습니다.

구약의 모든 제물들은 우리를 위해 십자가에 못 박혀 죽으신 예수 그리스도를 가리키고 있습니다. 13절에 "염소와 황소의 피와 및 암송아지의 재를 부정하는 자에게 뿌려 그 육체를 정결하게 하여 거룩하게 하거든"이란 말씀은 구약에서 이스라엘 백성이 죄가 있을 때마다 제물을 바치게 되면 그 한 가지 죄에 대한 죄 사함을 받는다는 것입니다.

그런데 이것은 일회성에 그치기 때문에 반복적으로 죄를 지을 때마다 계속해서 제물을 드려야 했던 것입니다. 그래서 구약의 언약(모세의 율법의 언약)을 지키려고 해도 속사람이 마귀의 영향 가운데 있기 때문에 죄를 반복적으로 지을 수밖에 없는 것입니다.

그래서 지킬 수 있는 마음 밭을 만들기 위해 의로우신 예수님께서 모든 사람들을 위해 과거의 죄, 현재의 죄, 미래의 죄까지 자신을 희생 제사로 드려 없이해 주시는 것을 통해 새 언약의 중보자라고 말씀하고 있는 것입니다.

그래서 하나님께서는 모든 사람들에게 우리를 위해 십자가에서 피 흘려 돌아가신 예수님을 믿기만 하면 구원받을 수 있도록 그 길을 열어 주신 것입니다.

로마서 10:9-10, 13 (개역개정)

9. 네가 만일 네 입으로 예수를 주로 시인하며 또 하나님께서 그를 죽은 자 가운데서 살리신 것을 네 마음에 믿으면 구원을 받으리라

10. 사람이 마음으로 믿어 의에 이르고 입으로 시인하여 구원에 이르느니라

13. 누구든지 주의 이름을 부르는 자는 구원을 받으리라.

로마서에는 이 말씀의 설명대로 예수님을 자신의 주로 시인하는 사람은 구원을 얻는다고 말씀해 주고 있습니다. 이 십자가에서 우리의 모든 죄를 사하시는 예수님을 나의 구세주로 고백하는 사람은 구원을 얻는다는 말입니다. 그런데 우리는 여기서 어떤 의문점을 가지게 됩니다. 하나님께서는 분명히 새 언약의 시대가 되면, 새로운 영을 주시고(겔 11:19) 내 영을 너희의 속에 두어(겔 37:13) 나의 법을 그들의 속에 둔다고(렘 31:33) 말씀하셨는데, 예수님을 믿고 죄 사함을 받는 것과 새로운 영이 우리 마음에 오셔서 율법을 지키는 새언약과 어떻게 연결이 되는가 하는 것입니다.

요한일서 4: 15 (개역개정)

누구든지 예수를 하나님의 아들이라 시인하면 하나님이 그의 안에 거하시고 그도 하나님 안에 거하느니라.

로마서에 있는 말씀을 요한일서에서 보충해 주고 있습니다. 즉 누구든지 예수 그리스도를 나의 구주라고 시인하는 사람은 하나님이 그 안에 거한다고 말씀하고 있습니다. 다시 말하면 예수 그리스도를 나의 구주라고 말하는 것과 성령님이 그 안에 거하시는 일이 동시에 이루어진다는 말입니다.

요한복음 3장에 보면 니고데모라는 바리새인이 예수님을 찾아와서 어떻게 해야 영생을 얻을 수 있는지 묻습니다. 예수님은 다음과 같이 말씀하셨습니다.

요한복음 3:5 (현대인의성경)

예수님은 이렇게 대답하셨다. "내가 분명히 말해 두지만 누구든지 물과 성령으로 다시 나지 않으면 하나님의 나라에 들어갈 수가 없다."

니고데모가 이 말씀을 이해하지 못하자 예수님은 두 번씩이나 성령으로 다시 태어나야 하는 것에 대해서 말씀해 주셨습니다. 우리는 같은 본문에 요한복음 3장 16절이 있음을 잘 생각해 봐야 합니다.

요한복음 3:16 (개역개정)

하나님이 세상을 이처럼 사랑하사 독생자를 주셨으니 이는 그를 믿는 자마다 멸망하지 않고 영생을 얻게 하려 하심이라.

즉, 예수님을 믿고 영생을 얻는다는 의미와 성령인 하나님의 생명으로 다시 태어난다고 하는 의미는 같은 것입니다. 성령으로 다시 태어난다는 의미는 예수 그리스도의 보혈의 공로를 힘입어 나의 죄가 씻겨지고, 그 안에 생명의 성령님이 오셔서 하나님과의 관계가 끊어져서 마귀의 지배를 받던 영혼이 하나님의 생명의 자녀로 다시 태어나게 하는 것입니다. 이 의미를 잘 이해해야 합니다. 어떤 사람들은 요한복음 3장 16절로 전도를 하면서도, 예수님을 믿는다는 의미와 성령님으로 다시 태어난다는 의미가 어떻게 연결되는지 잘 모르기 때문에 이 두 사건이 같이 일어나는 일인 것을 잘 깨닫지 못합니다.

특별히 새 언약에서는 성령의 사역을 이해하는 것이 중요합니다. 하나님께서 새로운 영을 마음속에 넣어 주신다고 했을 때도 이 성령을 가리키는 것이기 때문입니다. 우리가 앞 장(하나님은 누구신가?)에서 에베소서 1장 3-13절에 성부, 성자, 성령이 함께 사람의 구원을 위해 일하시는 것을 살펴보았습니다.

에베소서 1:7 (개역개정)

우리는 그리스도 안에서 그의 은혜의 풍성함을 따라 그의 피로 말미암아 속량 곧 죄 사함을 받았느니라.

에베소서 1:13 (개역개정)

그 안에서 너희도 진리의 말씀 곧 너희의 구원의 복음을 듣고 그 안에서 또한 믿어 약속의 성령으로 인치심을 받았으니.

예수님께서 그의 보혈로 죄 사함을 선포하시면, 성령님께서 하나님의 자녀로 인치셨습니다.

이를 도장 찍었다고 말씀하십니다. 성령님께서 우리 마음 가운데 들어오셔서 하나님의 자녀라고 확증하는 것입니다.

성령님은 구원 사역에 있어 예수님을 통해 일하십니다. 신약에 예수님의 십자가 사역을 통해서 비로소 성령께서 각 사람의 마음가운데서 역사하시기 때문입니다.

요한복음 1:33 (개역개정)

나도 그를 알지 못하였으나 나를 보내어 물로 세례를 베풀라 하신 그이가 나에게 말씀하시되 성령이 내려서 누구 위에든지 머무는 것을 보거든 그가 곧 성령으로 세례를 베푸는 이인 줄 알라 하셨기에.

이 본문은 세례 요한이 예수님께 세례를 주고 난 후 성령이 임하시는 것을 보고, 그가 예수님인 줄 깨달았다고 고백하는 본문입니다. 예수님이 세례를 받을 때 성부, 성자, 성령이 모두 나타나셨습니다('하나님은 누구신가?' 편 참조). 구약에서는 거룩하신 하나님(하나님의 대표적 속성)이 죄가 있는 사람들과 교제할 수가 없었습니다. 그래서 구약의 하나님은 선택된 몇몇 사람들과만 동행하시고 하나님의 뜻을 이루셨습니다.

그러나 이제 성령을 통해서 각 사람에게 들어가 일하시고자 하는 뜻을 예수님의 세례를 통해서 선포하시는 것입니다. 예수님의 십자가 사역을 통해 모든 사람이 그를 믿기만 하면 죄 사함을 얻기 때문에, 성령님이 예수를 믿는 각 사람을 통해 새 생명을 주는 사역을 시작하십니다. 예수님은 성령님을 보내시는 분입니다. 그래서 새 언약의 중심에 예수 그리스도와 성령님이 함께 있습니다.

요한복음 14:16-17 (개역개정)

16. 내가 아버지께 구하겠으니 그가 또 다른 보혜사를 너희에게 주사 영원토록 너희와 함께 있게 하리니

17. 그는 진리의 영이라 세상은 능히 그를 받지 못하나니 이는 그를 보지도 못하고 알지도 못함이라 그러나 너희는 그를 아나니 그는 너희와 함께 거하심이요 또 너희 속에 계시겠음이라.

이 말씀에 성부, 성자, 성령이 함께 있습니다. 삼위 하나님은 사람의 구원을 위해 늘 함께하시는 것입니다. 진리의 영은 성부의 영, 성자의 영, 성령 모두를 가리킵니다(2장 '어떻게 하나님을 알아갈 수 있을까?' 편 참조). 예수님께서 아버지께 구해 성령님을 너희와 함께 있게 하겠다고 말씀하십니다.

이 말씀은 우리가 죄 사함을 받고 예수님을 믿는 순간에 성부, 성자, 성령 하나님이 우리 마음 가운데 진리의 영으로 오신다는 말씀입니다. 예수님께서 성령으로 오셔서 마음의 주인이 바뀌는 것입니다. 믿음은 주인이 바뀌는 것입니다. 그래서 성령님을 모신 사람은 하나님, 예수님, 성령님을 함께 마음에 모신 것과 같은 것입니다. 예

수님, 성령님, 하나님이 한 분이시기 때문입니다. 이것이 새 언약의 가장 비밀스럽고 놀라운 부분입니다.

로마서 6:16 (개역개정)

너희 자신을 종으로 내주어 누구에게 순종하든지 그 순종함을 받는 자의 종이 되는 줄을 너희가 알지 못하느냐 혹은 죄의 종으로 사망에 이르고 혹은 순종의 종으로 의에 이르느니라.

이 말씀이 성경을 이해하는 중요한 구절이라고 말씀드렸습니다. 하나님께서 주신 자유의지를 어떻게 쓰느냐에 따라 삶의 결과가 완전히 바뀐다는 것을 보여주는 말씀입니다. 이전에 우리의 주인은 마귀였습니다. 우리가 마귀에게 순종하여서 죄를 짓고 살았기 때문입니다. 그러나 이제는 죄 사함을 받고, 주인이 바뀌었습니다. 성령에게 순종하는 사람은 새 생명으로 태어나 다시 하나님의 자녀가 된 것입니다. 예수께 속한 자는 성령의 지배를 받고, 성령에 순종하는 사람입니다.

요한일서 3:8-10 (개역개정)

8. 죄를 짓는 자는 마귀에게 속하나니 마귀는 처음부터 범죄함이라 하나님의 아들이 나타나신 것은 마귀의 일을 멸하려 하심이라

9. 하나님께로부터 난 자마다 죄를 짓지 아니하나니 이는 하나님의 씨가 그의 속에 거함이요 그도 범죄하지 못하는 것은 하나님께로부터 났음이라

10. 이러므로 하나님의 자녀들과 마귀의 자녀들이 드러나나니

무릇 의를 행하지 아니하는 자나 또는 그 형제를 사랑하지 아니하는 자는 하나님께 속하지 아니하니라.

하나님께로 난 자마다 하나님의 씨가 그의 속에 거한다고 했습니다. 다시 말하면 하나님의 영이 그 마음에 임함으로 인해서 태초에 하나님께서 숨을 불어넣어 사람에게 영혼이 생겼듯이, 우리의 죽었던 영혼이 하나님의 영으로 인해 다시 생명을 얻은 것입니다. 이 말은 태초에 아담과 하와가 하나님을 닮은 영적인 존재로 창조되었듯이 하나님과 관계가 끊어졌던 영혼에 다시 성령을 통해 재창조된다(다시 태어난다)는 말입니다. 예수님을 믿는다고 했을 때 성령으로 인해 다시 태어나서 예수를 닮은 영적 생명을 얻는다는 개념이 중요합니다. 그래서 예수님이 요한복음 3장에서 니고데모에게 몇 번이고 이 부분을 강조하셨고, 영적인 세계에 대해 이해함이 없었던 니고데모는 몇 번을 들어도 이 말씀이 무슨 소리인지 깨닫지 못하는 것입니다.

사람들이 이 개념을 잘 모르기 때문에 신앙생활을 오래 해도 영적인 속사람이 성장한다는 의미가 무엇인지 잘 모릅니다. 다시 태어난 사람은 영적으로 어린아이와 같습니다. 그러면 성령님을 마음에 모신 사람을 성령님이 어떻게 하나님을 닮도록 도우시고 이끄시는지 살펴보겠습니다.

요한복음 14:19-20 (현대인의성경)

19. 조금만 있으면 세상은 나를 다시 보지 못하겠지만 너희는 나를 볼 것이다. 왜냐하면 내가 살아 있고 너희도 살 것이기 때문이다

20. 그날에는 내가 아버지 안에, 너희는 내 안에, 나는 너희 안에 있다는 것을 너희가 알게 될 것이다.

요한복음 14:26 (개역개정)

보혜사 곧 아버지께서 내 이름으로 보내실 성령 그가 너희에게 모든 것을 가르치고 내가 너희에게 말한 모든 것을 생각나게 하리라.

내 이름으로 보내실 성령이란 부활하신 예수님이 각 사람의 마음 가운데 영으로 역사하실 것이라는 말입니다. 성령이 믿는 자들 속에 들어오셔서 죄 사함 받음을 더 확실히 믿게 하시고, 하나님의 자녀로 다시 태어나게 하시고, 우리 안에 거하시면서 하나님의 말씀으로 양육시켜 가르치시고 깨닫게 하시고 자라나게 하신다는 말입니다. 하나님의 온전한 사랑의 성품에까지 자라나가게 합니다.

베드로전서 2:2 (개역개정)

갓난 아기들같이 순전하고 신령한 젖을 사모하라 이는 그로 말미암아 너희로 구원에 이르도록 자라게 하려 함이라.

고린도후서 3:6 (현대인의성경)

하나님은 우리를 새 계약의 일꾼으로 삼으셨는데 율법의 종이 아니라 성령님의 종이 되게 하신 것입니다. 율법은 죽음을 가져오지만 성령님은 생명을 주십니다.

고린도후서 3:17-18 (현대인의성경)

17. 주님은 영이시므로 주님이 계시는 곳에는 자유가 있습니다.

18. 그래서 우리가 수건을 벗은 얼굴로 거울을 보듯이 주님의 영광을 보게 되면 점점 더한 영광으로 주님의 모습을 닮아가게 됩니다. 그 영광은 영이신 주님에게서 나옵니다.

빌립보서 1:11 (개역개정)

예수 그리스도로 말미암아 의의 열매가 가득하여 하나님의 영광과 찬송이 되기를 원하노라.

우리는 성령을 좇아 살면 성령 안에서 계속 자라나가는데, 자라나간다는 말은 하나님의 성품을 닮게 된다는 것입니다. 하나님이 원래 우리를 창조하셨을 때의 목적대로 하나님의 성품, 성령의 열매를 맺게 됩니다(갈 5:22-23). 신의 성품에 참여하게 됩니다(벧후 1:4-7). 그 중심에는 고린도전서 13장의 하나님의 온전한 사랑이 있습니다. 거기까지 자라나가게 됩니다. 이런 모습이 하나님께 영광과 찬송이 되는 것입니다(빌 1:11). 결국 하나님이 원래 계획하셨던 하나님의 사랑의 성품을 사랑하는 자녀인 사람들이 닮아서 다른 사람에게 흘러가는 아름다운 모습이 성취됩니다.

로마서 13:8-10 (개역개정)

8. 피차 사랑의 빚 외에는 아무에게든지 아무 빚도 지지 말라 남을 사랑하는 자는 율법을 다 이루었느니라

9. 간음하지 말라, 살인하지 말라, 도적질하지 말라, 탐내지 말라

한 것과 그 외에 다른 계명이 있을지라도 네 이웃을 네 자신과 같이 사랑하라 하신 그 말씀 가운데 다 들었느니라

10. 사랑은 이웃에게 악을 행하지 아니하나니 그러므로 사랑은 율법의 완성이니라.

그러므로 이 말씀대로 우리는 하나님의 온전한 사랑을 닮아가게 되면 그 사랑이 다른 사람을 사랑하게 합니다. 사랑은 구약의 모세 언약에서 요구한 율법 언약을 지키도록 이끌어 줍니다. 그 율법 언약의 중심이 사랑이고, 사랑이 율법의 완성이기 때문입니다. 십계명이 하나님 사랑, 이웃 사랑을 명령으로 주셨다면, 새 언약은 하나님 사랑, 이웃 사랑을 실천할 수 있도록 만드십니다. 성령님께서 우리 마음 가운데 직접 오셔서 생명을 주시고 깨닫게 하시고 도우신다는 것입니다.

로마서 2:28-29 (현대인의성경)

28. 유대인으로 태어났다고 해서 참 유대인이 아니며 육체에 할례를 받았다고 해서 참 할례가 아닙니다.

29. 오히려 마음에 참된 변화를 받은 사람이라야 참 유대인이며 기록된 율법이 아닌 성령님에 의한 마음의 할례가 진정한 할례입니다. 이런 사람은 칭찬을 사람에게서 받는 것이 아니라 하나님에게서 받습니다.

그래서 바울은 로마서를 통해 하나님의 사람인 것의 증표인 '할례'를 육체에 하지 말고, 마음의 '할례'를 받으라고 말씀하시는 것입

니다. 새 언약을 좀 더 분명히 설명하기 위해서 로마서를 중심으로 말씀드리도록 하겠습니다. 로마서는 바울이 제3차 전도 여행을 마칠 무렵, A.D. 57년경에 기록되었습니다. 로마 교회는 이미 크리스천들이 있었지만 사도들로부터 체계적인 가르침을 받아 본 적이 없었습니다. 그래서 바울은 로마 교회에 하나님의 구원의 기본 구조를 설명하기 위해 이 로마서를 기록했습니다. 따라서 바울은 그리스도인들이 어떻게 죄와 율법, 그리고 죽음으로부터 자유롭게 될 수 있는지에 관하여 설명해 주고 있습니다. 그래서 우리도 이미 성경을 알았지만, 성경의 깊은 내용에 대해 이해하기 위해, 또 구약의 율법의 내용과 그리스도를 믿는 것이 어떤 점이 다른 것인지 분명하게 알기 위하여 로마서를 깊이 묵상할 필요가 있습니다.

로마서 1:16 (개역개정)

내가 복음을 부끄러워하지 아니하노니 이 복음은 모든 믿는 자에게 구원을 주시는 하나님의 능력이 됨이라 먼저는 유대인에게요 그리고 헬라인에게로다.

바울은 복음을 부끄러워하지 않았습니다. 그런데 도대체 이 말을 왜 했을까요?

복음은 십자가에 못 박혀 죽은 예수님을 말합니다. 그 당시에는 십자가에 못 박혀 죽음은 아주 수치스럽고 저주스럽고 부끄러운 것이었습니다. 흉악한 죄인이 죽는 사형틀이 바로 십자가였습니다. 십자가에 죽었다고 하는 것은 저주받은 사람, 망한 사람으로 인정하는데 당시에 유대인들은 “예수 그리스도가 십자가에 못 박혀 죽었다가 살아났다"라고 했을 때 그것을 말하기도 부끄럽다고 했던 것입니다. 그래서 바울은 "내가 복음을 부끄러워하지 아니하노니 이 복음은 모든 믿는 자에게 구원을 주시는 하나님의 능력이 됨이라"고 말하는 것입니다. 이 예수님을 통해 우리의 모든 죄가 사함을 얻게 되기 때문입니다. 그래서 복음은 바로 이 십자가에 달려 돌아가신 예수 그리스도를 말하는 것입니다.

그런데 오늘날 이 '복음'을 부끄러워하는 사람들이 있습니다. 교회에 주일날 출석은 하는데, 주 중에 회사에서, 학교에서는 '믿는 사람'이라고 밝히는 것을 부끄러워합니다. 그런 사람은 아직 예수의 영(성령)을 나의 '주인'으로 마음속에 모시지 않은 사람입니다. 속사람이 다시 태어나지 않은 사람입니다.

로마서 8:1-4 (개역개정)

1. 그러므로 이제 그리스도 예수 안에 있는 자에게는 결코 정죄함이 없나니

2. 이는 그리스도 예수 안에 있는 생명의 성령의 법이 죄와 사망의 법에서 너를 해방하였음이라

3. 율법이 육신으로 말미암아 연약하여 할 수 없는 그것을 하나님은 하시나니 곧 죄로 말미암아 자기 아들을 죄 있는 육신의 모양으로 보내어 육신에 죄를 정하사

4. 육신을 따르지 않고 그 영을 따라 행하는 우리에게 율법의 요구가 이루어지게 하려 하심이니라.

로마서 8:9, 15-16 (개역개정)

9. 만일 너희 속에 하나님의 영이 거하시면 너희가 육신에 있지 아니하고 영에 있나니 누구든지 그리스도의 영이 없으면 그리스도의 사람이 아니라

15. 너희는 다시 무서워하는 종의 영을 받지 아니하고 양자의 영을 받았으므로 우리가 아빠 아버지라고 부르짖느니라

16. 성령이 친히 우리의 영과 더불어 우리가 하나님의 자녀인 것을 증언하시나니.

로마서 8장은 특히 복음의 진수를 선명하게 보여주고 있습니다. 십자가에 달려 돌아가신 예수님을 믿는 사람에게는 결코 정죄함이 없고, 생명의 성령의 법이 죄와 사망의 법에서 우리를 해방한 것입니다. 우리는 그 안에서 완전한 자유를 누립니다. 육신이 연약하여 할 수 없는 율법을 지키는 문제를 우리가 성령을 좇아 살면 율법의 요구(하나님 사랑, 이웃 사랑)를 실천할 수 있다는 것입니다. 그래서 우리 안에 계신 성령님이 우리가 하나님의 자녀인 것을 증명해 주는 것입니다. 이것이 바로 새 언약을 가장 선명하게 보여주는 바울 신학의 중심 부분입니다.

정리를 해보도록 하겠습니다. 새 언약은 무엇입니까?

하나님께서는 에덴 동산에서 사람들이 타락하자마자 괴로워하시고 고통한 나머지, 즉시 사람들을 구원하기로 계획을 세우셨습니다. 그래서 계속해서 사람들과 '언약'을 갱신해 나가십니다. 온전한 구원을 위해서입니다. 에덴 동산에서 짐승의 피를 흘려 가죽옷을 입히시고, '노아'를 선택하셔서 '방주'를 통해 구원하실 것을 예시한 것

을 보면, 인간을 향한 하나님의 애타는 사랑을 느낄 수 있습니다. 그 이후 하나님의 거룩함과 의의 기준(십계명)을 통해, 사람들이 자신의 힘으로는 도저히 구원받을 수 없다는 것을 깨닫도록 하셨습니다. 여기까지가 구약 언약의 시대였습니다.

마침내 새 언약을 위해 하나님 자신이 이 땅 가운데 오시고 십자가에 죽으셔서 예수님을 믿는 자마다 죄 사함을 받고, 성령님께서 그 마음에 주인 되어 주셔서, 새로운 영적 생명을 얻게 하시는 것입니다. 하나님의 성품을 닮은 영적 생명으로 다시 태어납니다. 하나님의 자녀로 돌아옵니다. 성령님을 마음에 주인으로 모시고 성령을 좇아 사는 자마다 하나님의 온전한 사랑의 성품에까지 자라납니다. 결국 하나님이 태초부터 원하셨던 하나님의 사랑이 사람에게 흘러 들어가 다른 이들에게 사랑을 전하게 되어 하나님의 뜻을 이루시는 것입니다.

결국 사람을 향한 영원하고 변하지 않는 그 온전한 사랑의 중심이 새 언약이신 예수 그리스도와 성령이신 것입니다. 그 어떠한 인간의 죄도 우리를 향한 하나님의 사랑을 끊을 수 없습니다. 할렐루야!

마지막 때에 예수님이 다시 재림하셔서 하나님의 뜻이 온전히 이루어지는데, 이것이 언약의 완성입니다.

요한계시록 21:1-7 (개역개정)

1. 또 내가 새 하늘과 새 땅을 보니 처음 하늘과 처음 땅이 없어졌고 바다도 다시 있지 않더라

2. 또 내가 보매 거룩한 성 새 예루살렘이 하나님께로부터 하늘에서 내려오니 그 준비한 것이 신부가 남편을 위하여 단장한 것 같

더라

3. 내가 들으니 보좌에서 큰 음성이 나서 이르되 보라 하나님의 장막이 사람들과 함께 있으매 하나님이 그들과 함께 계시리니 그들은 하나님의 백성이 되고 하나님은 친히 그들과 함께 계셔서

4. 모든 눈물을 그 눈에서 닦아 주시니 다시는 사망이 없고 애통하는 것이나 곡하는 것이나 아픈 것이 다시 있지 아니하리니 처음 것들이 다 지나갔음이러라

5. 보좌에 앉으신 이가 이르시되 보라 내가 만물을 새롭게 하노라 하시고 또 이르시되 이 말은 신실하고 참되니 기록하라 하시고

6. 또 내게 말씀하시되 이루었도다 나는 알파와 오메가요 처음과 마지막이라 내가 생명수 샘물을 목마른 자에게 값없이 주리니

7. 이기는 자는 이것들을 상속으로 받으리라 나는 그의 하나님이 되고 그는 내 아들이 되리라.

이 본문은 하나님 언약의 완성을 묘사합니다. 결국 하나님은 그분의 온전한 사랑을 통해서 너희는 나의 백성이 되고, 나는 너의 하나님이 되며, 너희는 나의 자녀가 되고, 나는 너의 아버지가 된다고 하십니다. 이는 태초부터 가지고 계셨던 그 계획, 처음부터 하나님의 사람들과 언약했던 그 언약을 이루시는 것입니다. 이 관계는 영원까지 이루어집니다.

12

성령으로 빚어진 사람, 베드로와 바울

새 언약의 중심 내용으로 성령으로 다시 태어나 그 안에서 자라야 하는 것에 대해 설명드렸습니다. 그런데 이러한 내용은 자칫 머리로만 이해하기 쉽습니다. 그래서 가슴으로 이해하고 우리의 삶 가운데 이러한 내용을 적용하기 위해서는 먼저 성령님을 만나서 변화된 신약의 대표적인 사람 베드로와 바울의 모습을 살펴보기 원합니다. 그리고 이분들의 삶을 본받기를 소망합니다.

예수님께서 십자가상에 돌아가시고, 마가의 다락방에서 성령 체험이 있기 전까지, 열두 제자들은 예수님을 3년 동안이나 따라다니고 배웠지만 정작 예수님이 어떠한 분인지 잘 모르고 있었습니다. 예수님에 대한 제자들의 이해는 예수님과 함께 3년여 동안 거의 다 지내고도 마찬가지였습니다. 베드로를 중심으로 성령님을 맞이하는 제자들의 모습을 보도록 하겠습니다.

마태복음 16:13-17 (개역개정)

13. 예수께서 가이사랴 빌립보 지방에 이르러 제자들에게 물어 이르시되 사람들이 인자를 누구라 하느냐

14. 이르되 더러는 세례 요한, 더러는 엘리야, 어떤 이는 예레미야나 선지자 중의 하나라 하나이다

15. 이르시되 너희는 나를 누구라 하느냐

16. 시몬 베드로가 대답하여 이르되 주는 그리스도시요 살아 계신 하나님의 아들이시니이다

17. 예수께서 대답하여 이르시되 바요나 시몬아 네가 복이 있도다 이를 네게 알게 한 이는 혈육이 아니요 하늘에 계신 내 아버지시니라.

이 말씀은 예수님이 2년 반 정도 제자들과 함께 지내시면서, 가르치시고, 사역도 같이 하면서 제자들이 과연 자신에 대해 어떻게 이해하고 있는지 확인해 보시는 것입니다.

예수님은 제자들에게 너희는 내가 누구라고 생각하느냐고 물으십니다. 베드로가 용감하게 수제자답게 대답합니다. "주는 그리스도시요, 살아 계신 하나님의 아들이시니이다."

'그리스도'라는 말은 헬라어로 '기름 부음 받은 자', 히브리어로는 '메시아'라는 뜻입니다. 구약 시대에는 왕, 선지자, 제사장이 직분을 수행하기에 앞서 기름 부음을 받았습니다. 유대인들은 특히 바벨론 포로 후 자기 민족을 이방인의 억압에서 구원해 주실 분으로 '메시

아'를 대망하고 있었습니다. 그래서 베드로의 고백은 "주님은 우리가 기다리던 구원자이시고, 하나님의 아들이시다"라는 고백이었습니다.

이는 매우 훌륭한 대답이었습니다. 왜냐하면 당시 예수님은 나사렛이란 촌동네의 출신이시고, 과부나 서민층만을 상대하는 것처럼 보였기 때문에 도저히 왕처럼 느껴지지 않았기 때문입니다. 베드로에게는 하나님이 가르쳐 주셔서(17절) 깨닫게 된 것입니다. 그러나 베드로와 그의 제자들은 그가 어떤 의미에서의 구원자인지 아직 깨닫지 못하고 있었습니다. 그래서 베드로의 고백 이후에 예수님은 본인이 고난을 받고, 죽어야 할 것들에 대해 처음으로 말씀해 주셨습니다. 그래야만 온 인류를 죄에서 구원하시기 위한 전 인류를 향한 '메시아'(구원자)의 역할을 할 수 있기 때문입니다.

마태복음 16:21-24 (개역개정)

21. 이 때로부터 예수 그리스도께서 자기가 예루살렘에 올라가 장로들과 대제사장들과 서기관들에게 많은 고난을 받고 죽임을 당하고 제삼일에 살아나야 할 것을 제자들에게 비로소 나타내시니

22. 베드로가 예수를 붙들고 항변하여 이르되 주여 그리 마옵소서 이 일이 결코 주께 미치지 아니하리이다

23. 예수께서 돌이키시며 베드로에게 이르시되 사탄아 내 뒤로 물러가라 너는 나를 넘어지게 하는 자로다 네가 하나님의 일을 생각하지 아니하고 도리어 사람의 일을 생각하는도다 하시고

24. 이에 예수께서 제자들에게 이르시되 누구든지 나를 따라오려거든 자기를 부인하고 자기 십자가를 지고 나를 따를 것이니라.

그런데 베드로는 그 말이 무슨 뜻인지 전혀 몰랐기 때문에, 순진한 마음으로 예수님이 돌아가시면 안 된다고 강하게 말합니다. 그러자 예수님은 베드로를 강하게 질책합니다.

베드로는 아마도 굉장히 당황했을 것입니다. 예수님이 왜 그렇게 말씀하시는지 깨닫지 못했기 때문입니다. 그리고 예수님은 예수님을 따르기 위해서는 각자에게 주어진 십자가를 져야 한다고 말씀하셨습니다. 당연히 이 말도 무슨 말인지 제자들은 전혀 몰랐습니다.

예수님의 죽음과 본인들에게 고난을 강조하신 모습 등을 접한 제자들은 불안과 공포에 젖게 되었습니다. 이때 제자들이 염려하고 근심한 것을 보면 이때까지도 제자들은 예수님의 뜻을 잘 모른 것입니다. 예수님께서 십자가에 죽는다는 사실 자체가 제자들에게는 아주 큰 낙심거리였습니다. 지금까지 제자들이 예수님을 따른 것은 자신들의 영광을 바라보고, 예수님이 왕이 되면 로마의 식민지 치하에서 해방시켜 주실 것이고 우리는 그 밑에서 장관 자리를 하나씩 차지하고 영광을 누릴 것이라고 생각한 것입니다.

그래서 제자들은 예수님을 따르면서 네가 더 크냐 내가 더 크냐, 네가 더 인정받느냐 내가 더 인정받느냐 라고 다투기도 했습니다.

> 마태복음 18:1 (개역개정)
>
> 그때에 제자들이 예수께 나아와 이르되 천국에서는 누가 크니이까.

제자들이 이에 대해 시기와 질투로 서로 싸움까지 하게 되는데 자꾸 제자들끼리 권력욕으로 싸우고 다투니까 베드로는 괴로워하며 예수님께 형제를 도대체 몇 번이나 용서를 해주어야 하냐고 물어 보았습니다(마 18:21-35). 그만큼 제자들은 무지한 상태에 있었습니다. 세베대의 아들들인 야고보와 요한의 어머니는 예수님께 당신의 나라에서 왕이 될 때에 내 아들들을 데리고 가게 되면 하나는 우편에, 또 하나는 좌편에 앉게 해 달라고 요청하기도 했습니다.

마태복음 20:20-21 (개역개정)

20. 그 때에 세베대의 아들의 어머니가 그 아들들을 데리고 예수께 와서 절하며 무엇을 구하니

21. 예수께서 이르시되 무엇을 원하느냐 이르되 이 나의 이 두 아들을 주의 나라에서 하나는 주의 우편에, 하나는 주의 좌편에 앉게 명하소서.

이 제자들은 예수님이 자기들을 부르신 목적을 모른 것입니다. 동상이몽이라고 하는 말이 있습니다. 한자리에서 잠을 자는데 서로 꿈이 다른 것입니다. 예수님이 제자들을 택하여 부른 것과 제자들이 예수님을 따른 목적이 달랐다는 것입니다. 그래서 베드로는 예수님이 십자가에 못 박혀 죽으시기 위해 대제사장들에게 잡혀가야 하는데 예수님을 잡으러 오는 사람의 귀를 칼로 자르기도 했습니다.

요한복음 18:10 (개역개정)

이에 시몬 베드로가 칼을 가졌는데 그것을 빼어 대제사장의 종을 쳐서 오른편 귀를 베어버리니 그 종의 이름은 말고라.

심지어는 예수님이 십자가에 달려 돌아가시고 나서는 베드로를

중심으로 다 고기 잡으러 되돌아가고 말았습니다. 여기서 예수님은 다시 베드로를 처음 부르실 때와 같이 물고기 잡고 있는 그를 부르십니다. 그리고 혼쭐을 내어도 모자랄 판에 그들에게 조반을 먹이시고, 사랑 고백을 받으십니다. 그 후 다시 사역의 현장으로 보내십니다(요 21:15-19).

처음부터 베드로에게 필요했던 것은 사역이 아니라 사랑이었습니다. 예수님은 베드로에게 사랑 고백을 받으셨지만, 실은 예수님이 베드로를 얼마나 사랑하는지 알고 있냐고 물으시는 것입니다. 고(故) 하용조 목사님은 평소에 사랑에 관한 설교를 많이 하셨습니다. 그중에 일부를 적어 봅니다.

> 농부는 씨를 뿌리고 열매가 맺히기를 기다립니다. 어머니는 해산할 때까지 열 달을 기다립니다. 기다림은 사랑입니다. 기다림은 성숙입니다. 기다릴 줄 모르는 것은 사랑이 아닙니다. 인간은 모두 불완전하고, 불만족스러운 존재입니다. 하지만 그럼에도 불구하고, 그렇기 때문에 끝까지 품어 주어야 합니다. 변할 때까지 기다려 주어야 합니다.
>
> 야단치고 충고하고 비판하고 고발한다고 사람은 변하지 않습니다. 어떤 사람은 사랑하면 버릇만 나빠진다고 걱정합니다. 하지만 사랑해서 버릇이 나빠진 것이 아니라, 사랑했다 안 했다 해서 그런 것입니다. 꾸준히 사랑하면, 꾸준히 믿어 주면 반드시 변합니다.
>
> 남편을 꾸준히 믿으십시오. 아내를 꾸준히 사랑하십시오. 변화를 일으키는 오직 하나의 방법은 사랑입니다. 버릇 나빠진다고 걱정하지 말고 끝까지 사랑하십시오. 어린아이들뿐이겠습니까? 세

상 만물과 모든 사람이 사랑을 그리워합니다. 진정으로 사랑할 때 모든 것이 살아납니다. (2014년 1월호 〈생명의 삶〉, 하용조 러브소나타 칼럼 "모든 것의 기초는 사랑입니다" 중)

성경을 자세히 살펴보면 예수님께서 처음부터 베드로에게 예수님을 따르기만 하면 예수님 본인이 사역을 하시겠다고 말씀하셨습니다.

마태복음 4:19 (개역개정)

말씀하시되 나를 따라 오라 내가 너희를 사람을 낚는 어부가 되게 하리라 하시니.

"나를 따르면 내가 너로 사역을 하게 한다"라는 말씀입니다. 베드로는 피동형 인생을 살았어야 합니다. 스스로 할 수 있는 것이 아닙니다. 그런데 아직 하나님의 때가 되지 않았기 때문에 예수님과 함께 했던 3년 동안 그는 능동형 인생을 살았습니다. 그 스스로가 판단하고 앞서가서 예수님을 위해서 뭔가 한다고는 했는데, 실은 예수님의 일을 방해하고 있었다는 것입니다. 우리가 예수님을 믿어도, 성령님이 깨닫게 해주시지 않으면 베드로처럼 주님을 위해 일한다고 하지만 많은 경우 주님의 일을 방해하는 이상한 인생이 됩니다. 우리 인생도 마찬가지입니다. 우리 스스로의 힘, 능동형 인생이 아니라, 성령님이 이끄시는 대로 살아가는 피동형 인생을 살아야 합니다.

요한복음 21:18-19 (개역개정)

18. 내가 진실로 진실로 네게 이르노니 네가 젊어서는 스스로 띠
띠고 원하는 곳으로 다녔거니와 늙어서는 네 팔을 벌리리니 남이 네
게 띠 띠우고 원하지 아니하는 곳으로 데려가리라

19. 이 말씀을 하심은 베드로가 어떠한 죽음으로 하나님께 영광
을 돌릴 것을 가리키심이러라 이 말씀을 하시고 베드로에게 이르시
되 나를 따르라 하시니.

이 말씀은 베드로가 나중에는 순교하게 된다는 말씀입니다. 처음 베드로를 불렀을 때 물고기를 잡고 있는 베드로를 불렀던 말씀과 동일한 것을 알게 됩니다. 그때도 베드로는 물고기를 잡고 있었는데, 지금도 물고기를 잡고 있는 모습입니다. 그때에도 물고기를 못 잡다가 예수님의 말씀을 따르니까 물고기를 많이 잡았는데(눅 5:1-11), 지금도 물고기를 못 잡다가 예수님의 말씀을 따르니까 물고기를 많이 잡았습니다. 무슨 말씀입니까? 자기 힘으로 할 때에는 안 되었는데 주님의 말씀을 따르니까 주님이 해주시는 것입니다.

요한복음 21장 18-19절의 말씀은 베드로에게 바로 "너는 이제까지 능동형 인생을 살았지만, 나중에는 피동형 인생을 살게 될 것이다"라는 말씀입니다. 성령에 이끌려 살 것이라는 말씀입니다. 예수님이 승천하시기 전에 마지막으로 하신 지상 명령을 살펴봅시다.

마태복음 28:18-20 (개역개정)

18. 예수께서 나아와 말씀하여 이르시되 하늘과 땅의 모든 권세
를 내게 주셨으니

19. 그러므로 너희는 가서 모든 민족을 제자로 삼아 아버지와 아들과 성령의 이름으로 세례를 베풀고

20. 내가 너희에게 분부한 모든 것을 가르쳐 지키게 하라 볼지어다 내가 세상 끝 날까지 너희와 항상 함께 있으리라 하시니라.

순종만 하면 하나님께서 항상 함께하셔서 사역을 주도하신다는 것입니다. 예수님이 부활하셔서 천국으로 가시고, 예수님의 영(성령)께서 영원히 함께 해주시고, 깨닫게 하시고, 사역을 하게 하신다는 것입니다.

요한복음 16:7 (개역개정)

그러나 내가 너희에게 실상을 말하노니 내가 떠나가는 것이 너희에게 유익이라 내가 떠나가지 아니하면 보혜사가 너희에게로 오시지 아니할 것이요 가면 내가 그를 너희에게로 보내리니.

요한복음 14:16-17 (개역개정)

16. 내가 아버지께 구하겠으니 그가 또 다른 보혜사를 너희에게 주사 영원토록 너희와 함께 있게 하리니

17. 그는 진리의 영이라 세상은 능히 그를 받지 못하나니 이는 그를 보지도 못하고 알지도 못함이라 그러나 너희는 그를 아나니 그는 너희와 함께 거하심이요 또 너희 속에 계시겠음이라.

예수님을 모르는 사람은 아무도 예수님이 하시는 일을 깨달을 수 고 없고, 사역을 할 수도 없습니다. 마태복음 28장 18-20절의 말씀에

서 18절에 예수님 본인이 하늘과 땅의 모든 권세를 가졌다고 했습니다. 그리고 20절에 "내가 너희와 항상 함께 있으리라"고 말씀하셨습니다. 요한복음 14장 16절의 "영원토록 너희와 함께 있게 하리니"라는 말씀은 성령님을 의미합니다. 그래서 하늘과 땅의 모든 권세를 가진 예수님이 성령으로 오셔서 너희와 영원히 함께한다고 말씀하시는 것입니다.

실제로 그토록 예수님을 따라다녔지만 예수님이 어떤 '메시아' 인지도 몰랐던 제자들이었습니다. 하지만 사도행전 1장의 오순절 성령의 임하심 이후에 이들은 성령을 마음속에 모시게 되었고, 성령님이 깨닫게 하시고, 사역을 하게 하시는 것이었습니다.

실제로 그는 성령을 통해 그리스도의 고난과 부활의 의미를 명확히 깨닫고, 예수님이 온 인류의 죄 사함을 위해 오신 구원자 '메시아' 인 것을 명확히 깨닫고 알게 되고 설교하고 사역할 수 있게 된 것입니다. 성령님이 그의 마음 가운데 주도적으로 엄청난 사역들을 감당하게 됩니다. 하나님의 때가 되어 제자들이 성령으로 사역하기 시작한 것입니다.

사도행전 2:36-38 (개역개정)

36. 그런즉 이스라엘 온 집은 확실히 알지니 너희가 십자가에 못 박은 이 예수를 하나님이 주와 그리스도가 되게 하셨느니라 하니라

37. 그들이 이 말을 듣고 마음에 찔려 베드로와 다른 사도들에게 물어 이르되 형제들아 우리가 어찌할꼬 하거늘

38. 베드로가 이르되 너희가 회개하여 각각 예수 그리스도의 이름으로 세례를 받고 죄 사함을 받으라 그리하면 성령의 선물을 받으리니.

실제로 베드로는 성령을 통해, 예수님을 모든 인류를 위해 죄 사함을 주시는 메시아인 것을 분명히 깨달은 것입니다. 38절에서처럼 예수를 믿고, 죄사함을 받으면, 그 이후에 예수의 영(성령)이 죄 사함을 받은 그 사람의 마음 가운데 선물로 오시는 것을 분명히 말할 수 있게 되었습니다. 새 언약의 중심을 제대로 깨닫고 설교하기 시작한 것입니다.

사도행전의 내용은 성령의 행전이었습니다. 실제로 예수님이 계실 때는 아무것도 못하던 겁쟁이 제자들 가운데 성령님을 마음에 모시고는 가룟 유다와 요한계시록을 기록한 사도 요한 이외에 10명의 사도가 모두 예수님의 길을 좇아 순교하게 되었습니다. 예수님이 제자들과 베드로에게 하신 말씀들을 모두 이루신 것입니다.

마태복음 16:24 (개역개정)

이에 예수께서 제자들에게 이르시되 누구든지 나를 따라오려거든 자기를 부인하고 자기 십자가를 지고 나를 따를 것이니라.

요한복음 21:19 (개역개정)

이 말씀을 하심은 베드로가 어떠한 죽음으로 하나님께 영광을 돌릴 것을 가리키심이러라 이 말씀을 하시고 베드로에게 이르시되 나를 따르라 하시니.

인간적으로 생각할 때는 말도 안 되고, '어떻게 사람이 그렇게 순식간에 바뀔 수 있나?' 할 수 있지만 성령님이 마음에 임하시는 순간, 말씀을 깨닫게 되고, 사역을 하게 되고, 심지어 예수님이 가셨던 십자가의 길도 갈 수 있는 힘과 능력을 주신다는 것입니다.

베드로는 베드로전 · 후서를 지었습니다. 이 편지는 소아시아의 여러 교회들이 고난을 경험하고 환난(네로 박해)를 앞두고 있었기 때문에 격려와 위로의 편지를 썼던 것입니다. 베드로는 상당히 인상적인 편지를 베드로후서를 통해 쓰고 있습니다.

베드로후서 1:4-11 (개역개정)

4. 이로써 그 보배롭고 지극히 큰 약속을 우리에게 주사 이 약속으로 말미암아 너희가 정욕 때문에 세상에서 썩어질 것을 피하여 신성한 성품(신의 성품)에 참여하는 자가 되게 하려 하셨느니라

5. 그러므로 너희가 더욱 힘써 너희 믿음에 덕을, 덕에 지식을,

6. 지식에 절제를, 절제에 인내를, 인내에 경건을,

7. 경건에 형제 우애를, 형제 우애에 사랑을 더하라

8. 이런 것이 너희에게 있어 흡족한즉 너희로 우리 주 예수 그리스도를 알기에 게으르지 않고 열매 없는 자가 되지 않게 하려니와

9. 이런 것이 없는 자는 맹인이라 멀리 보지 못하고 그의 옛 죄가 깨끗하게 된 것을 잊었느니라

10. 그러므로 형제들아 더욱 힘써 너희 부르심과 택하심을 굳게 하라 너희가 이것을 행한즉 언제든지 실족하지 아니하리라

11. 이같이 하면 우리 주 곧 구주 예수 그리스도의 영원한 나라에 들어감을 넉넉히 너희에게 주시리라.

신에 성품에 참여하라는 내용을 가지고 소아시아의 교회들을 격

려하는 것입니다. 특별히 사역의 열매가 아니라 예수 그리스도를 아는 일에 힘써 성령의 열매를 맺으라고 말하는 부분이 인상적입니다. 이전에 베드로의 행실과 성령님을 모시고 난 후의 베드로의 모습을 보면 베드로가 얼마나 성령님을 통해서 본인이 말한 대로 신의 성품에 참여하는 사람이 되었는지 알게 됩니다.

〈베드로의 오순절 이전과 이후 생애의 대조〉

-전에는 겁쟁이었으나 후에는 담대하였다(행 4:18 이하).

-전에는 충동적이었으나 후에는 겸허하였다(요 18:10; 벧후 1:1).

-전에는 무지했으나 후에는 말씀을 잘 이해했다(마 16:21 이하; 행 2:14-40).

-전에는 자기를 자랑했으나 후에는 그리스도를 자랑했다(행 3:6).

-전에는 묻기를 좋아했으나 후에는 복종을 잘했다(요 21:21이하; 행 5:29).

-전에는 잠자는 상태였으나 후에는 깨어 있는 상태였다(마 26:40; 벧전 4:7; 벧후 3:8-13). (참조: HBD; ZTB).

새 언약의 관점에서 베드로는 성령님을 주인으로 모시고, 성령의 열매를 맺어 가는 사람이 되었습니다. 베드로후서 1장 11절의 말씀은 더욱 의미심장합니다. 성령의 열매를 맺어 하나님 나라에 들어감을 넉넉히 주시기를 바라고 있습니다. 우리가 정말로 성령님을 마음 가운데 모셨다면 그 생명으로 인해서 반드시 주님 닮은 사람으로 변화가 있어야 한다는 것입니다. 변화가 없다면 우리의 신앙생활은 가짜입니다. 신앙생활을 한다고 하면서 10년, 20년이 지나도록 주님을 닮은 성품이 드러나지 않는다면 그 사람을 가리켜 예수님을 마음의 주인으로 모신 사람이라고 할 수 있을까요? 베드로의 위와 같은 변화와 베드로후서의 편지(1:1-11)는 그러한 면에서 의미심장합니다. 우리는 과연 예수님을 처음으로 믿고, 마음에 모신 후, 얼마만큼 예수님을 닮아가고 있습니까? 저와 여러분은 계속 이 질문을 신앙생활 가운데 묵상해야 할 것입니다.

빌립보서 2:12-13 (개역개정)

12. 그러므로 나의 사랑하는 자들아 너희가 나 있을 때뿐 아니라 더욱 지금 나 없을 때에도 항상 복종하여 두렵고 떨림으로 너희 구원을 이루라

13. 너희 안에서 행하시는 이는 하나님이시니 자기의 기쁘신 뜻을 위하여 너희에게 소원을 두고 행하게 하시나니.

예수님께 놀랍게 쓰임 받았던 바울을 한번 살펴보도록 하겠습니다. 바울은 어떤 면에서 보면 굉장히 엘리트이고(바리새인인 가말리엘에게서 유대인 수업을 철저히 받았다) 신분이 보장된 사람이었습니다(로마 시민권자). 그는 열심 있는 사람이었습니다. 사울은 열심히 교회를 핍박했습니다. 사도행전 8장 3절의 '잔멸하다'라는 뜻은 끝까지 추적해서 잡아 없애 버렸다라는 것입니다. 현대인의 성경에 보면 "그는 교회를 파괴하려고 미친듯이 집집마다 찾아다녔다"라고 나와 있습니다. 그는 자신의 행동이 옳은 줄로만 알고 교회를 파괴하는데 자신의 온 힘을 쏟았습니다.

사도행전 8:1-3 (개역개정)

1. 사울은 그가 죽임 당함을 마땅히 여기더라 그날에 예루살렘에 있는 교회에 큰 박해가 있어 사도 외에는 다 유대와 사마리아 모든 땅으로 흩어지니라

2. 경건한 사람들이 스데반을 장사하고 위하여 크게 울더라

3. 사울이 교회를 잔멸할새 각 집에 들어가 남녀를 끌어다가 옥에 넘기니라.

사도행전 8:3 (현대인의성경)

그러나 사울은 교회를 파괴하면서 미친 듯이 집집마다 돌아다니며 남녀를 가리지 않고 믿는 사람들을 끌어내어 모두 가두어 버렸다.

그리고 로고스이신 예수님을 만나고 모든 것이 바뀝니다. 그는 예수님을 만나고 이렇게 고백합니다.

빌립보서 3:8 (개역개정)

또한 모든 것을 해로 여김은 내 주 그리스도 예수를 아는 지식이 가장 고상하기 때문이라 내가 그를 위하여 모든 것을 잃어버리고 배설물로 여김은 그리스도를 얻고.

그의 사역적인 부분에 관해서는 여기에서는 기술하지 않겠습니다. 그는 베드로와 함께 사도행전의 주인공이었고, 신약 서신서의 70%를 썼을 만큼 하나님께 귀하게 사역적으로 쓰임 받았습니다. 주목하고 싶은 것은 그의 성품의 변화입니다.

그는 냉정하고 철저한 사람이었습니다.

갈라디아서 2:11,14 (개역개정)

11. 게바가 안디옥에 이르렀을 때에 책망할 일이 있기로 내가 그를 대면하여 책망하였노라

14. 그러므로 나는 그들이 복음의 진리를 따라 바르게 행하지 아니함을 보고 모든 자 앞에서 게바에게 이르되 네가 유대인으로서 이방인을 따르고 유대인답게 살지 아니하면서 어찌하여 억지로 이방인을 유대인답게 살게 하려느냐 하였노라.

바울은 베드로가 이방인들과의 식사 중에 유대인을 만나니까 슬그머니 식사하다가 물러간 일로 모든 사람 앞에서 강하게 질책하였습니다. 당대에 베드로는 바울보다 훨씬 선배 사도였음에도 불구하고 가차없었습니다. 베드로는 사도들 중에서도 사람들에게 가장 존경받는 사도였습니다. 자칫 사도들 간의 불화하는 모습은 사람들에게 어려움을 주기에 충분한 장면이었습니다.

사도행전 5:15 (개역개정)

심지어 병든 사람을 메고 거리에 나가 침대와 요 위에 누이고 베드로가 지날 때에 혹 그의 그림자라도 누구에게 덮일까 바라고

베드로의 그림자에 스치면 병이 나을까 싶어서, 사람들이 그를 쫓아다녔습니다. 감히 보통 사람들은 그와 어울리지도 못했습니다(행 5:13). 하지만 바울은 잘못되었다고 판단하면 그가 어떤 사람이든

지 상관하지 않고 강하게 질책했습니다. 물론 베드로가 잘못했지만 모든 사람 앞에서 강하게 비판한 것은 바울의 성격이 어떠한지 드러내 보여주고 있습니다. 그리고 마가를 자신이 정한 어떤 기준에 맞지 않는다는 이유로 제2차 전도 여행에서 제외시켰습니다.

사도행전 15:37-39 (개역개정)

37. 바나바는 마가라 하는 요한도 데리고 가고자 하나

38. 바울은 밤빌리아에서 자기들을 떠나 함께 일하러 가지 아니한 자를 데리고 가는 것이 옳지 않다 하여

39. 서로 심히 다투어 피차 갈라서니 바나바는 마가를 데리고 배 타고 구브로로 가고.

아마도 바나바는 바울에게 한 번쯤 용서해 주고 같이 가자고 했을 것이고, 바울은 절대 안 된다고 했을 것입니다. 아무튼 바울은 칼 같은 냉정한 면이 있는 사람이었고, 사역에 대한 열심으로 인해서 다른 이들에게 때로는 상처도 주는 사람이었습니다.

그런데 그가 쓴 서신서들에 보면 마지막에 항상 사랑으로 문안 인사를 하는 장면들이 있습니다. 그중에는 마가에 관한 내용도 있습니다.

디모데후서 4:11 (개역개정)

누가만 나와 함께 있느니라 네가 올 때에 마가를 데리고 오라 그가 나의 일에 유익하니라.

바울은 노년이 되어, 마가와의 관계가 회복되고 그를 몹시 보고 싶어 합니다.

그가 쓴 갈라디아 교회를 향한 글 중의 갈라디아서 5장 22절(성령의 열매)과 고린도전서 13장(사랑 장)의 내용을 보면, 그가 성령 안에서 계속 주님을 닮아가야 할 성품들을 알게 되고 깨닫게 된 것을 보게 됩니다. 비록 그의 성품이 온전하지는 않지만 계속해서 성령 안에서 사랑의 성품들이 자라가고 있음을 그의 서신서를 통해서 계속 느낄 수 있습니다. 개인적으로 바울의 사랑을 많이 느낄 수 있는 편지는 오네시모에게 보낸 빌레몬서입니다.

빌레몬서 1:9-10 (개역개정)

9. 도리어 사랑으로써 간구하노라 나이가 많은 나 바울은 지금
또 예수 그리스도를 위하여 갇힌 자 되어

10. 갇힌 중에서 낳은 아들 오네시모를 위하여 네게 간구하노라.

바울은 노년에 감옥에서 오네시모를 만납니다. 빌레몬은 골로새 교회의 중요한 사람이었습니다. 그는 바울이 전도했던 사람으로 이제는 크리스천이 되었고 그의 가족도 빌레몬을 통해 크리스천이 되었습니다. 그래서 바울은 빌레몬에게 영적 아버지와 같은 존재였습니다. 오네시모는 빌레몬의 노예였는데, 제물을 가지고 훔쳐 도망갔습니다.

그 당시 노예법은 가혹했습니다. 주인은 노예에게 무제한의 권력을 가지고 있었고, 노예의 생사는 완전히 주인의 손에 있었습니다. 그런 오네시모도 바울의 전도를 받아 크리스천이 된 것입니다. 바울

은 이 하찮은 노예를 위해 갇힌 중에 낳은 아들이라 하면서, 18절에 보면 "네게 불의하거나 빚진 것이 있으면 내 앞으로 계산하라"고 말합니다. 그래서 바울은 주인 빌레몬에게 보내는 편지와 함께 오네시모를 그에게 돌려보내는 것입니다. 그는 빌레몬의 영적 아비 된 자로서 빌레몬에게 명령할 수도 있지만 인격적으로 그에게 부탁합니다(빌1:8,14).

오네시모를 용서하고 사랑으로 환영해 줄 것을 요청하는 바울의 모습, 또한 빌레몬에게 강요가 아닌 인격적으로 요청하는 모습은 하나님의 사랑을 생각나게 합니다. 처음의 크리스천들을 대적하고 죽이던 바울, 사역 중기에 베드로에게 모든 사람이 보는 앞에서 강하게 질책하고, 마가의 실수도 절대 용납하지 않았던 바울의 모습에서 얼마나 주님 앞에 성숙하고 주님을 닮아가는 모습으로 바뀌었는지 볼 수 있습니다.

베드로와 사울의 모습을 보면서 죽기까지 우리를 사랑하신 예수님의 사랑, 성령님으로 우리 마음 가운데 오셔서 계속 자라게 하시는 그분의 마음을 더 깊이 묵상하게 합니다. 진정한 성령의 열매는 주님을 닮은 성품과 삶의 모습입니다.

다음 장에서는, 그러면 과연 우리가 베드로와 바울처럼 성령의 사람으로 살아가기 위해서는 어떻게 살아야 하는지 생각해 보도록 하겠습니다.

13
포도나무 가지처럼 (열매 맺는 삶을 향하여)

우리는 구약의 언약과 새 언약도 배웠습니다. 그리고 성령의 사람인 베드로와 바울의 모습도 살펴보았습니다. 이제 가장 크게 고민해야 할 문제는 '어떻게 예수님의 사람으로 그 안에 거하며 열매를 맺어가는 삶을 살 수 있는가?' 하는 것입니다.

예수님께서는 '예수님 안에 거한다'라는 것을 가장 쉽게 포도나무 비유로 알려 주셨습니다. 이 본문을 깊게 묵상해 보면서 주님 안에 거하고 열매를 맺는 삶이 어떤 것인지 함께 나누어 보도록 하겠습니다.

요한복음 15:1-12 (현대인의성경)

1. 나는 참 포도나무요, 내 아버지는 농부이시다.

2. 나에게 붙어 있으면서 열매를 맺지 못하는 가지는 아버지께서

모두 잘라내시고, 열매 맺는 가지는 열매를 더 많이 맺게 하려고 깨끗이 손질하신다.

3. 너희는 내가 너희에게 일러 준 말로 이미 깨끗해졌으니

4. 내 안에서 살아라. 나도 너희 안에서 살겠다. 가지가 포도나무에 붙어 있지 않고서는 스스로 열매를 맺을 수 없듯이 너희도 내 안에 있지 않으면 열매를 맺지 못할 것이다.

5. 나는 포도나무이고 너희는 가지다. 사람이 내 안에 살고 내가 그 사람 안에 살면 그는 많은 열매를 맺는다. 나를 떠나서는 너희가 아무것도 할 수 없다.

6. 누구든지 내 안에 머물러 있지 않으면 가지처럼 밖에 버려져 말라 버린다. 사람들은 그런 것을 주워다가 불어 던져 태운다.

7. 만일 너희가 내 안에 살면서 내 말을 지키면 무엇이든지 원하는 대로 구하라. 그러면 그대로 이루어질 것이다.

8. 너희가 많은 열매를 맺어 내 제자라는 것을 보여 주면 내 아버지께서 영광을 받으신다.

9. 아버지께서 나를 사랑하신 것처럼 나도 너희를 사랑하였으니 내 사랑 안에서 살아라.

10. 내가 아버지의 계명을 지키고 그분의 사랑안에 있는 것과 같이 너희도 내 계명을 지키면 내 사랑 안에서 살게 될 것이다.

11. 내가 이 말을 너희에게 한 것은 내 기쁨이 너희 안에 있게 하고 너희 기쁨이 넘치게 하기 위해서이다.

12. 내가 너희를 사랑한 것처럼 너희도 서로 사랑하여라. 이것이 내 계명이다.

먼저 생각해 보아야 할 것은 주님 안에 있다는 것은 포도나무에 생명이 있듯이 '생명'이 있다는 말입니다. 우리가 죄로 인해 하나님과의 관계가 끊어졌는데 예수님께서 우리를 위해 죽으심으로 죄사함을 얻었고, 성령 안에서 다시 태어났습니다. 예수님을 믿는 사람은 성령님을 통해 다시 태어난 영적 생명이라는 것입니다. 전 장에도 말씀드렸지만 많은 크리스천들이 이 사실을 모릅니다. 예수 안에 있다는 것은 영적 '생명'이 있다는 것과 '영적으로 자라가야 된다'는 것을 모릅니다. 우리는 포도나무 가지에 붙어 있는 가지처럼 '영적 생명'을 가지고 '자라나야' 하는 것을 깨달아야 합니다.

고린도후서 5:17 (개역개정)

그런즉 누구든지 그리스도 안에 있으면 새로운 피조물이라 이전 것은 지나갔으니 보라 새것이 되었도다.

예수님을 믿는 사람은 성령님이 그 마음속에 계시는 사람입니다. 그 사람은 구약에서 선지자를 통해 예언된 말씀이 성취된 사람입니다.

에스겔 11:18-20 (개역개정)

18. 그들이 그리로 가서 그 가운데의 모든 미운 물건과 가증한 것을 제하여 버릴지라

19. 내가 그들에게 한마음(예수님과 한마음)을 주고 그 속에 새 영(성령님)을 주며 그 몸에서 돌 같은 마음을 제거하고 살처럼 부드러운 마음(주님의 마음)을 주어

20. 내 율례를 따르며 내 규례를 지켜 행하게 하리니 그들은 내 백성이 되고 나는 그들의 하나님이 되리라.

그렇다면 '예수님 안에 거한다'라는 의미는 무엇일까요? 그리고 '예수님의 가지 안에 붙어 있다'라는 의미는 무엇이고, 열매는 어떤 열매를 말할까요?

새로운 생명은 예수님을 마음속에 주인으로 모신 사람을 말합니다. 이 생명은 주님 안에서 자라갑니다. 주님 안에서 자라간다는 것은 예수님과 하나님의 마음을 더 깊이 알아가서 그를 더욱 사랑하게 된다는 것입니다.

로마서 5:8 (개역개정)

우리가 아직 죄인 되었을 때에 그리스도께서 우리를 위하여 죽으심으로 하나님께서 우리에 대한 자기의 사랑을 확증하셨느니라.

요한일서 4:10-11 (개역개정)

10. 사랑은 여기 있으니 우리가 하나님을 사랑한 것이 아니요 하나님이 우리를 사랑하사 우리 죄를 속하기 위하여 화목 제물로 그 아들을 보내셨음이라

11. 사랑하는 자들아 하나님이 이같이 우리를 사랑하셨으즉 우리도 서로 사랑하는 것이 마땅하도다.

예수님을 알아간다는 것은 예수님의 사랑을 알아간다는 것입니다. 성령님을 마음에 주인으로 모신 사람은 성령님께서 말씀을 통해

그분의 사랑을 깨닫게 하시고 알게 하십니다. 열매를 맺는다는 것은 예수님의 사랑을 더 깊이 알고 깨닫게 되어, 주변 이웃들과의 관계 안에서 사랑의 열매가 맺히게 된다는 것입니다. 하나님을 알게 된 사람은 그 하나님의 사랑과 은혜에 감격할 수밖에 없고, 자신의 삶 가운데 다른 이들도 사랑할 수밖에 없게 됩니다. 주 안에 머무름으로 하나님을 알게 되면 하나님을 사랑하게 되고, 하나님의 사랑을 알게 되면 이웃 사랑으로 나아가게 되는 것입니다. 그 이유는 하나님의 마음이 바로 잃어버린 자녀(눅 15:11-32)에게 있기 때문입니다. 아버지의 마음이 있는 곳에 나의 마음이 있게 됩니다.

이것은 이전 장에도 말씀드렸지만 계속 반복해서 말씀드릴 만큼 중요한 성경의 주제입니다(갈 5:22-23 성령의 열매, 고전 13장 사랑의 성품, 벧후 1:1-11 신의 성품에 참여하는 자, 다 같은 맥락인 것입니다). 이것이 위의 포도나무 가지 비유의 설명입니다. 이것은 또한 모세의 언약에서 하나님을 사랑하고, 네 이웃을 사랑하는 것, 율법을 이루는 일이기도 합니다. 이렇듯 포도나무 가지의 비유는 심오한 진리를 담고 있는 것입니다.

요한복음 13:34-35 (개역개정)

34. 새 계명을 너희에게 주노니 서로 사랑하라 내가 너희를 사랑한 것같이 너희도 서로 사랑하라

35. 너희가 서로 사랑하면 이로써 모든 사람이 너희가 내 제자인 줄 알리라.

'사랑의 원자폭탄'이라는 손양원 목사님이 계십니다. 손 목사님이

자기 아들을 죽인 사람을 양자 삼은 이야기는 다들 아시지요. 그런데 그런 그의 무조건적인 사랑과 용서, 희생의 마음은 '그가 얼마나 예수를 깊이 생각했는가? 얼마나 예수를 깊이 좇았는가?'를 생각하게 합니다. 손양원 목사님의 마음을 떠오르게 하는 그의 수필이 하나 있습니다.

너무 도전이 되어서 제가 책상에 붙여 놓고 매일 보는 수필입니다.

> 나는 예수의 중독자가 되어야 하겠다.
> 술 중독자는 술로만 살다가 술로 인해 죽게 되는 것이고,
> 아편 중독자는 아편으로 살다가 아편으로 인해 죽게 되나니
> 우리도 예수로 살다가 예수로 죽자.
> 우리의 전 생활과 생명을 주님을 위해 살면 주같이 부활된다.
> 주의 종이니 주만 위해 일하는 자 되고, 내 일 되게 하지 말자.

아들을 죽인 원수까지 사랑할 수 있었던 힘은 예수에 대한 갈망, 예수로 취하고 싶은 마음이었습니다. 이 마음이 원수를 사랑하게 한 원동력입니다. 사람의 힘이 아니라 오직 예수님의 마음만이 그렇게 하실 수 있게 하는 것입니다.

> **스가랴 4:6 (개역개정)**
>
> 그가 내게 대답하여 이르되 여호와께서 스룹바벨에게 하신 말씀이 이러하니라 만군의 여호와께서 말씀하시되 이는 힘으로 되지 아니하며 능력으로 되지 아니하고 오직 나의 영으로 되느니라.

손양원 목사님이 설교 원고지 맨 위에 항상 적는 글입니다.

나의 부흥회 시에 먼저 읽을 것.

첫째, 하나님의 지능을 의지하고 나의 지(知)를 믿지 말 것.

둘째, 주님을 나타내지 않고 나를 나타낼까 삼가 조심할 것.

셋째, 성경 원리 잘 모르고 내 지식대로 거짓말하지 않게 할 것.

넷째, 간증 시에 침소봉대(針小棒大)하여 거짓말되지 않게 할 것.

다섯째, 나도 못 행하는 것을 남에게 무거운 짐 지우게 말 것.

여섯째, 내 한마디 말에 청중 생명의 생사 좌우됨을 깊이 알고 말에 조심도, 열심도, 충성도 다할 것.

일곱째, 이 한 시간에 성경 말씀 한마디에 인령(人靈)이 생사 좌우되는 것을 잘 생각해야 된다(지옥에서 끌어올리게도 끌어내리게도 된다).

여덟째, 음식과 물질에도 크게 주의할 것.

1. 주님 대신 받는 대접이니 대접 받을 자격 있나 살펴라.

2. 배 위해, 입맛에 취해 먹지 말고 일하기 위해 먹으라.

3. 물질, 선물에는 하등의 관심을 두지 말라.

결론 : 오, 주여! 이 한 시간에 주 앞에 범죄하지 말게 하여 주시고 사람 앞에 비 없는 구름처럼 은혜 못 끼치고 돌아갈까 주의하게 하소서. 또 내 생(生)에 유일한 참고서는 오직 성경 66권이 되게 하소서. 아멘.

손양원 목사님의 이런 수필과 설교마다 매일 들고 올라가는 원고지를 보면서, 그가 예수와 얼마나 친밀감을 추구했는지 알 수 있었습니다. 그는 한끼 식사를 대접받을 때에도 예수를 깊이 생각했습니다. 우리의 삶에 손양원 목사님까지는 아니더라도, 이러한 사랑과 용서의 열매가 우리 삶 속에 드러나지 않는다면 우리가 구원을 이루고 있는지 다시 한 번 점검해 봐야 합니다. 구원을 이룬다는 말이 무슨 말입니까? 예수님을 마음에 모시기로 작정했으면 제대로 끝까지 주인으로 모시고 살라는 것입니다. 요즘은 청소년기에 부모님한테 붙잡혀서 신앙생활을 하다가 대학생이 되면 신앙생활을 하지 않는다고 합니다.

요즘 대학생들의 신앙생활하는 수치가 2-3%에 이른다고 합니다. 청소년기에 모셨던 예수님을 버린 것인지, 혹은 청소년기 때 부모 눈치를 보며 교회만 왔다 갔다 한 것인지 모르겠습니다.

빌립보서 2:12-13 (개역개정)

12. 그러므로 나의 사랑하는 자들아 너희가 나 있을 때뿐 아니라 더욱 지금 나 없을 때에도 항상 복종하여 두렵고 떨림으로 너희 구원을 이루라

13. 너희 안에서 행하시는 이는 하나님이시니 자기의 기쁘신 뜻을 위하여 너희에게 소원을 두고 행하게 하시나니.

저는 예수님을 믿게 된, 영적 갓난아이와 같은 사람이 기도에 관해서 물으면 항상 이렇게 말하고는 합니다. “먼저 요한복음을 깊이 묵상하면서 읽으세요. 그러면 예수님이 누구신지 알 수 있게 됩니다.”

기도는 교제하는 것입니다. 그런데 상대방이 어떤 사람인지 잘 모

르면 교제할 수가 없습니다. 하나님이, 예수님이 어떤 분인지 모르는 사람은 당연히 기도할 수가 없습니다. 예수님을 알고 싶은 마음이 있어야 합니다. 갈망하는 마음이 새로운 생명으로 태어난 영적 어린아이에게 있어야 합니다.

야고보서 4:8 (개역개정)

하나님을 가까이하라 그리하면 너희를 가까이하시리라 죄인들아 손을 깨끗이 하라 두 마음을 품은 자들아 마음을 성결하게 하라.

우리가 하나님을 어떻게 알게 됩니까? 눈에 보이지 않고, 만져지지도 않고, 귀에 들리지도 않는 하나님을 어떻게 알게 됩니까? 말씀으로 가까이하는 것입니다. 말씀이 생명입니다. 그래서 좋은 태도는 성경을 읽으면서 기도를 배우는 것입니다. 대화를 할 때 가장 좋은 말은 듣는 것이라는 말이 있습니다. 그럴 때 우리의 새로 태어난 속사람이 점점 더 주님을 닮아갑니다. 포도나무 가지 비유는 어떤 의미에서 영적 자양분인 하나님의 생명의 말씀을 먹고 자라나는 모습을 비유하기도 하는 것입니다.

고린도전서 3:6-7 (개역개정)

6. 나는 심었고 아볼로는 물을 주었으되 오직 하나님께서 자라나게 하셨나니

7. 그런즉 심는 이나 물 주는 이는 아무것도 아니되 오직 자라게 하시는 이는 하나님뿐이니라.

전 장에서 말씀 드렸지만, 심고, 물을 주는 일은 우리가 해야 할 일이입니다. 자라게 하시는 것은 성령님께서 자라게 하십니다. 우리의 역할은 말씀을 사모하는 것입니다. 하나님께서 인간에게 자유의지를 주셨습니다. 성령님이 아무리 가르쳐 주시고, 깨닫게 하려고 하셔도 우리가 말씀을 사모하지 않고, 읽지 않고, 묵상하지 않으면 자라지 못한다는 것입니다. 그런데 '우리가 주님을 진정으로 마음의 주인으로 모셨다면 사모하는 마음이 없겠는가?' 하는 의문이 듭니다. 사모함이 없는 사람은 예수님을 믿는다고 말만 하는 사람입니다. 예수님이 구원자라는 것은 알고는 있습니다. 그러나 머리로만 알지, 진정으로 마음에 모시지 않은 사람입니다. 믿음은 마음의 주인이 바뀌는 것입니다.

베드로전서 2:2 (개역개정)

갓난 아이들같이 순전하고 신령한 젖을 사모하라 이는 그로 말미암아 너희로 구원에 이르도록 자라게 하려 함이라.

베드로전서에는 하나님의 생명의 말씀을 신령한 젖으로 표현하며, 그 젖을 먹고 자라면 구원에까지 자라난다고 말씀하고 있습니다. 그런데 가만히 포도나무 비유와 베드로전서의 말씀을 보면, 의문점이 생기게 됩니다. 자라지 않고 열매 맺지 않는 나뭇가지는 잘라낸다고 했고, 말씀을 사모하지 않는다면, 다른 말로 우리가 영적으로 성장하지 않고 사랑의 실천이 없는 신앙생활을 한다면 구원에 이르지 못한다는 말인가 하는 의문입니다. 이 문제는 우리가 정말 깊이 생각해 봐야 할 문제입니다. 이 문제를 생각해 보기 위해서 또 다른 예화를 생각해 보도록 하겠습니다. 마태복음 13장에는 예수님이 씨 뿌리는 비유에 대해서 말씀해 주고 있습니다.

마태복음 13:18-23 (개역개정)

18. 그런즉 씨 뿌리는 비유를 들으라

19. 아무나 천국 말씀을 듣고 깨닫지 못할 때는 악한 자가 와서 그 마음에 뿌려진 것을 빼앗나니 이는 곧 길가에 뿌려진 자요

20. 돌밭에 뿌려졌다는 것은 말씀을 듣고 즉시 기쁨으로 받되

21. 그 속에 뿌리가 없어 잠시 견디다가 말씀으로 말미암아 환난이나 박해가 일어날 때에는 곧 넘어지는 자요

22. 가시떨기에 뿌려졌다는 것은 말씀을 들으나 세상의 염려와 재물의 유혹에 말씀이 막혀 결실하지 못하는 자요

23. 좋은 땅에 뿌려졌다는 것은 말씀을 듣고 깨닫는 자니 결실하여 어떤 것은 백 배, 어떤 것은 육십 배, 어떤 것은 삼십 배가 되느니라 하시더라.

여기에 보면 씨 뿌리는 사람은 예수님이고, 밭은 우리의 마음밭을 말합니다. 씨가 밭에 떨어졌다는 것은 복음을 받았다는 것을 말합니다. 어떤 사람은 복음을 듣자마자 거부하는 사람도 있고, 어떤 이들은 환난, 핍박, 세상의 염려로 열매를 맺지 못합니다. 결국 오직 말씀을 듣고, 잘 깨닫는 자들만이 열매를 맺습니다. 적은 숫자만 열매를 맺습니다.

마태복음 7:13-21 (개역개정)

13. 좁은 문으로 들어가라 멸망으로 인도하는 문은 크고 그 길이 넓어 그리로 들어가는 자가 많고

14. 생명으로 인도하는 문은 좁고 길이 협착하여 찾는 자가 적음이니라

15. 거짓 선지자들을 삼가라 양의 옷을 입고 너희에게 나아오나 속에는 노략질하는 이리라

16. 그들의 열매로 그들을 알지니 가시나무에서 포도를, 또는 엉겅퀴에서 무화과를 따겠느냐

17. 이와 같이 좋은 나무마다 아름다운 열매를 맺고 못된 나무가 나쁜 열매를 맺나니

18. 좋은 나무가 나쁜 열매를 맺을 수 없고 못된 나무가 아름다운 열매를 맺을 수 없느니라

19. 아름다운 열매를 맺지 아니하는 나무마다 찍혀 불에 던져지느니라

20. 이러므로 그들의 열매로 그들을 알리라

21. 나더러 주여 주여 하는 자마다 다 천국에 들어갈 것이 아니요 다만 하늘에 계신 내 아버지의 뜻대로 행하는 자라야 들어가리라

요한일서 3:14 (개역개정)

우리는 형제를 사랑함으로 사망에서 옮겨 생명으로 들어간 줄을 알거니와 사랑하지 아니하는 자는 사망에 머물러 있느니라.

이 말씀은 좁은 문으로 들어가라는 말씀입니다. 사랑의 열매를 맺

지 못한 사람은 구원을 얻지 못할 것이라는 말씀입니다. 더욱 두려운 말씀은 주님의 이름으로 사역한다고 해서 다 천국이 보장된 것이 아니라는 것입니다. 아무리 능력 있는 사역을 한다고 해도 우리의 말과 행동에 예수님의 사랑의 열매의 모습이 없다면 가짜라는 것입니다.

저는 보수적인 신학교를 나왔습니다. 저는 하나님께서 한번 구원을 예정한 사람은 끝까지 구원하신다고 배웠습니다. 그러나 동시에 야고보서와 요한일,이,삼서에 보면 사랑의 실천, 행동하는 신앙인에 대해서 많은 말씀을 하고 있습니다. 오직 믿음으로만 구원을 얻는 것은 맞습니다. 그러나 구원을 받은 사람이라면 행동에서, 삶의 성품에서 반드시 그 증거가 드러나야 하는 것도 동일하게 성경에서 말씀해 주고 있습니다.

얼마나 무서운 말씀입니까? 이 땅에 많은 크리스천이 있지만 예수님의 사랑의 열매를 맺고 좁은 문으로 들어가는 성도는 얼마나 되겠습니까? 앞서 씨 뿌리는 비유에도 나와 있지만 열매 맺는 자는 소수이고, 좁은 문으로 들어가는 자도 소수입니다. 우리의 삶에 예수를 믿고, 그 증거가 열매가 드러나고 있는가 하는 것은 정말 중요합니다.

마태복음 19:16-21 (개역개정)

16. 어떤 사람이 주께 와서 이르되 선생님이여 내가 무슨 선한 일을 하여야 영생을 얻으리이까

17. 예수께서 이르시되 어찌하여 선한 일을 내게 묻느냐 선한 이는 오직 한 분이시니라 네가 생명에 들어가려면 계명들을 지키라

18. 이르되 어느 계명이오니이까 예수께서 이르시되 살인하지

말라, 간음하지 말라, 도둑질하지 말라, 거짓 증언하지 말라,

19. 네 부모를 공경하라, 네 이웃을 네 자신과 같이 사랑하라 하신 것이니라

20. 그 청년이 이르되 이 모든 것을 내가 지키었사온대 아직도 무엇이 부족하니이까

21. 예수께서 이르시되 네가 온전하고자 할진대 가서 네 소유를 팔아 가난한 자들에게 주라 그리하면 하늘에서 보화가 네게 있으리라 그리고 와서 나를 따르라 하시니.

부자 청년이 주님에게 다가왔습니다. 어떻게 영원한 생명을 얻을 수 있을지 묻습니다. 예수님은 이웃 사랑에 대한 계명을 지키라고 하셨습니다. 이 부자 청년은 모든 것을 어려서부터 잘 지켜왔다고 말합니다. 하지만 예수님은 이 부자 청년의 마음을 잘 알고 계셨습니다. 이 청년은 외형적인 모습은 모범적인데, 정작 그 마음 중심에는 예수님이 없었습니다. 그래서 재물을 팔고 나를 좇으라고 했더니, 정작 자신의 재물을 좇습니다. 말로는 '예수님, 예수님' 하지만 정작 이 사람의 마음에서 모시고 있던 것은 돈이었던 것입니다. 그래서 돈을 가난한 자들에게 나누어 주고 나를 좇으라는 말씀은 그 청년의 거짓된 마음을 정확하게 찌릅니다.

마태복음 25장의 열 처녀의 비유와 달란트의 비유도 의미심장합니다. 마태복음 24장은 말세에 일어날 일에 대해서 보여주고 있습니다. 24장에 이어 25장의 내용은 말세에 준비된 사람과 준비되지 않은 사람에 대해서 말씀하고 있습니다. 우리가 심각하게 생각해 봐야 할 것은 열 처녀의 모습도 겉으로는 다 똑같다는 것입니다. 겉모습

은 주님 오실 때까지 다 똑같이 성도의 모습이지만, 주님 오실 때가 되어서 등에 기름이 있는 처녀와 등에 기름이 없는 처녀가 구분된다는 것입니다.

달란트 비유에서도 겉으로는 다 똑같이 종의 모습입니다. 다만 어떤 종은 마음에 주님만을 모시고 주님을 위해서 일하는가 하면, 어떤 종은 마음에 본인이 들어앉아 있다가 주님이 오시자 잔치에 참여하지 못합니다. 처녀의 비유에도 마찬가지입니다. 이 잔치는 천국을 말합니다.

마태복음 25:30 (개역개정)

이 무익한 종을 바깥 어두운 데로 내어쫓으라 거기서 슬피 울며 이를 갈리라 하니라.

누가복음 19:27 (개역개정)

그리고 내가 왕 됨을 원하지 아니하던 저 원수들을 이리로 끌어다가 내 앞에서 죽이라 하였느니라.

같은 비유를 말씀하실 때 누가복음에는 이 종을 잡아 죽이라고 나와 있습니다.

저는 어렸을 적에 교회 안에 사택에서 자랐습니다. 태어날 때부터 지금까지 수많은 교인들을 봤습니다. 너무 슬프지만 거쳐 온 많은 교회 안에서 적지 않은 성도들이 자라지 않는 것을 보았습니다. 어떤 사람의 구원의 문제를 100% 확신할 수는 없지만 자라지 않는 성도님들은 그 안에 성령님으로 인한 생명이 없다고 생각할 수밖에 없습니다. 교회 안에서 몇 년까지는 어린아이와 같은 모습으로 있는 것이 정상입니다. 그러나 장로, 권사, 집사의 직분을 받은 사람들이 예수님을 믿은 후 10년이 지나고, 20년이 지나도 그의 성품과 인격에 전혀 변화가 없다면 그것은 그 안에 생명이 없다고 생각할 수밖에 없습니다. 우리 모두 진실한 마음으로 이 문제를 깊이 한 번 생각해 봅시다.

그리고 내가 주일날 교회에는 출석하지만 나머지 6일 동안 다른 믿지 않는 사람과 동일한 모습으로 살아간다면, 세상에 양다리를 걸치고 있는 사람이라면, 냉정하게 말해서, 나의 마음의 주인은 나 자신입니다. 내가 그저 평안함을 누리기 위해 가장 기본적인 신앙생활의 껍데기의 모습만 겨우겨우 유지하고 있을 뿐입니다. 안타까운 말씀이지만 예수님을 처음부터 믿지 않았든지, 세상의 어떤 부분이 더 좋기 때문에 예수를 버리고 다른 것을 혹은 나 자신을 마음의 주인으로 모신 사람입니다.

목사도 마찬가지이고 선교사도 마찬가지입니다. 주님의 이름으로 사역을 하고, 능력이 있을 수도 있지만 내가 주님의 마음을 모르고, 나의 성품이 주님을 닮아가지 않고, 사랑의 열매들이 사역지에서 드러나지 않는다면 저는 가짜입니다.

하나님은 그분을 너무 사랑하여서 자신을 죽여 성령으로 오셔서 문 밖에 서서 마음의 문을 두드리고 계신데, 문을 열고 주님을 맞이하지 않고, 세상의 어떤 가치나 본인이 계속 마음의 주인 노릇을 하는 것입니다. 이 사람은 이 땅에서 천국을 누리지도 못하고, 죽음의 순간에 왔을 때 기쁘게 죽지도 못합니다. 너무나 안타까운 일입니다.

요한계시록 3:20 (개역개정)

볼지어다 내가 문 밖에 서서 두드리노니 누구든지 내 음성을 듣고 문을 열면 내가 그에게로 들어가 그와 더불어 먹고 그는 나와 더불어 먹으리라.

이런 사람의 삶과 바울이 말한 속사람의 자라남은 얼마나 대조됩니까?

고린도후서 4:10-16 (개역개정)

10. 우리가 항상 예수의 죽음을 몸에 짊어짐은 예수의 생명이 또한 우리 몸에 나타나게 하려 함이라

11. 우리 살아 있는 자가 항상 예수를 위하여 죽음에 넘겨짐은 예수의 생명이 또한 우리 죽을 육체에 나타나게 하려 함이라

12. 그런즉 사망은 우리 안에서 역사하고 생명은 너희 안에서 역사하느니라

13. 기록된 바 내가 믿었으므로 말하였다 한 것같이 우리가 같은 믿음의 마음을 가졌으니 우리도 믿었으므로 또한 말하노라

14. 주 예수를 다시 살리신 이가 예수와 함께 우리도 다시 살리사 너희와 함께 그 앞에 서게 하실 줄을 아노라

15. 이는 모든 것이 너희를 위함이니 많은 사람의 감사로 말미암아 은혜가 더하여 넘쳐서 하나님께 영광을 돌리게 하려 함이라

16. 그러므로 우리가 낙심하지 아니하노니 우리의 겉사람은 낡아지나 우리의 속사람은 날로 새로워지도다.

《Jesus All》의 저자 튤리안 차비진 목사님은 복음을 다시 되새김질하는 것을 통해서 얼마나 그가 영적 회복과 성장을 이루고 있는지 말씀해 주고 계십니다.

> 언제나 복음이 선포된 곳에서 말씀에 대한 순종이 나타난다. 이 진리를 깨달은 후 내 삶이 얼마나 크게 변했는지 모른다. 복음을 알고 가슴 깊이 받아들이는 순간, 더 없이 큰 열매를 맺는 삶이 펼쳐지기 시작했다. 하지만 죄를 이겨내기 위한 로마서의 처방은 자기 절제나 의지력, 율법의 준수가 아니라 바로 '생명'이다. 복음을 계속해서 재발견할 때 비로소 참된 변화가 이루어진다는 말이다.
>
> 우리는 열심히 노력해야 한다. 하지만 우리에게 필요한 노력은 흔히 생각하는 것처럼 자기 계발과 도덕적 성장을 위한 노력이 아니다. 신앙 성장을 위한 우리의 수고는 하나님의 사랑이 우리의 행위에 따라 달라지지 않는다는 사실을 매일 되새기는 것이다. 스스로 성장하려는 욕구를 버리는 것이야 말로 진정한 성장이다.(《Jesus All》, 튤리안 차비진, p.186)

이 책을 읽고 계시는 사랑하는 성도님! 바울은 겉은 후패하나 속사람은 날마다 새로워져 간다고 했습니다. 얼마나 멋집니까? 튤리안 차비진 목사님도 복음을 끊임없이 되새김질함으로 참된 변화를 맛보았습니다. 전 장에서 이재철 목사님도 말씀을 먹음으로 도리어 말씀이 나를 삼키게 되는 삶을 말씀하셨습니다. 우리도 날마다 주 안에서 속사람이 자라가야 할 것입니다. 다윗이 말한 비유처럼 목마른 사슴이 시냇가를 찾아 헤매이듯, 그 말씀에 대한 영적 갈망함이 우리 모두에 임하기를 소망합니다.

저는 하나님의 은혜에 참으로 감사합니다. 올해 초(2014년)에 기도 중에 하나님께서는 제게 하나님의 크고 놀라운 일을 경험할 것이라는 마음을 주셨습니다. 저는 그것이 어떤 사람을 만나거나, 어떤 사역적인 부분에서 큰 변화가 있거나, 제가 몰랐던 어떤 지역을 방문하게 되는 일인 줄 알았습니다. 물론 올해 초 여행을 많이 다니긴 했지만 최근 깨달은 사실은 성령님에 대한 사모함이 엄청나게 커졌고, 말씀에 대한 사모함이 커졌다는 것입니다. 그것이 하나님의 크고 놀라운 일이었습니다. 그전에는 뭔가 색다른 경험을 해야만 하나님의 크고 놀라운 일을 겪는다고 생각했는데, 하나님을 더 깨닫게 되는 것만큼 놀라운 일은 없다는 것을 깨달은 것입니다.

저는 새벽과 아침에 성경을 읽습니다. 다른 모든 일과를 시작하기 전에 그 일을 합니다. 그럴 때 내 속사람이 양식을 먹는 것처럼 채워지는 것을 경험합니다. 날마다 자라가고 있는 것입니다. 전에도 읽었던 말씀인데 또다시 저에게 새롭게 말씀하고 계신 것을 깨닫습니다. 성령님께서 깨닫게 해주시는 것입니다. 깨닫는 시기가 따로 있다는 것을 절실히 느낍니다. 내가 알려고 해도 절대로 깨달아지지 않습니다. 성령님께서 깨닫게 해주시기 전까지는 말입니다. 그래서 사모하고, 기도합니다. 그래서 저는 이곳 서아프리카 말리에서 생활하는 것이 어떤 부분에서는 감사합니다. 어떤 면에서 신앙 성장을 위한 환경이 확보되기 때문입니다.

중요한 것은 내 속사람이 자라고 있는가 하는 일입니다. 내가 계속 물을 주고 있는가 하는 일입니다. 내 몸은 날마다 세 끼의 밥을 먹습니다. 그 누구도 한 달치의 밥을 한꺼번에 먹고, 한 달을 쉬는 사람은 없습니다. 내 속사람도 마찬가지입니다. 날마다 조금씩 자라가는 것입니다. 콩나물 시루에 날마다 물을 주면 자라지 않는 것 같지만 어느 날 갑자기 많이 자라 있는 것을 깨닫는 것처럼 우리의 속사람도 날마다 주의 양식을 먹고 자라가야 하는 것입니다. 날마다 우리의 속사람이 조금씩 자라간다면 어느 순간 주님을 닮아 있는 내 모습을 볼 때 우리 자신이 얼마나 기쁨이 넘치겠습니까?

한국의 상황에서는 더 치열하게 이런 시간들을 확보해야만 할 것입니다. 영적 싸움입니다.

저는 최근에 한 사실을 깨달았는데, 그것은 마귀가 세상의 공중권세를 잡고 영향력을 행사할 때 미디어를 많이 활용한다는 사실입니다. 저는 이상하게 어렸을 때 노래방에 다녀오면 영적으로 자유함을 느끼지 못하고 눌리는 듯한 느낌이 들었는데, 왜 그런지 알게 되었습니다. 예술 활동은 어떤 면에서 감정의 통로입니다. 책이나 노래, 그림들을 통해서 진정한 프로들은 창작가의 감정을 전달시키려고 노력합니다. 그래서 정상적인 예술가들은 자신의 영감을 작품에 불어넣으려고 노력합니다. 창조의 영감은 원래 하나님의 것입니다. 하나님의 원래 계획은 성령으로 충만해서 예술 작품을 통해 하나님의 마음을 느끼도록 하는 것이 예술가들을 향한 하나님의 목적이었습니다. 밀레가 그린 추수가 끝난 후 기도하는 모습을 담은 그림은 하나님께 대한 깊은 감사와 경외하는 마음을 전달합니다.

그런데 마귀는 돈과 명예를 이용해서 각종 연예계에 있는 사람들에게 악한 영의 메시지를 불어넣습니다. 그래서 어떤 작곡가, 음향감독, PD들은 주술사보다도 더 영적으로 예민하게 반응하고, 어떤 작곡가들은 이 곡이 영적으로 아주 안 좋은 것인 줄을 알면서도 감정을 전달하고, 높은 퀄리티의 곡을 위해서, 또 돈과 명예를 위해서 할 수 없이 악한 영의 힘을 빌려서 작곡을 한다는 것입니다. 자신의 영감에는 한계가 있기 때문입니다. 각종 마약 등을 통해 환각적인 상태에서 또 성적으로 굉장히 음란한 환경 아래에서 작업을 합니다. 왜냐하면 그렇게 해야만 좋은 곡이 나오고, 돈과 명예를 유지시킬 수 있기 때문입니다. 왜 마약, 음란, 자살, 이런 일들이 연예계에서 끊임없이 일어나는 것일까요? 한번 깊이 생각해 봐야 할 문제입니다.

특별히 한국은 IT 강국입니다. 인터넷, TV, 스마트폰을 통해서 미디어를 24시간 옆에 놓고 있는 환경입니다. 이것을 두렵게 생각할 수 있어야 합니다. 인간은 후두엽을 통해 정보를 제공받아서, 전두엽을 통해 생각하고 판단한다고 합니다. 그런데 미디어는 책과 다르게 너무 빠르게 정보를 제공해서, 전두엽이 생각하고 판단할 시간도 없이 그대로 정보가 두뇌에 인식되는 것입니다. 그래서 최근 아이들 중에 미디어 중독, 주의력 결핍, 과잉행동장애(ADHD)(뇌가 정보만을 너무 많이 받아서 자극이 없으면 뇌가 반응하지 않기 때문에, 가만히 있을 때 불안을 느끼게 됨)가 많은 것입니다. 세상의 메시지들을 마귀가 미디어를 통해 계속 우리에게 주입합니다.

에베소서 2:2 (개역개정)

그때에 너희는 그 가운데서 행하여 이 세상 풍조를 따르고 공중의 권세 잡은 자를 따랐으니 곧 지금 불순종의 아들들 가운데서 역사하는 영이라.

에베소서 6:12 (개역개정)

우리의 씨름은 혈과 육에 상대하는 것이 아니요 통치자들과 권세들과 이 어둠의 세상 주관자들과 하늘에 있는 악의 영들을 상대함이라.

물론 좋은 프로그램도 있고, 좋은 작곡가, 연예계 쪽에서 일하는 좋은 사람들도 많이 있습니다. 그러나 대부분의 미디어 내용들이 성경의 메시지들과 반하는 것은 사실입니다. 그것은 이런 것입니다. 진리가 상대적이라고 하는 메시지, 진리는 다양하기 때문에 다른 진리들을 포용할 수 있는 넓은 마음이 있어야 한다는 메시지, 성의 즐기는 부분에만 집중하게 하는 메시지, 사랑에 관한 잘못된 정의의 메세지, 동성애를 받아들이게끔 하는 메시지, 어떤 유명 메이커의 상품을 쓰면 그만큼 자신의 가치가 높아진다는 메시지의 광고, 돈(재정)을 많이 벌고 멋있게 쓰는것이 인생을 멋지게 사는 것이라는 메시지 등등이 있습니다.

이것은 모두 성경에서 말하는 것이 아닌 거짓 가치관입니다. 마귀는 진리가 아닌데 진리인 것처럼 말하는 데 선수입니다. 진리를 90% 정도 말하고 거짓을 10% 보탭니다. 누구나 속을 수밖에 없습니다. 에덴동산에서 써먹었던 방법 그대로(창 3:6), 예수님에게 써먹었던 방법 그대로(마 4:1-11) 지금까지 써먹고 있습니다. 그래서 이런 가치관으로 세상의 사람들을 미디어를 통해 세뇌시키고 교육시킵니다.

그래서 가능하면 미디어를 절제하고 내 심령에 물을 주는 일에 더욱 힘써야 합니다. 이것이 영적 전쟁입니다. 미디어를 올바르게 판단할 수 있는 지혜와 분별력이 있기까지 말입니다. 그것을 분별하려면 성경에서 결혼, 성, 돈, 동성애, 진리에 대해 어떻게 말씀하시고 있는지 분명한 성경적 기준이 우리 마음 가운데 있어야 합니다. 그런 기준도 없이 인터넷과 TV에 계속 붙들려 있으면 미디어가 말하는 기준에 영향받을 수밖에 없습니다.

로마서 6:16 (개역개정)

너희 자신을 종으로 내주어 누구에게 순종하든지 그 순종함을 받는 자의 종이 되는 줄을 너희가 알지 못하느냐 혹은 죄의 종으로 사망에 이르고 혹은 순종의 종으로 의에 이르느니라.

말씀을 갈망하고, 그 말씀을 통해 내 영혼에 물을 주는 일을 계속한다면 우리의 영은 계속 자라갈 것입니다. 의도적으로 그렇게 하지 않는다면 우리의 환경상 우리가 알지도 못한 채 미디어(TV, 인터넷, 스마트폰)을 통해 잠자는 시간을 제외하고는 우리가 우리의 심령에 세상 메시지들을 물주고 있다는 사실을 명심하셔야 합니다.

조지 뮬러라는 사람이 있습니다. 5만 번의 기도 응답과 2천 명이 넘는 고아들을 수십 년 동안 먹이고 살린 사람으로만 많은 사람들이 기억하고 있습니다. 그러나 이분은 은퇴하신 이후 93세로 하늘의 부름을 받기까지 세계 여러 나라를 다니며 강의와 설교로 강한 영적 영향력을 흘려 보내셨습니다.

그는 기도의 사람으로 알려져 있습니다. 그러나 실제로 《영혼을 먼저 살찌우라》(*Soul Nourishment First*)는 그의 저서에 보면, 그가 먼저 본인의 영혼에 물 주는 일에 최우선했다는 것을 알 수 있습니다. 속사람이 자라나갈 때 자연스럽게 그 사랑의 열매가 밖으로 흘러나와 사역은 물론이고, 다른 많은 사람들에게 선하고 강한 영향력을 줄 수 있었던 것입니다. 조금은 긴 예화이지만 우리 모두에게 강한 도전을 줄 수 있는 예화이기 때문에 이 책에 실었습니다.

주님은 제게 한 가지 진리를 가르쳐 주셨는데, 저는 지난 14년 동안 그 진리가 주는 유익을 한 번도 잃어 본 적이 없습니다. 그 진리가 무엇인지 요점을 말씀드리자면, 우리가 날마다 마땅히 해야 하는 모든 일 가운데 첫 번째로 해야 하는 가장 중요한 일은 바로 주님 안에서 나의 영혼이 만족을 얻는 것이라는 사실입니다. 저는 그 진리를 그 어느 때보다 더 분명히 보았던 것입니다. 우리가 반드시 생각해야 할 중요한 사항은 '내가 주님을 얼마나 섬기고 있는가', 혹은 '내가 얼마나 주님을 영화롭게 하고 있는가'가 아니라, '나의 영혼은 과연 행복한 상태에 있는가' 또는 '나의 속사람은 얼마나 강건한 상태에 있는가' 입니다.

이러한 진리를 발견하기 이전에 저는 진리를 찾아 갈구하였고, 믿는 이들의 유익을 구하였으며, 낙심 가운데 있는 자들을 위로하려고 하는 등, 여러 가지 방법으로 영적인 그리스도인이 된 것처럼 행동하려고 했습니다. 그러나 제게는 주님 안의 평안이 없었고, 영혼은 메말랐으며, 속사람은 날마다 힘을 얻지 못했는데, 이 모두는 제 영혼이 합당한 상태에 있지 않았기 때문이었습니다.

지금까지 적어도 10년 동안, 저는 아침에 일어나서 곧바로 기도하는 습관이 있었습니다. 그러나 이제는 제가 해야 하는 가장 중요한 일이 하나님의 말씀을 읽는 일과 그것을 묵상하는 일에 자신을 드리는 것임을 알게 되었습니다. 그리고 이를 통해 제 마음은 위로와 격려와 훈계와 책망과 교훈을 받게 되었습니다. 그 결과, 하나님의 말씀을 묵상하면서 제 마음은 주님과의 체험적인 교통을 갖게 되었습니다.

그래서 저는 처음에 아침 일찍 일어나 신약성경부터 묵상하기 시작했습니다. 주님의 귀하신 말씀 위에 축복해 주시기를 기도한 후, 제가 처음 한 일은 하나님의 말씀을 묵상하는 것이었습니다. 저는 모든 구절을 하나하나 상고하면서 그 구절들로부터 영적인 축복을 얻고자 했습니다. 하나님의 말씀을 묵상하는 이 일은 공적인 말씀 사역을 위한 것도 아니었고, 지금까지 설교 준비를 위해서 말씀을 묵상해 온 방식을 따라서 한 것도 아니었습니다. 그것은 다만 제 자신의 영혼의 양식을 얻기 위한 것이었습니다.

계속해서 이렇게 말씀을 대한 결과, 제 영혼이 자백과 감사와 중보와 간구하는 심령으로 가득하게 되며, 비록 예전처럼 기도로 시작하지 않고 묵상으로 시작했지만, 이내 묵상이 기도로 이어지게 되는 것을 발견하게 되었습니다. 잠시 동안 자백, 중보나 간구, 또는 감사를 드린 후에 다음 말씀, 혹은 다음 구절로 넘어갔습니다. 이와 같이 계속해서 성경을 읽어가면서 말씀이 인도하는 대로 제 자신과 다른 사람들을 위한 기도를 하게 되었지만, 여전히 말씀 묵상의 목적은 제 자신의 영혼을 위한 양식을 얻는 것이었습니다.

이렇게 한 결과, 항상 자백과 감사와 간구와 중보가 묵상과 함께 어우러졌으며, 속사람은 거의 변함없이 영양을 섭취하게 되어 놀랄 정도로 힘을 얻게 되었습니다. 그리고 마음이 불편한 때라도 거의 예외 없이 아침 시간부터 주님의 평안을 누릴 수 있었습니다. 또한 주님께서도 저와 교통하는 것을 기뻐하셨으므로, 공적인 말씀 사역을 위한 말씀 묵상이 아니라 제 자신의 속사람을 살찌우기 위한 목적이었음에도 불구하고, 결국에는 다른 성도를 위한 양식이 되는 것을 체험하게 되었습니다.

따라서 이전의 경험과 현재의 경험과의 차이는 이것입니다. 전에는 일어나자마자 가능한 빨리 기도하려고 했으며, 아침 식사를 하기 전까지 계속해서 기도에 전념하려고 했습니다. 제 영혼이 심하게 황폐되어 있던 때를 빼고는, 저는 어떠한 경우에도 항상 기도로 시작했으며, 다만 경우에 따라서 제 영혼의 양식과 회복, 속사람이 부흥되고 새로워질 필요가 있을 때에만 기도하기 전에 하나님의 말씀을 읽었던 것이었습니다. 그러나 그 결과는 어떠했을까요?

저는 종종 영혼의 위로와 격려와 겸손의 필요 등을 깨닫기도 전에 무릎을 꿇은 채 15분이나 30분, 혹은 한 시간 가량을 허비했던 것입니다. 그 시간 동안 어지러운 마음으로 많은 고통을 겪은 후에야 겨우 기도하기 시작했습니다. 그러나 이제는 이런 식으로 고통을 당하는 데서 완전히 해방되었습니다. 제 마음은 먼저 진리의 말씀으로 꼴을 얻고, 하나님의 귀하신 말씀을 통해 제게 비추어 주신 것들에 대해, 그분과의 체험적인 교제 가운데서 저의 아버지이자 친구 되신 주님께(물론 나는 그만한 가치가 없는 사람이지만) 하나하나 말씀을 드리게 되었습니다.

이토록 귀한 것을 왜 진작 발견하지 못했는지 지금도 의아스러울 따름입니다. 저는 이러한 사실에 대해서 한 번도 책에서 읽어본 일이 없습니다. 또한 이러한 말씀 묵상에 대해 설교하는 것도 들어 본 적이 없었으며, 이러한 일을 소개하고 격려하는 교제를 나누는 어떤 형제도 만나 본 적이 없었습니다. 그러나 하나님께서 그분의 자녀로서 속사람을 위한 양식을 얻기 위해 아침마다 마땅히 해야 하는 첫 번째 일이 말씀 묵상이라는 사실을 제게 가르쳐 주셨기 때문에, 이제 이 일은 다른 일들처럼 제게 너무나도 일상적인 것이 되었습니다.

우리의 겉사람이 음식을 먹지 않으면 조금도 일할 수 없는 것처럼, 우리 속사람도 마찬가지입니다. 말씀 묵상은 우리 속사람의 양식을 얻기 위해 매일 아침 맨 먼저 해야 하는 일입니다. 모든 사람이 음식을 먹는 것처럼, 우리도 속사람을 위해 음식을 섭취해야 합니다. 그렇다면 속사람을 위한 음식은 무엇입니까? 그것은 기도가 아니라 하나님의 말씀입니다.

그러나 다시 한 번 말씀드리지만, 이 일은 단순히 성경을 읽는 것만을 뜻하지 않습니다. 그렇게 하면 하나님의 말씀은 물이 배수로를 따라 흘러가듯 우리 생각을 스쳐 지나갈 뿐입니다. 우리가 읽은 하나님의 말씀을 숙고하고 깊이 묵상하면서 우리 마음에 적용해야 합니다. 기도할 때 우리는 하나님께 진솔하게 말씀드리는 것입니다. 이제 기도는 정해진 어떤 형식을 따르기보다는 어떤 필요, 곧 경건의 능력이나 경건한 열망을 위해, 그리고 하나님을 기쁘시게 할 좋은 때를 얻기 위해 어느 정해진 시간 동안 하나님께 아뢰는 것입니다.

따라서 이러한 영혼의 습관이 가장 효과적으로 수행되려면 속사람이 하나님의 말씀을 묵상한 결과로 풍성한 꿀을 얻은 다음에 이루어져야 합니다. 말씀 묵상을 통해 우리 아버지 하나님께서 우리에게 말씀하시고 격려하시며, 우리를 위로하시고 교훈하시며,

우리를 겸손케 하시며 책망하시는 것을 체험한 후에 기도가 이루어져야 하는 것입니다.

비록 우리는 영적으로 연약하지만 하나님의 축복하심으로 우리 영혼의 유익을 위한 묵상을 할 수 있습니다. 뿐만 아니라 우리가 연약하면 연약할수록 더욱 우리 속사람의 강건함을 위해 말씀 묵상의 필요를 절감하게 되는 것입니다. 따라서 우리가 묵상을 위한 충분한 시간을 가지지 않고 기도에 들어가게 되면 우리의 마음은 방황하게 될 염려가 있습니다.

제가 경험한 바로는 말씀 묵상을 통해 얻게 되는 영적인 유익과 영혼의 소생함이 너무도 크고 크기 때문에, 저는 이 사실을 더욱 강조하고 싶습니다. 그러므로 저는 모든 그리스도인들에게 이 사실을 깊이 생각해 보고, 또한 직접 실천에 옮기도록 간절하게 강력히 권하는 바입니다. 전에 저에게 여러 가지 모양으로 찾아왔던 크고 작은 고난 속에서도 하나님이 축복하심으로 하나님의 도우심과 힘을 얻어 평안을 누릴 수 있었던 것도 이같이 말씀을 묵상한 결과였습니다. 앞서 말씀드린 대로, 14년 동안 직접 제가 체험해 본 결과, 저는 하나님을 경외하는 마음으로 이것을 확신 있게 권하는 바입니다.

이에 한 가지 덧붙이자면, 저는 기도를 마치고 나서 일상적으로 하나님의 말씀을 많이 읽곤 했습니다. 성경 전체를 계속해서 정기적으로 읽었으며, 때로는 신약을 읽기도 하고, 또 구약을 읽기도 했는데, 제 생애 26년 이상을 통해 하나님의 말씀이 참으로 복되다는 사실을 증거할 수 있습니다. 또한 저는 정해진 시간뿐만 아니라 하루 중 아무 때라도 성경을 읽었으며, 특별히 기도하는 시간을 많이 가졌습니다.

그러므로 하나님의 말씀을 묵상함으로써 우리 영혼이 이른 아침부터 상쾌하게 되고 행복감으로 가득해지는 것과, 이와 같은 영적인 준비도 없이 매일의 삶에 임하여 섬기거나 고난을 당하거나 시험을 겪는 것은 실로 엄청난 차이인 것입니다. 주님이 우리를 도우셔서 이러한 말씀 묵상의 복락을 누릴 수 있기를 빕니다.(존 파이퍼, 《하나님을 열망하라》에서 인용한 것을 재인용, pp. 198-202)

우리 모두가 주 안에 거함으로 오는 기쁨을 누리기를 바랍니다. 영혼에 물을 주는 일을 끊임없이 지속함으로 놀라운 사랑의 열매들이 우리 인생 가운데 많이 맺히기를 바랍니다.

하나님이 잘했다고 칭찬하는 주의 종들이 되기를 바랍니다.

다음 장에서는 어떻게 기도해야 하는가에 대해서 알아보겠습니다.

14 어떻게 하나님과 기도로 교제하는가?

전 장에서 열매 맺는 삶에 관해서 알아 보았습니다. 속사람의 양식을 위해서 말씀을 읽는 일에 물을 주고, 힘쓰고 애써야 한다고 말씀드렸습니다. 또 하나 우리가 힘쓰고 애써야 하는 일은 기도하는 일입니다.

> 에베소서 6:18 (개역개정)
>
> 모든 기도와 간구를 하되 항상 성령 안에서 기도하고 이를 위하여 깨어 구하기를 항상 힘쓰며 여러 성도를 위하여 구하라.

신앙생활의 기본은 말씀과 기도입니다. 말씀과 기도는 새의 양 날개와 같습니다. 새들이 날개가 없이 날 수 없는 것같이 성도가 기도와 말씀을 가까이하지 않으면 신앙생활을 할 수가 없습니다.

데살로니가전서 4:3 (개역개정)

하나님의 뜻은 이것이니 너희의 거룩함이라.

디모데전서 4:5 (개역개정)

하나님의 말씀과 기도로 거룩하여짐이라.

하나님께서는 당신이 거룩하시기 때문에 그분의 자녀들도 거룩하기를 원하십니다. 거룩함은 예수님을 본받고, 하나님을 닮아가는 삶입니다. 하나님은 말씀과 기도로 하나님을 닮아간다고 말씀하십니다.

마태복음 7:7 (개역개정)

구하라 그러면 너희에게 주실 것이요 찾으라 그리하면 찾아낼 것이요 문을 두드리라 그리하면 너희에게 열릴 것이니.

누가복음 18:1 (현대인의 성경)

예수님은 제자들에게 언제나 기도하고 실망하지 말아야 할 것을 가르치시기 위해서 비유를 들어 이렇게 말씀하셨다.

데살로니가전서 5:17 (개역개정)

쉬지 말고 기도하라.

성경은 기도가 중요하기 때문에 계속해서 강조하고 있습니다. 에베소서 6장 18절은 항상 성령 안에서 기도하고 이를 위하여 깨어 구하기를 항상 힘쓰라고 하였습니다. 그러면 왜 구하라, 찾으라 하였고, 낙심하지 말고 항상 깨어 구하기를 힘쓰라고 하였습니까?

1. 기도는 살아 있는 영혼의 호흡입니다

죽은 사람이 숨쉬지 못하는 것과 같이 죽은 영혼이 죽은 사람, 즉 믿지 않는 사람은 기도가 무엇인지 알 수도 없고, 기도할 수도 없습니다.

> 에베소서 2:1 (현대인의 성경)
> 여러분은 불순종과 죄 때문에 영적으로 죽었던 사람들입니다.

성도는 어떤 사람입니까? 예수님이 십자가에 못 박혀 죽으심을 믿음으로 죄 사함 받고 성령으로 다시 태어나 새로운 영적 생명을 가진 하나님의 자녀가 된 자들입니다. 하나님의 생명을 가진 자녀입니다. 이 자녀는 영혼의 호흡을 해야 하는데, 바로 그것이 기도입니다. 그래서 생명을 가진 자녀는 항상 기도해야 합니다.

2. 하나님과 교제를 위해 기도해야 합니다

성도는 하나님의 자녀이고 하나님은 우리의 영과 육을 지은 아버지이십니다. 세상의 부모는 자식을 사랑합니다. 부모와 자식 간에 형편과 사정을 잘 알고 친밀한 교제를 위해서는 대화를 나누어야 합니다. 하나님은 사랑하는 자식과 가까이하기를 늘 원하십니다. 저희 육신의 아버지도 아들만 셋을 낳아서 참 재미없게 키웠다고 자주 말씀하십니다. 보통 남자 아이들은 부모님과 대화하는 것보다 친구들하고 놀고, 밖에 나가서 노는 것을 더 좋아하기 때문입니다.

최근에 저의 형이 딸을 둘 낳았는데, 손녀들을 얼마나 이뻐하시는지 모릅니다. 손녀딸 초등학교 입학식도 가고, 손녀딸들이 집에 찾아오면 그렇게 좋아하십니다. 항상 손녀딸 이야기를 많이 하십니다. 항상 딸들은 재잘재잘 이런저런 일들을 부모님에게 말하기를 좋아합니다.

그것이 그리우셨던 아버지는 손녀딸이 재잘재잘 말하는 것을 듣는 것이 그렇게 즐거우신가 봅니다. 하나님도 마찬가지로 우리를 아들처럼 딸처럼 생각하시기 때문에 우리와 대화하기를 즐기고 항상 바라시는 것입니다.

> **야고보서 4:8 (현대인의 성경)**
>
> 하나님을 가까이하십시오. 그러면 하나님도 여러분을 가까이하실 것입니다. 죄인들은 과거의 잘못을 깨끗이 씻고 두 마음을 품은 사람들은 마음을 정결하게 하십시오.

하나님은 눈에 보이지 않습니다. 귀에 들리지도 않습니다. 그러나 영으로 계십니다. 영으로 계신 하나님께서는 자녀들과 늘 가까이 교제하기 위해서 "구하라. 찾으라. 두드리라. 쉬지 말고 기도하라. 항상 기도하라"고 하셨습니다. 그런데도 기도하지 않으면 그것이 죄가 됩니다.

사무엘상 12:23 (개역개정)

나는 너희를 위하여 기도하기를 쉬는 죄를 여호와 앞에 결단코 범하지 아니하고 선하고 의로운 길을 너희에게 가르칠 것인즉.

이스라엘의 마지막 사사였던 사무엘은 위와 같이 말했습니다. 기도를 중단하면 하나님 앞에 불효하는 것이고 항상 기도하고 쉬지 않고 기도하는 것은 하나님 아버지 앞에 효도하는 것입니다. 그래서 성도는 쉬지 말고 기도해야 합니다.

3. 하나님의 도움을 받기 위해 기도해야 합니다

우리 인간은 약하고 모든 일을 하는 데 한계가 있습니다. 살아가는 데 문제도 많고 사건도 많습니다. 그러나 우리 아버지 하나님은 전지전능하신 아버지 하나님이십니다. 모든 것을 아시고, 모든 것을 할 수 있으십니다. 이런 하나님께서 구하고 기도하면 주신다고 하셨습니다. 도우신다고 하셨습니다. "구하라. 찾으라. 두드리라. 낙심하지 말고 기도하라"고 하셨습니다.

야고보서 4:2 (개역개정)

너희는 욕심을 내어도 얻지 못하여 살인하며 시기하여도 능히 취하지 못하므로 다투고 싸우는도다 너희가 얻지 못함은 구하지 아니하기 때문이요.

빌립보서 4:6-7 (개역개정)

6. 아무것도 염려하지 말고 오직 모든 일에 기도와 간구로, 너희
구할 것을 감사함으로 하나님께 아뢰라
7. 그리하면 모든 지각에 뛰어난 하나님의 평강이 그리스도 예수
안에서 너희 마음과 생각을 지키시리라.

시편 50:15 (개역개정)

환난 날에 나를 부르라 내가 너를 건지리니 네가 나를 영화롭게 하리로다.

마가복음 9:23, 29 (개역개정)

23. 예수께서 이르시되 할 수 있거든이 무슨 말이냐 믿는 자에게
는 능히 하지 못할 일이 없느니라 하시니
29. 이르시되 기도 외에 다른 것으로는 이런 종류가 나갈 수 없느
니라 하시니라.

성도는 무슨 일을 만나도 염려하거나 걱정할 이유가 없습니다. 왜냐하면 기도하면 하나님이 다 해결해 주시기 때문입니다. 기도할 수 있는데 왜 염려합니까? 그런데 중요한 것은 기도는 우리가 하지만 응답은 아버지 뜻대로 하신다는 것입니다. 때에 따라 응답하십니다. 자녀가 부모에게 무엇을 요구할 때 다 들어주지 않고 지금 들어줄 것이 있고, 먼 훗날 성장한 다음에 들어줄 것이 따로 있기 때문입니다. 그러므로 지금 들어주시지 않는다고 낙심하지 말고 응답될 때까지, 혹은 다른 깨달음을 주실 때까지 기도해야 합니다.

몇 년 전에 우리 교회에서 주일날 세례식을 치른 적이 있었다. 많은 사람들이 그리스도를 따르겠다는 결심을 공적으로 선언하였고, 나는 너무 기뻐서 가슴이 터질 것만 같았다. 세례식을 마친 후 나는 계단에서 울고 있는 한 자매와 마주쳤다. 그런 축제를 마치고 울다니 이해가 되지 않았다. 그래서 잠시 발길을 멈추고 그 자매에게 괜찮냐고 물었다.

"아니요"라고 그녀가 말했다. "마음이 복잡해요. 오늘 어머니가 세례를 받았거든요."

'그게 문제라니?' 라고 나는 생각했다.

"저는 어머니를 위해서 20년 동안 매일 기도했거든요." 그 자매는 이렇게 말하고는 또다시 울기 시작했다.

"그런데 왜 우는지 도대체 이해가 안 가는군요"라고 내가 말했다.

그 자매가 대답했다. "제가 우는건요, 제가 어머니를 거의, 정말 거의 포기하려 했었거든요. 그러니까, 기도한 지 5년쯤 되자 '이게 도대체 누굴 위한 거람? 하나님은 듣고 계시지도 않잖아?'라는 생각이 들었어요. 10년이 지나자 '내가 왜 힘을 허비하고 있담?'이라는 생각이 들었죠. 15년이 지나자 '이건 말도 안 돼' 라는 생각이 들었고, 19년이 지나니까 '내가 바보군, 바보야' 하는 생각이 들더라구요. 하지만 왠지 기도는 쉬지 않고 계속했지요. 비록 믿음은 약했지만요. 쉬지 않고 계속 기도했는데, 결국 어머니가 그리스도께 인생을 바치게 되었고, 오늘 이렇게 세례를 받으신 거예요."

그 자매는 잠시 숨을 돌리고 내 눈을 들여다보며 이렇게 말했다.

"다시는 기도의 힘을 의심하지 않겠어요."《너무 바빠서 기도합

니다》, 빌 하이벨스, 10. 기도가 냉랭해질 때, p. 166

그렇다면 우리의 실생활에서 어떻게 적용해 볼 수 있을지 알아보도록 하겠습니다. 그런데 하나님과의 기도를 통해 만족감을 느끼는 사람이 많지 않은 것 같습니다. 필립 얀시라는 사람이 '기도'에 관한 책을 썼는데 책 내용을 위해 출판사에서 미국의 평범한 크리스천을 대상으로 기도에 관해 인터뷰를 했습니다.

> "기도가 중요하다고 생각하세요?" "물론이죠." "얼마나 자주 기도하세요?" "매일 합니다." "한 번에 대략 얼마쯤 기도하세요?" "아마 5분쯤 기도합니다." " 기도 생활에 만족하세요?" "솔직히 말하자면 그렇지 못한 편이예요." "기도할 때 하나님의 임재를 느끼세요?" "가끔요, 하지만 자주는 아니예요." 인터뷰에 응한 사람들 중에 상당수는 기도를 기쁨이 아니라 짐으로 여기고 있었다. 기도에 관해 응답했던 678명의 응답자 가운데 기도하면서 만족감을 느낀 경우는 23명에 지나지 않았다.(필립 얀시, 《기도》, p. 17)

왜 이런 결과가 일어날까요? 앞에도 썼지만 우리는 참 연약한 존재이고, 마귀는 그것을 너무 잘 알고 있습니다. 예를 들면, 풍요로운 삶은 때로 기도를 게을러지게 합니다. 우리 집 냉장고에 한 달 동안 먹을 것이 있는데, 일용할 양식을 달라고 기도하기 쉽지 않을 것입니다. 이미 많은 필요들이 채워져 있기 때문에 기도 생활에 게으르게 됩니다.

어떻게 기도할지도 모르기 때문에, 미디어를 통해 거의 24시간 동안 세상의 메시지들을 TV와 인터넷, 스마트폰으로 주입받는 세상에서 따로 시간을 내어서, 기도 시간을 계속 가진다는 것은 참 어렵게 느껴집니다.

저는 신학대학원에 다닐 때 싸이월드라는 홈페이지에 매일 묵상한 말씀과 기도 등을 적었던 때가 있습니다. 이렇게 하다 보니 다른 홈페이지도 접속하게 되고, 메일도 열어 보게 되고 하나님께 집중하기보다는 산만해지는 저를 발견했습니다. 지금은 카카오스토리, 페이스북, 트위터 같은 SNS가 그 자리를 대신하겠지요. 기도할 때에도 미디어를 조심하고, 영적 성장을 위해서는 미디어를 제한할 필요가 있습니다. 기도에 관해 인터뷰에 응답했던 678명 중 23명은 참 복 있는 자들입니다. 이 미디어로 둘러싸인 세상 가운데, 하나님과 만족할 만큼의 기도생활을 하고 계신 분들이기 때문입니다.

하나님이 정말 원하시는 기도는 무엇입니까?

하나님은 우리의 아버지, 우리는 그분의 사랑하는 자녀라고 했습니다. 그런데 보통 각 가정들을 잘 살펴보면, 아이들이 청소년기가 되었을 때 부모와 아이들의 관계가 가장 좋지 않습니다. 어릴 때는 말을 잘 듣다가 청소년기가 되면 자기 자신의 주관, 철학이 생겨지는 시기이기 때문에 혼란스럽고, 또 자기 뜻대로 모든 일을 처리하려고 하기 때문입니다. 크리스천이면서 기도를 안 하는 사람들은 마치 청소년기에 있는 아이와도 같습니다. 자기 마음대로 주관대로 일을 하려다 보면 사고가 생기고, 그것이 점점 심해지면 부모와 영영 멀어집니다. 그래서 마치 청소년기에 있는 아이처럼 방황하는 크리스천들은 빨리 아버지께 돌아와야 합니다.

세상은 청소년기가 지나 성인이 되어서 자신의 주관과 철학을 가지고 살면 독립된 어른으로 인정해 줍니다. 그러나 성경은 모든 사람이 언제나 하나님의 품 안에 살아야 한다고 말합니다. 그래서 그분의 보호와 사랑 안에서 살아가야 합니다. 그렇게 되기 위해서는 마음을 열고 아버지가 어떤 마음으로 자식들을 대하는지 알아야 합니다.

요한복음 17:3 (현대인의 성경)

영원한 생명은 한 분밖에 없는 참된 하나님이신 아버지와 그리고 아버지께서 보내신 예수 그리스도를 아는 것을 말합니다.

이 말씀은 예수님이 십자가에 달려 돌아가시기 전 하나님께 기도할 때 말씀하셨던 내용입니다. 왜 예수님은 영원한 생명이 하나님을 아는 것, 예수님을 아는 것이라고 말씀하셨을까요? 우리는 그분이 누구신지 알아야만 믿을 수가 있기 때문입니다.

저는 대학교 시절에 '예수전도단'(YWAM)이라는 선교 단체에서 훈련을 받았습니다. 책 서두에도 나오지만 그곳에서는 '제자훈련학교'라는 공동체 훈련을 진행하는데, 거기에서 과거의 아픔과 상처들을 치유하는 시간을 가집니다. 이른바 'healing'이라는 시간입니다. 저는 아버지가 교회에서나 집에서나 '목사님'처럼 느껴지는게 참 싫었습니다. 집에서는 따뜻한 아버지처럼 느껴졌으면 좋겠는데 아버지는 항상 무뚝뚝하시고, 별로 감정 표현도 안 하시고, 항상 뭔가를 가르쳐 주시려고만 하는 듯이 느껴졌습니다. 그래서 그 'healing' 하는 시간에 '아버지와 한번 안아 보기'라는 숙제를 내주었는데, 아버지에게 용기를 내서 안아달라고 하고, 이런저런 점들이 나에게 어려움이 되었다고 솔직하게 말씀드렸습니다.

그리고 아버지도 얼마 후 저에게 편지를 써 주셨습니다. 아버지 당신도 그렇게 하고 싶지 않은데, 5남 2녀 중의 장남으로 태어난 데다가 할아버지도 무척 엄격하신 분이셨다고 하셨습니다. 게다가 고등학생 시절에 갑자기 예수를 믿게 되고, 유교 집안과의 갈등 상황을 겪으셨습니다. 그리고 알게 모르게 할아버지의 성품을 닮은 당신의 모습과 섞여 홀로 목회자가 되는 길을 걸으면서 자식들에게는 신앙교육을 제대로 시켜야겠다는 마음에서 대하다 보니까 그렇게 되었었다고 편지를 써 주셨습니다.

저는 그때 스물두 살이었는데, 그 편지가 아버지와 저와의 관계를 다시 세워주는 계기가 되었습니다. 저는 아버지가 왜 그렇게 행동하시는지 그전까지는 이해를 못했던 것입니다. 그 후 제가 자연스럽게 아버지가 가시던 목회의 길을 걸으면서 더 아버지의 마음을 알게 됐고, 점점 더 교제가 깊어졌습니다. 지금은 서로의 마음을 깊이 나눌 수 있는 관계가 되었습니다.

저는 한국의 청년들이 아버지의 과거를 좀 더 깊이 들여다본다면 아버지를 조금 더 알게 되고, 더 알게 되면 더 사랑하게 된다고 믿습니다. 이 과정은 중요합니다. 왜냐하면 대체적으로 가정 안에서 사랑을 느끼지 못할 경우 하나님 아버지를 알아가는 과정에서도 어려움을 느끼기 때문입니다. 다른 편으로 생각해 보면, 하나님 아버지를 인격적으로 만나고, 그 사랑을 알았다면, 가정 안에서부터 용서와 화해의 시작이 있어야 합니다. 가장 가까운 곳으로부터 사랑이 흘러가는 것이 정상입니다. 부모, 형제와 사이가 좋지 않으면서, 이웃 사랑을 한다고 말하는 것은 거짓입니다.

기도란 하나님과 진실된 교제를 하는 것입니다. 하나님이 어떤 분이신지 알아가는 것이 그 시작입니다. 기도의 최종적인 목표는 하나님과 친구가 되는 것입니다. 나의 모든 것을 나누며 그를 의지하고 그를 높이며 그와 함께 있을 때 평안함을 느끼는 것입니다. 하나님이 정말 나의 좋은 친구, 아빠, 신랑 되시는 것을 느끼고 인정하는 것입니다.

전 장에서 아브라함과 모세가 하나님께 담대하게 기도하는 것을 보셨지요? 하나님이 원하시는 기도가 그런 것입니다. 하나님의 마음을 가지고 중보해 줄 사람을 찾으시는 것입니다. 그런데 그전에 성경에서 보면 아브라함과 모세가 이미 하나님와 아주 친밀한 친구가 되어 있음을 볼 수 있습니다.

창세기 18:17 (개역개정)

여호와께서 이르시되 내가 하려는 것을 아브라함에게 숨기겠느냐.

민수기 12:6-8 (개역개정)

6. 이르시되 내 말을 들으라 너희 중에 선지자가 있으면 나 여호와가 환상으로 나를 그에게 알리기도 하고 꿈으로 그와 말하기도 하거니와

7. 내 종 모세와는 그렇지 아니하니 그는 내 온 집에 충성함이라

8. 그와는 내가 대면하여 명백히 말하고 은밀한 말로 하지 아니하며 그는 또 여호와의 형상을 보거늘 너희가 어찌하여 내 종 모세 비방하기를 두려워하지 아니하느냐.

아브라함과 모세가 우리와 다른 점은 하나님과의 친밀감입니다. 이들은 하나님과 늘 동행했고, 하나님께 충성했습니다. 우리도 그렇게 해야 합니다. 미디어나 인터넷이 편리와 재미를 위해서 좋은 것이지만, 만약 하나님과의 교제를 위해 방해가 된다면 더 좋은 것을 위해 TV를 제한하거나 미디어 금식을 가끔씩 해보는 것이 영적으로 얼마나 유익이 되는지 모릅니다. 예를 들면 당장 다음 달부터 인터넷, TV를 집에서만이라도 금식해 보십시오. 영적 생명이 있는 크리스천이라면 기도와 말씀 읽는 시간이 늘어날 것입니다. 우리가 가장 좋은 것을 위해 덜 좋은 것을 희생하는 것은 당연한 것입니다.

> 누가복음 11:1 (개역개정)
>
> 예수께서 한곳에서 기도하시고 마치시매 제자 중 하나가 여짜오되 주여 요한이 자기 제자들에게 기도를 가르친 것과 같이 우리에게도 가르쳐 주옵소서.

어느 날 예수님의 제자들이 예수님께 기도를 가르쳐 달라고 합니다. 저는 이 말씀이 정말 깊이 묵상이 되었습니다. 오늘날 얼마나 많은 사람들이 기도에 관해 목말라 할까 생각해 봅니다. 더 제대로 하나님과 교제할 수 있는 방법에 대해서 궁금해하고 더 하나님을 알고자 하고, 더 하나님과 친밀감을 갖고자 하는 마음이 얼마나 있는지 생각해 봅니다. 앞에서 소개한 대로 필립 얀시의 책을 만든 출판사가 인터뷰를 했던 678명 중 대다수가 기도 시간에 불만족하는데, 더 깊이 기도하기 위한 갈망의 마음은 있을지 의문이 생깁니다. 영적 생명이 있다면 기도하는 것에 대해 더 알고 싶고, 깨닫고 싶은 것이 정상입니다. 요즘 기도에 관해서 무심하거나, 제대로 더 기도하고 싶어하는 사람이 점점 적어짐을 느낍니다. 오늘날 제자들처럼 예수님에게 기도에 관해서 가르쳐 달라고 구하고, 제대로 된 기도를 더 많이 하고 싶다고 고백하는 크리스천이 얼마나 될까요? 이것은 우리 모두에게 도전입니다.

마태복음 6:9-10 (개역개정)

9. 그러므로 너희는 이렇게 기도하라 하늘에 계신 우리 아버지여, 이름이 거룩히 여김을 받으시오며

10. 나라가 임하시오며 뜻이 하늘에서 이루어진 것같이 땅에서도 이루어지이다.

요한복음 17:3 (현대인의 성경)

영원한 생명은 한 분밖에 없는 참된 하나님이신 아버지와 그리고 아버지께서 보내신 예수 그리스도를 아는 것을 말합니다.

거룩함을 위해서 기도해야 한다고 말씀드렸습니다. 하나님께서 거룩하시기 때문입니다. 예수님은 제자들에게 기도를 가르쳐 달라는 요청에 대한 답변으로 마태복음 6장 9-13절에 우리가 잘 알고 있는 주기도문을 알려 주십니다. 하나님은 우리의 아버지 되시고, 그 이름이 거룩히 여김을 받기를 소망하는 기도를 해야 하며, 또 아버지의 뜻이 땅에서 이루어지기를 기도하라고 말씀하십니다.

그러나 이 아버지의 뜻이 무엇인지 모르면 이 내용을 기도할 수가 없습니다. 그래서 우리는 끊임없이 하나님 아버지가 어떤 분이신지,

또 하나님의 뜻이 무엇인지 구해야 합니다. 하나님과 예수님을 아는 것이 생명이라고 요한복음은 알려 주고 있습니다.

그래서 말씀을 읽으면서 기도해야 합니다. 하나님의 말씀은 기도의 능력이고 생명입니다. 결국 말씀을 통해서 우리는 어떻게 기도해야 되는지 알게 되는 것입니다. 저는 시편을 읽으면서 다윗이 하나님께 감정을 참 잘 표현하는 것을 보았습니다.

시편 69:22-24, 28 (개역개정)

22. 그들의 밥상이 올무가 되게 하시며 그들의 평안이 덫이 되게 하소서

23. 그들의 눈이 어두워 보지 못하게 하시며 그들의 허리가 항상 떨리게 하소서

24. 주의 분노를 그들의 위에 부으시며 주의 맹렬하신 노가 그들에게 미치게 하소서

28. 그들을 생명책에서 지우사 의인들과 함께 기록되지 말게 하소서.

이 시는 다윗이 적들로부터 도망칠 때 지은 시 같습니다. 다윗은 자신이 처한 암담한 상황을 토로하면서 원수들에게 하나님의 보응을 간구했습니다. 그런데 그 표현이 굉장히 무섭습니다. 이런 기도를 해도 되나 싶을 정도로 요즘 말로 하면 "내 원수들을 반드시 혼쭐을 내서 죽여 주십시오" 하는 정도의 표현입니다. 저는 다윗을 통해 원수인 상대방에게 직접 저주를 하는 것은 죄가 되지만 하나님께 원수 갚아 달라고 내 마음을 토설하고 상한 감정을 아뢰는 것을 하나

님이 흔쾌히 받으신다는 것을 깨달았습니다. 그리고 기도할 때 좀 더 자유하면서 기도하게 되었습니다.

로마서 12:19 (개역개정)

19. 내 사랑하는 자들아 너희가 친히 원수를 갚지 말고 진노하심에 맡기라 기록되었으되 원수 갚는 것이 내게 있으니 내가 갚으리라 고 주께서 말씀하시니라.

우리는 다윗으로부터 감정을 하나님께 토설하는 기도를 배울 수 있습니다. 또 시편으로부터 하나님을 찬양하며 기도하는 법도 배울 수 있습니다. 시편의 많은 부분이 찬양시이니까요. 다니엘로부터 규칙적으로 충성되게 기도하는 것을 배울 수 있습니다. 에스더로부터 중요한 일이 있을 때 어떻게 금식하고 중보 기도를 요청해야 하는지 배울 수 있습니다. 느헤미야로부터 지도자가 어떻게 기도해야 하는지 배울 수 있습니다. 또한 예수님으로부터 가장 많은 기도의 모범을 배울 수 있습니다.

말씀을 읽으면서, 하나님의 뜻을 알게 됩니다. 그리고 그분의 성품에 의지해서 말씀으로 하나님께 아뢰는 법을 배울 수 있습니다. 기도할 때 늘 성경을 옆에 두고 말씀으로 선포하고, 위로받고, 기도 모습을 배우기도 하고, 하나님이 어떤 분이신지 깨달으면서 하나씩 하나씩 배워가는 것입니다.

우리는 불완전한 크리스천입니다. 의도적으로 힘쓰고 애쓰지 않으면 하나님과 교제할 수 없습니다. 그러나 그 특권은 세상이 줄 수 없는 평안과 만족입니다. 기도를 통해서 내 인생을 하나님께 맡기기 때문입니다. 그래서 우리는 우리의 기도 시간을 의도적으로 배우고 훈련하지 않을 수 없습니다. 안타까운 일이지만 하늘의 아버지는 눈에 보이시지 않고 현실에 눈에 보이는 세상적인 메시지는 계속 우리에게 주입됩니다. 더 중요한 사실은 우리가 말씀과 기도에 힘쓰고 애쓰지 않을 때, 세상과 타협하느라고, 또 나 혼자 힘든 세상을 이겨내느라고, 더 많은 에너지와 힘을 쏟아야 하는 것입니다. 진정 지혜로운 사람이 누구인지 바로 깨달아야 합니다.

시편 1편 (개역한글)

1. 복 있는 사람은 악인의 꾀를 좇지 아니하며 죄인의 길에 서지 아니하며 오만한 자의 자리에 앉지 아니하고

2. 오직 여호와의 율법을 즐거워하여 그 율법을 주야로 묵상하는 자로다

3. 저는 시냇가에 심은 나무가 시절을 좇아 과실을 맺으며 그 잎사귀가 마르지 아니함 같으니 그 행사가 다 형통하리로다

4. 악인은 그렇지 않음이여 오직 바람에 나는 겨와 같도다

5. 그러므로 악인이 심판을 견디지 못하며 죄인이 의인의 회중에 들지 못하리로다

6. 대저 의인의 길은 여호와께서 인정하시나 악인의 길은 망하리로다.

첫 번째로 힘쓰고 애써야 하는 것은 내가 시간을 정하고, 일정한 장소에서 개인적으로 하나님과 만나는 훈련을 하는 것입니다.

다니엘 6:10 (개역개정)

다니엘이 이 조서에 왕의 도장이 찍힌 것을 알고도 자기 집에 돌아가서는 윗방에 올라가 예루살렘으로 향한 창문을 열고 전에 하던 대로 하루 세 번씩 무릎을 꿇고 기도하며 그의 하나님께 감사하였더라.

다니엘이 포로로 잡혀가서도 다락방에서 예루살렘을 향해 창문을 열어 놓고 하루 세 번씩 기도하였습니다.

사도행전 3:1 (현대인의성경)

어느 날 오후 3시 기도 시간에 베드로와 요한이 성전으로 올라가고 있었다.

사도행전 10:1-2 (개역개정)

1. 가이사랴에 고넬료라 하는 사람이 있으니 이달리야대라 부대라 하는 군대의 백부장이라

2. 그가 경건하여 온 집안과 더불어 하나님을 경외하며 백성을 많이 구제하고 하나님께 항상 기도하더니.

오후 3시 기도 시간에 배드로와 요한이 성전에 기도하러 갔다가 미문에 앉은 앉은뱅이를 고쳐 주기까지 하였습니다. 사도행전 10장 1절에서 고넬료가 하나님을 경외하며 항상 기도하고 구제하였을 때 하나님께서 "고넬료야, 네 구제와 기도가 하나님께 상달하였으니 욥바에 있는 베드로를 청하여 하나님의 말씀을 들으라"고 하였습니다(행 10:3-5). 이처럼 성도는 하나님의 생명을 가진 영혼이기 때문에

쉬지 말고 항상 기도해야 그 영혼이 자라고 성장하여 열매 맺습니다. 예수님은 언제나 사역의 중간중간에 홀로 기도하는 시간을 가지셨습니다. 그리고 큰일을 앞두고는 항상 오랜 시간 동안 기도하셨습니다(마 14:23, 26:36 ; 막 1:35 ; 눅 6:12). 예수님이 그러셨다면 우리도 그래야 할 줄로 믿습니다.

> 헨리 나우웬은 가장 분주하고 혼란스러운 시기에 예일 대학 교수직을 내려놓고 일곱 달 동안 뉴욕 북부에 있는 트라피스트 수도원에 들어가 지냈다. 나우웬은 멘토에게 어떻게 하면 바쁘고 번잡한 가운데 살면서 깊이 있는 기도 생활을 유지할 수 있는지 조언을 구했다.
>
> 기도하려고 할 때마다 해야 할 일들이 떠올라서 마음이 산만해진다고 고백했다. 하나같이 기도보다 더 급하고 중요한 것처럼 보이는 일들이었다. 멘토는 기도 시간을 정해 놓고 무슨 일이 있어도 지키는 것이 어떻겠느냐고 제안했다. 오전에는 일을 시작하기 전에 한 시간씩, 저녁때는 잠자리에 들기 전에 30분씩 기도해 보라는 것이었다. 수도사들의 일과와는 비교할 수 없을 만큼 여유로운 일정이었다. 하루에 한 시간 반. 나우웬은 현실적인 기도 계획을 세웠다. 처음에는 온갖 상념들이 마치 길들여지지 않은 야생 동물처럼 날뛰며 머리를 어지럽혔다. 그래도 자신을 타일러가며 악착같이 기도 시간을 지켜나갔다. '어쨌든 적어도 30분은 여기 있을 거니까 가만히 앉아 있느니 기도하는 편이 좋겠어!' 서투른 느낌이 차츰 사라졌다. 얼마쯤 시간이 지나자 마음이 차분히 가라앉는 기분이 들었다. 기도하는 동안 아무 일도 일어나지 않을 것처럼 보일

지라도, 꾸준한 마음을 품고 정해진 일정대로 간구하면 언젠가는 반드시 변화가 일어남을 실감하게 되었다.(《기도》, 필립 얀시, 12장 막힘없이 기도할 수 있다면, p. 291)

두 번째로 우리는 균형 잡힌 기도를 해야 합니다.

주기도문에 보면 하나님 편을 위해 3가지의 순서로, 사람 편을 위해 4가지의 순서로 기도를 하게 되어 있습니다. 그것이 예수님이 가르쳐 주신 기도입니다. 그렇다면 우리는 기도에 어떤 순서와 균형이 있어야 한다는 생각을 하게 됩니다.

우리는 균형 잡힌 기도를 해야 합니다. 균형 잡힌 기도란 우리의 간구에 초점을 맞추는 것이아니라 하나님의 존재 자체와 그분에 대한 찬양의 고백이 먼저 우리 기도의 초점이어야 한다는 것입니다.

어린아이가 아버지한테 만날 달라고 하는 것은 지극히 정상적이고 당연한 것입니다. 그런데 계속 커서도 그러면 문제가 있는 것이고 아버지의 마음이 많이 아프실 것입니다. 내가 원하는 것을 하나님께 요청하는 것은 너무 당연하지만 그것만이 기도의 주된 내용이라면 하나님은 마음이 많이 아프실 것입니다. 그런 사람은 크리스천이지만 철들지 않았기 때문입니다.

많은 사람들이 '하나님 제발'이라는 함정에 빠져 있습니다. "하나님, 제발 이것 좀 해주세요. 하나님, 제발 도와주세요. 하나님, 제발 숨겨 주세요. 하나님, 제발 해결해 주세요."

우리가 균형 잡힌 기도를 하지 않는다면 여러분의 기도는 언제나 불균형 상태로 구하는 것이 훨씬 많은 상태가 될 것입니다. 이렇게 불균형한 기도를 하다 보면 우리는 기도에 대해 죄책감을 느끼기 시갖합니다. 나의 죄에도 불구하고 하나님께 요청하기가 쉽지 않은 것입니다. 그 죄책감 때문에 기도하는게 힘들어지게 되고 기도를 쉬게 됩니다(참조: 《너무 바빠서 기도합니다》, 빌 하이벨스).

그래서 초대 교인들은 하나님 앞에 찬미, 고백, 감사, 간구의 순서를 가지고 기도를 드렸고 이 방법은 완벽하지는 않지만 지금까지도 사용된 가장 좋은 방법입니다.

기도할 때 하나님을 찬양하고 경배하는 것으로 시작해야 합니다. 하나님이 다윗을 왜 기뻐했습니까? 다윗이 그의 상황을 보지 않고 하나님이 어떤 분이신지 계속 찬양했기 때문입니다. 하나님이 어떤 분이신지 찬양하게 되면 우리는 하나님이 어떤 분이신지 깊이 더 생각하게 됩니다. 기도할 때 마음이 얼마나 만족하게 되는지 모릅니다.

천지를 만드신 하나님이 내 기도를 들어주신다는 자체가 기쁨이 됩니다. 우리는 이 작업을 기도의 앞머리에서 해야 합니다. 그렇지만 우리가 하나님이 어떤 분이신지 잘 모른다면 하나님에 대해서 찬양하기 어렵습니다. 그래서 다윗의 찬양시들을 하나씩 읽고 기도하는 것이 도움이 많이 됩니다.

다음으로 우리는 하나님앞에 죄를 고백하며 반성하고 하나님께서 나에게 해주신 것들에 감사해야 합니다. 왜냐하면 우리는 불완전한 죄를 가지고 있기 때문입니다.

죄가 계속 지속되고 있는 상태에서 하나님께 기도한다는 것은 무거운 짐일 수밖에 없습니다. 그러나 우리가 이 죄악을 솔직하게 하나님께 아뢸 때 하나님은 여러분의 죄를 이미 아시고 있기 때문에 고백을 기뻐하십니다.

다음으로 하나님께서 우리에게 주신 영적인 축복, 물질적 축복,

관계의 축복에 대해서 하나님께 감사를 표현하는 것입니다. 하나님이 내 삶 가운데 얼마나 멋지게 일하셨는지 고백하는 시간보다 더 하나님을 기쁘게 하는 것이 있을까요?

마지막으로 우리는 하나님을 찬양하고 고백하고 감사했으니 홀가분한 마음으로 간구합니다. 오늘의 할 일에 대해서, 가족들, 특별히 가까운 미래, 주변의 사람들에 대해서 기도합니다.

이런 균형 잡힌 기도의 유익은 우리가 꾸준히 하나님과 균형 잡힌 교제를 하도록 돕는 데 있습니다. 우리는 하나님을 찬양하고 죄를 고백하고, 하나님께 감사하고, 간구하는 형식을 가짐으로 말미암아 꾸준히 하나님 앞에 예수 그리스도를 닮은 사람으로 성장하게 됩니다.

늘 언제나 이렇게 기도할 수는 없을 것입니다. 그러나 늘 간구만 하지 말고, 하나님 앞에 늘 찬양, 죄의 고백, 감사하는 부분들을 자주 할수록 하나님과 더 친밀감을 누릴 수 있게 될 것입니다. 기도는 언제나 불완전한 것입니다. 하나님께 더 의지하지 못했다는 사람은 들어 봤지만 너무 의지했다는 사람은 들어 보지 못했습니다.

세 번째로 기도 일지는 기도를 성장시켜 나가는 데 큰 도움이 됩니다.

많은 기도의 사람들, 특별히 응답받는 기도를 누렸던 많은 사람들이 기도 일지를 사용했습니다. 찬양, 감사, 죄의 고백, 간구할 내용들을 적어 보는 것입니다. 처음에는 일기장에 간구 내용과 응답 내용만 적으면서 시작하는 것도 좋습니다. 중요한 것은 기록하기를 시작하는 것입니다. 꼭 필요한 것은 기도 응답을 기록하는 것입니다. 어떤 경우는 응답을 받았으면서도 감사하지 못할 경우가 있습니다. 그러면 하나님이 얼마나 슬퍼하시겠습니까? 또 기도 응답은 즉시로 받을 때도 있지만 몇 년 후에 혹은 기도 내용과 다른 방법으로 기도 응답이 주어질 수도 있습니다. 그런 내용들을 하나하나 기록하다 보면 기도의 맛을 느끼게 되고, 하나님과의 대화가 깊어집니다. 특별히 기도하면서 하나님께서 주시는 마음과 생각나는 구절들을 적으면서 기도하다 보면 기도 노트인 동시에 영적 성장 노트가 되는 것입니다.

지금 이 시대는 너무나 빠르게 정보가 오고 가기 때문에, 일기와 기도 노트처럼 일상의 시간 가운데 브레이크를 걸어놓고, 성령 안에서 지난 시간들을 되새김질해 보고, 앞으로의 시간들을 놓고 기도하는 시간을 일정하게 가지는 것은 꼭 필요한 일입니다. 특별히 기록을 한다는 것은 기도 시간을 집중하게 하고, 우리의 기도를 성장시켜 줍니다.

이 장을 읽으시면서 기도에 관해 시원한 해답을 볼 수 있을 것이라고 생각하신 분들은 그래도 기도가 뭔지 잘 모르겠고 막막하실 것입니다. 기도는 하나님과 교제하는 과정입니다. 죄송하지만, 여기 몇 글자 적는다고 어떻게 하나님과 대화하는 법을 알 수 있겠습니까? 데이트와 결혼에 대한 수많은 책들이 있지만 결국 이성 교제와 결혼 생활은 체험적으로 경험적으로 알게 되는것입니다. 지금 직접 시편을 읽으시면서, 성경에서 예수님의 기도하셨던 모습을 보시면서 하나님 아버지의 마음이 어떠신지 알아 보고, 그 기도를 따라해 보세요. 기도도 어떤 면에서는 배우는 것입니다. 상대방과 대화하기 위해서는 상대방의 관심사와 마음을 깨닫고 알아야 하듯이 말입니다.

어떤 목사님이 있었는데 자기는 기도할 때 1시간 하기도 힘든데

장모님은 항상 밤새 철야를 하시는 것입니다. 하도 신기해서 어떻게 그렇게 기도하냐고 물어 보니까 한 10분 기도하고 50분 졸고 다시 10분 기도하고 50분 졸고 10분 찬양하고 1시간 졸고, 그런 식으로 밤을 보낸다는 것입니다.

기도는 인생과도 같습니다. 영적으로 어릴 때는 무조건 달라고 기도하는 것이 정상입니다. 성숙해지면 조용히 하나님의 말씀을 읽고, 묵상하고 되새김질 하는 것도 훌륭한 기도입니다. 감사와 환희와 벅찬 하나님의 임재가 느껴질 때도 있는 것이 기도입니다. 기도할 때 조는 시간도, 긴박한 상황에 응답이 주어지지 않아 답답해 미칠것 같은 시간도 기도입니다. 중보 기도를 할 때는 중노동하는 듯한 정신적인 피로감이 몰려오기도 합니다. 그 기도하는 문제에 나의 마음을 같이 더해서 기도해야 하기 때문입니다.

그러나 그 모든 시간을 하나님과 함께 한다는 것이 우리의 기쁨입니다. 기도할 수 있는 특권을 가진 하나님의 자녀는 복이 있는 것입니다. 하나님의 사랑하는 자녀만이 기도할 수 있기 때문입니다.

15
어떻게 제자가 되는가?

지난 장에서는 열매 맺는 삶을 위해서는 속사람이 태어나서 자라날 수 있도록, '말씀' 가운데 물을 주는 작업, 하나님과의 친밀한 '기도'를 해야 한다고 말씀을 드렸습니다. 지난 장과 연관해서 제자 되는 길에 대해서 생각해 보겠습니다. 성경에 나온 제자들의 모습을 먼저 살펴봅시다.

> **마태복음 9:19 (개역개정)**
> 예수께서 일어나 따라가시매 제자들도 가더니.

> **마태복음 21:6 (개역개정)**
> 제자들이 가서 예수께서 명하신 대로 하여.

위의 장면들은 사역의 중간중간에 짧게 나타나 있는 문장입니다. 위의 문장은 예수님이 사역 중간중간에 자리를 뜰 때 따라가는 제자들의 모습, 그리고 예수님이 말씀하셔서 그것에 심부름하는 제자들의 모습을 상상하게 합니다.

마태복음 10:24 (개역개정)

제자가 그 선생보다, 또는 종이 그 상전보다 높지 못하나니.

누가복음 6:40 (개역개정)

제자가 그 선생보다 높지 못하나 무릇 온전하게 된 자는 그 선생과 같으리라.

제자란 예수님과 같이 더불어 살면서, 그 사람이 가는 곳을 따라가고, 예수님께서 말씀하시는 대로 순종하는 사람입니다. 대개의 경우 그 선생님보다 제자가 못하지만(눅 6:40) 온전케 되었다는 말씀처럼, 그 선생님을 온전히 닮을 경우에 그 선생님과 같다고 얘기합니다. 즉, 예수의 제자라면 온전히 예수님의 마음과 성품에까지 자라나는 것을 목표로 삼아야 합니다.

예수님께서는 2,000년 전에 제자를 삼을 때 뿐만이 아니고, 오늘날까지도 모든 예수 믿는 사람들이 그리스도의 장성한 분량까지 자라나길 원하십니다. 이 바람은 예수님께서 승천하기 전 마지막 말씀에 잘 나타나 있습니다. 모든 민족과 족속이 제자 되는 것이 예수님의 마음입니다.

마태복음 28:18-20 (개역개정)

18. 예수께서 나아와 말씀하여 이르시되 하늘과 땅의 모든 권세
를 내게 주셨으니
19. 그러므로 너희는 가서 모든 민족을 제자로 삼아 아버지와 아
들과 성령의 이름으로 세례를 베풀고
20. 내가 너희에게 분부한 모든 것을 가르쳐 지키게 하라 볼지어
다 내가 세상 끝 날까지 너희와 항상 함께 있으리라 하시니라.

그러면 여기에서 20절에 "내가 너희에게 분부한 모든 것을 가르쳐 지키게 하라"고 말씀하셨는데, 여기에 예수님이 분부한 모든 것이 어떤 부분을 말하는 것일까요? 예수님이 제자들과 처음 만나시고, 승천하시기 전까지 하셨던 모든 말씀을 가리키는 것입니다. 특별히 요한복음 13-15장까지 마지막 만찬에서 제자들과 나눈 말씀을 보면 예수님이 분부하고자 하는 말씀의 중심을 잘 알 수 있습니다.

요한복음 13:1 (개역개정)

유월절 전에 예수께서 자기가 세상을 떠나 아버지께로 돌아가실 때가 이른 줄 아시고 세상에 있는 자기 사람들을 사랑하시되 끝까지 사랑하시니라.

요한복음 13:5-7 (개역개정)

5. 이에 대야에 물을 떠서 제자들의 발을 씻으시고 그 두르신 수
건으로 닦기를 시작하여
6. 시몬 베드로에게 이르시니 베드로가 이르되 주여 주께서 내

발을 씻으시나이까

7. 예수께서 대답하여 이르시되 내가 하는 것을 네가 지금은 알지 못하나 이 후에는 알리라.

요한복음 13:35 (개역개정)

너희가 서로 사랑하면 이로써 모든 사람이 너희가 내 제자인 줄 알리라.

요한복음 15:8-9 (개역개정)

8. 너희가 열매를 많이 맺으면 내 아버지께서 영광을 받으실 것이요 너희는 내 제자가 되리라

9. 아버지께서 나를 사랑하신 것같이 나도 너희를 사랑하였으니 나의 사랑 안에 거하라.

예수님은 마지막 십자가에 돌아가실 날이 다가오자 제자들과 마지막 만찬을 준비하십니다. 나의 피와 살을 먹으라고 하시면서, 사랑에 대해 다시 한 번 강조하십니다. 예수님이 분부하시고자 하는 내용의 중심이 무엇입니까? 하나님의 사랑 안에 거하는 그 힘으로 세상 사람들을 끝까지 사랑하라는 것입니다. 그 의미가 무엇인지 관련 구절을 더 살펴봅시다.

마태복음 10:42 (개역개정)

또 누구든지 제자의 이름으로 이 작은 자 중 하나에게 냉수 한 그릇이라도 주는 자는 내가 진실로 너희에게 이르노니 그 사람이 결단

코 상을 잃지 아니하리라 하시니라.

요한일서 3:16 (개역개정)

그가 우리를 위하여 목숨을 버리셨으니 우리가 이로써 사랑을 알고 우리도 형제들을 위하여 목숨을 버리는 것이 마땅하니라.

예수님이 우리를 위해 스스로 목숨을 버리신 일로 우리는 사랑이 무엇인가를 알게 되었습니다. 그러므로 우리도 형제를 위해 목숨을 버리는 것이 마땅합니다.

요한일서 4:20 (개역개정)

누구든지 하나님을 사랑하노라 하고 그 형제를 미워하면 이는 거짓말하는 자니 보는 바 그 형제를 사랑하지 아니하는 자는 보지 못하는 바 하나님을 사랑할 수 없느니라.

마태복음 5:43-48 (개역개정)

43. 또 네 이웃을 사랑하고 네 원수를 미워하라 하였다는 것을 너희가 들었으나

44. 나는 너희에게 이르노니 너희 원수를 사랑하며 너희를 박해하는 자를 위하여 기도하라

45. 이같이 한즉 하늘에 계신 너희 아버지의 아들이 되리니 이는 하나님이 그 해를 악인과 선인에게 비추시며 비를 의로운 자와 불의한 자에게 내려 주심이라.

46. 너희가 너희를 사랑하는 자를 사랑하면 무슨 상이 있으리요

세리도 이같이 아니하느냐

47. 또 너희가 너희 형제에게만 문안하면 남보다 더 하는 것이 무엇이냐 이방인들도 이같이 아니하느냐

48. 그러므로 하늘에 계신 너희 아버지의 온전하심과 같이 너희도 온전하라.

사랑을 실천하는 사람이 제자라고 예수님은 말씀하십니다. 그리고 몸소 제자들의 발을 씻김으로 사랑하는 것이 무엇인지 가르쳐 주십니다. 십자가상에서 당신의 몸을 드림으로 끝까지 사랑하는 것을 보여줍니다. 그러므로 예수의 사랑은 세상 사람들을 끝까지 사랑하는 사랑입니다. 끝까지 사랑한다는 것은 대신 죽어 줄 정도로 사랑하는 것입니다. "이 사랑 안에 거하라"(요 15:8)고 말씀하십니다. 하나님의 온전하신 사랑(아가페 사랑, 원수를 사랑하는 사랑)까지 자라는 것이 우리의 목표입니다.

이 제자의 삶은 십자가 사랑 안에 거할 때 가능합니다. 예수님의 피와 살을 날마다 먹듯이 예수님의 사랑을 먹을 때 가능합니다.

갈라디아서 2:20 (개역개정)

내가 그리스도와 함께 십자가에 못 박혔나니 그런즉 이제는 내가 사는 것이 아니요 오직 내 안에 그리스도께서 사시는 것이라 이제 내가 육체 가운데 사는 것은 나를 사랑하사 나를 위하여 자기 자신을 버리신 하나님의 아들을 믿는 믿음 안에서 사는 것이라.

고린도후서 5:17 (개역개정)

그런즉 누구든지 그리스도 안에 있으면 새로운 피조물이라 이전 것은 지나갔으니 보라 새것이 되었도다.

십자가 사랑 안에 거한다는 말은 예수님의 십자가 사랑을 통해 성령으로 다시 태어난 인생이 확실히 그 성령님을 좇는 결단, 나를 버리고 예수님을 주인으로 삼는 모습을 가진다는 것입니다. 그런데 이것은 결코 쉽지 않습니다. 날마다 자신을 부인하고 성령님의 인도하심을 좇는 삶이 바로 자신의 십자가를 지고 가는 삶이고 제자의 삶입니다. 그래서 예수님은 예수를 따르는 일에 인생 최고의 우선순위를 두라고 말씀하셨습니다.

마태복음 16:24 (개역개정)

이에 예수께서 제자들에게 이르시되 누구든지 나를 따라오려거든 자기를 부인하고 자기 십자가를 지고 나를 따를 것이니라.

마태복음 8:21-22 (개역개정)

21. 제자 중에 또 한 사람이 이르되 주여 내가 먼저 가서 내 아버지를 장사하게 허락하옵소서

22. 예수께서 가라사대 죽은 자들이 그들의 죽은 자들을 장사하게 하고 너는 나를 따르라 하시니라.

어떤 부자 관리가 와서 예수님께 영생에 관하여 묻습니다. 무릎까지 꿇어가며(막 10:17) 진실한 마음인 척하면서, 예수님께 영생에 관

하여 묻습니다. 예수님은 이 부자 관원의 마음속 깊은 곳을 꿰뚫어보셨습니다. 그래서 돈을 팔고 가난한 사람들에게 나누어 주고 나를 따르라고 말씀하셨습니다. 그 한마디에 부자 관원은 슬픈 마음으로 돌아갔습니다. 예수님은 돈이 이 사람의 주인인 것을 알고 계셨습니다. 이것을 버리기 전까지는 나의 제자가 될 수 없다고 말씀하십니다. 그리고 부자가 구원 얻는 것은 낙타가 바늘귀에 들어가는 것보다 더 어렵다고 말씀하셨습니다. 그래서 A.W. 토저는 이렇게 말했습니다.

> 많은 사람들이 아직도 불안한 마음으로 살아가고 있고, 아직도 인생의 의미를 찾고 있으며, 아직도 앞으로 나아가지 못하는 이유는 그들이 아직 스스로를 완전히 버리지 않았기 때문이다. 우리는 아직도 우리 자신을 상대로 명령하고 있고, 우리 안에서 하나님이 하시는 일에 간섭하려고 한다.(《목적이 이끄는 삶》, 릭 워렌, 10장 예배의 중심에서 인용한 것 재인용, p. 106)

마가복음 10:26-31 (개역개정)

26. 제자들이 매우 놀라 서로 말하되 그런즉 누가 구원을 얻을 수 있는가 하니

27. 예수께서 그들을 보시며 이르시되 사람으로는 할 수 없으되 하나님으로는 그렇지 아니하니 하나님으로서는 다 하실 수 있느니라

28. 베드로가 여짜와 이르되 보소서 우리가 모든 것을 버리고 주를 따랐나이다

29. 예수께서 이르시되 내가 진실로 너희에게 이르노니 나와 복음을 위하여 집이나 형제나 자매나 어머니나 아버지나 자식이나 전

토를 버린 자는

30. 현세에 있어 집과 형제와 자매와 어머니와 자식과 전토를 백배나 받되 박해를 겸하여 받고 내세에 영생을 받지 못할 자가 없느니라

31. 그러나 먼저 된 자로서 나중 되고 나중 된 자로서 먼저 될 자가 많으니라.

그래서 제자들은 이 말씀을 듣고 너무 어렵게 생각했습니다. 그러나 예수님은 쉽게 말씀하십니다. 사람은 할 수 없지만 하나님은 하실 수 있다고 말씀하십니다. 이것이 제자 되는 길의 비밀입니다.

요한복음 8:31-32 (개역개정)

31. 그러므로 예수께서 자기를 믿은 유대인들에게 이르시되 너희가 내 말에 거하면 참으로 내 제자가 되고

32. 진리를 알지니 진리가 너희를 자유롭게 하리라.

예수님은 본인의 말에 거하면 참 제자가 되고, 진리가 자유롭게 한다고 말씀하십니다. 이 말씀은 예수님이 진리인 것을 깨닫는 자가 제자 된다는 것입니다. 예수님께서 이 세상의 가장 좋은 것임을 깨닫게 된 자가 제자라는 것입니다. 이것을 깨달으면 다른 모든 것에 자유롭게 된다는 것입니다. 제자는 예수가 가장 좋다는 것을 깨달은 사람입니다. 사도 바울은 이 모든 것 위에 예수가 가장 좋다는 것을 깨달은 사람입니다. 그래서 다른 무엇과도 예수를 바꾸지 않았습니다. 앞에 나왔던 부자 관원과 참 대조가 됩니다.

빌립보서 3:8 (개역개정)

또한 모든 것을 해로 여김은 내 주 그리스도 예수를 아는 지식이 가장 고상하기 때문이라 내가 그를 위하여 모든 것을 잃어버리고 배설물로 여김은 그리스도를 얻고.

마태복음 13:10-17 (현대인의성경)

10. 제자들이 예수님께 와서 "저 사람들에게는 왜 비유로 말씀하십니까?" 하고 묻자

11. 예수님은 이렇게 대답하셨다. "너희에게는 하늘 나라의 비밀을 아는 것이 허락되었으나 저 사람들에게는 허락되지 않았다.

12. 있는 사람에게는 더 주어 넘치게 하고 없는 사람은 가진 것까지도 빼앗길 것이다.

13. 저들은 보아도 알지 못하고 들어도 깨닫지 못하므로 나는 저들에게 비유로 말한다.

14. 그래서 다음과 같은 이사야의 예언은 저들에게 꼭 들어맞는 말이다. '너희는 계속 들어도 깨닫지 못하고 계속 보아도 알지 못한다.

15. 이 백성은 마음이 둔해졌고 귀는 먹었으며 눈까지 멀었다. 그렇지 않으면 그들이 눈으로 보고 귀로 듣고 마음으로 깨달아 돌아와서 나에게 고침을 받을지도 모른다.'

16. 그러나 너희는 눈으로 보고 귀로 들을 수 있으니 행복하다.

17. 내가 분명히 말한다. 많은 예언자들과 의로운 사람들이 너희가 보는 것을 보고 싶어했으나 보지 못하였고 너희가 듣는 것을 듣고 싶어했으나 듣지 못하였다."

예수님께서 씨 뿌리는 비유를 말씀하실 때 제자들이 왜 계속 비유로 말씀하시냐고 물었습니다. 실제로 예수님은 계속 비유로 말씀하시면서, 제자들에게만 그 비유의 뜻을 알려 주셨습니다. 그리고 너희는 눈으로 보고 귀로 들을 수 있으니 행복하다고 말씀하십니다. 이것이 제자 되는 길의 비밀입니다. 제자는 진리를 깨달은 자입니다. 믿음은 들음에서 난다(롬 10:17)라고 말씀하셨습니다. 즉 말씀을 듣고 깨닫는 자가 제자 되는 길을 시작했다고 볼 수 있는 것입니다. 예수님은 씨 뿌리는 비유에도 말씀하셨지만 말씀을 듣고 깨닫는 자가 좋은 땅이라고 했습니다(마 13:23). 그리고 그것을 깨닫는 자(좋은 땅)는 소수라고 했습니다. 그래서 진리를 들을 수 있는 귀, 깨달을 수 있는 마음을 가진 자는 복된 자입니다.

마태복음 26:26-28 (개역개정)

26. 그들이 먹을 때에 예수께서 떡을 가지사 축복하시고 떼어 제자들에게 주시며 이르시되 받아서 먹으라 이것이 내 몸이니라 하시고
27. 또 잔을 가지사 감사 기도하시고 그들에게 주시며 이르시되 너희가 다 이것을 마시라
28. 이것은 죄 사함을 얻게 하려고 많은 사람을 위하여 흘리는 바 나의 피 곧 언약의 피니라.

요한복음 6:35-36 (개역개정)

35. 예수께서 이르시되 나는 생명의 떡이니 내게 오는 자는 결코 주리지 아니할 터이요 나를 믿는 자는 영원히 목마르지 아니하리라.
36. 그러나 내가 너희에게 이르기를 너희는 나를 보고도 믿지 아

니하는도다 하였느니라.

이 책의 처음 시작 부분에서 이 책을 읽고 성경을 읽고 사모하는 사람은 복된 사람이라고 말씀드렸습니다. 그만큼 소수가 예수를 사모하기 때문입니다. 이 땅에 많은 사람들이 말씀을 듣기는 하지만 들어도 깨닫지를 못합니다. 그래서 자라나지를 못합니다. 자라서 사랑의 열매를 맺어야 하는데 거기까지 못 미치는 것입니다. 그래서 속사람에 물을 주는 것은 제자 되는 길의 기초가 되는 것입니다.

예수님은 본인을 생명의 떡이라고 말씀하셨습니다. 그러나 그 말씀을 듣고도 사람들이 믿지 않는다고 하셨습니다. 본인의 피와 살을 먹으라고 하셨는데, 많은 사람들은 바울이 배설물로 여긴 것들이 더 좋아서 그것을 좇아갑니다.

마가복음 8:35-38 (개역개정)

35. 누구든지 자기 목숨을 구원하고자 하면 잃을 것이요 누구든지 나와 복음을 위하여 자기 목숨을 잃으면 구원하리라

36. 사람이 만일 온 천하를 얻고도 자기 목숨을 잃으면 무엇이 유익하리요

37. 사람이 무엇을 주고 자기 목숨과 바꾸겠느냐

38. 누구든지 이 음란하고 죄 많은 세대에서 나와 내 말을 부끄러워하면 인자도 아버지의 영광으로 거룩한 천사들과 함께 올 때에 그 사람을 부끄러워 하리라.

이 세상에는 이상한 사역자들이 많습니다. 제가 사는 말리에 한

크리스천 청년이 한국에서 일을 하러 말리에 왔는데, 한인 교회에서 저와 만났습니다. 이 청년이 출석하는 교회에 어떤 여전도사님이 있는데, 아는 선교사가 이슬람 어느 지역에서 과격 이슬람 세력들에게 잡혔는데, 예수를 믿는다고 하면 죽이고, 예수님을 안 믿는다고 고백하면 살려 준다고 했답니다. 그런데 이 선교사님이 예수 믿는다고 고백해서 순교를 당했다고 합니다. 그러면서 여전도사님 얘기가, 이 청년에게 혹시 이슬람 과격분자를 만나면 나는 크리스천이 아니라고 말하라고 충고해 주더랍니다.

저는 이 말을 전해 듣고 참 당황했습니다. 그래서 그 청년에게 그 사역자가 했던 말에 대해서 어떻게 말해 줘야 될지 난감해서 잠시 아무 말도 못했던 생각이 납니다. 어떻게 사역자가 복음을 부끄러워 합니까? 지금도 이 땅에서 많은 목사들과 선교사들이 사역을 하고 있지만, 교회 청년에게 위험한 상황에는 잠시 예수를 모른 척하라고 충고하는 사역자도 분명히 있다는 것이 너무나 씁쓸합니다.

앞에서 말씀드렸듯이 손양원 목사님 같은 분이 얼마나 귀합니까? 사람 생각에는 원수를 용서하고 사랑하는 일이 안 되는 일 같지만 예수님은 분명히 하나님이 하시면 된다고 하셨고, 예수님의 열 제자는 예수님의 뒤를 이어 정말로 사랑으로 순교자의 길을 갔습니다.

로마서 8:29 (개역개정)

하나님이 미리 아신 자들을 또한 그 아들의 형상을 본받게 하기 위하여 미리 정하셨으니 이는 그로 많은 형제 중에서 맏아들이 되게 하려 하심이라.

히브리서 2:11 (개역개정)

거룩하게 하시는 이와 거룩하게 함을 입은 자들이 다 한 근원에서 난지라 그러므로 형제라 부르시기를 부끄러워하지 아니하시고.

로마서 8장 29절에서 하나님께서 믿는 자들을 선택하고 예정하였을 때 예수님을 본받게 하려고 미리 정하셨다고 하셨습니다. 정하신 이유는 이는 그 예수로 맏아들이 되게 하려 함이라고 하셨습니다.

그러면 우리는 예수님과 형제의 관계입니다. 이렇게까지 하나님은 사랑하는 자녀를 높여 주시는 것입니다. 히브리서 2장 11절 말씀대로 거룩하게 하신 이는 예수님, 거룩하게 함을 입은 자는 우리들입니다. 이 둘이 다 한 근원, 한 생명에서 났다고 말씀합니다. 우리는 예수님과 형제라고 말씀하시는 것입니다. 물론 이런 말씀은 인간 편에서 볼 때 너무 황송한 표현이지만 이것이 하나님의 마음입니다. 예수님이 우리의 맏아들 역할을 하신다고 말씀하시니 우리는 예수님을 본받아야 합니다.

지금까지 제자는 어떤 사람인지 생각해 보았습니다. 한마디로 제자는 예수님을 닮은 작은 예수입니다. 하지만 많은 사람들이 제자와 일반 성도를 따로 생각하는 경향이 있습니다. 그러나 예수님을 믿고, 성령을 통해 영적으로 새로 태어난 자들은 전부 제자 되는 길의 시작에 있습니다. 예수를 믿었다는 것은 제자 되기로 작정했다는 말과 같습니다. '성숙도'에서만 차이가 나지, 예수 믿는 자들은 모두 예수의 제자입니다. 예수님을 마음의 주인으로 모신 사람이 어떻게 예수님이 시키는 대로 하지 않을 수가 있고, 예수님을 닮지 않을 수가 있겠습니까? 저의 말씀에 동의가 되시는 분들은 정말 축복받은 사람들입니다. 마음에 진정으로 예수님을 모셨기 때문에 이 말씀에 동의가 되는 것입니다.

이제 제자 삼는 사역에 대해서 알아보도록 하겠습니다. 이 부분은 저의 아버지가 사역을 하시면서 교회에서 사역자라고 한다면 이 네 부분은 꼭 갖추어야 한다고 말씀해 주신 부분입니다. 꼭 목사나 선교사뿐만 아니라 일반 성도들에게도 적용될 수 있다고 생각되어서 나누어 봅니다.

1. 구원의 감격과 기쁨이 있어야 합니다

사도행전 13:52 (개역개정)

제자들은 기쁨과 성령이 충만하니라.

로마서 15:13 (개역개정)

소망의 하나님이 모든 기쁨과 평강을 믿음 안에서 너희에게 충만하게 하사 성령의 능력으로 소망이 넘치게 하시기를 원하노라.

예수님을 믿는 감격과 기쁨이 있어야 합니다. 위의 바울은 예수님을 만나고 모든 것을 배설물로 여길 만큼 예수님을 소중히 생각했습니다. 자기 자신이 예수님을 가장 소중하게 생각하지도 않으면서 어떻게 다른 사람에게 그렇게 하라고 말할 수 있겠습니까?

2. 하나님의 사랑을 뜨겁게 경험해야 합니다

요한복음 21장에 베드로의 사랑 고백이 나옵니다. 베드로는 예수님의 부활을 목격하고서도 예수님을 따르지 않았습니다. 제자들은 예수님을 따르는 목적이 있었습니다. 예수님이 이 땅에서 왕이 되면 이 땅에서 큰 권세를 누릴 소망을 가지고 따랐는데, 십자가에 처참하게 못 박히시니까 몹시 낙심한 것입니다. 숨어서 두려워했습니다. 예수님이 부활했을 때는 기뻐했습니다. 이제는 왕이 될 것이라고 생각해서였습니다. 그런데 예수님께서는 그러지 않으셨습니다. 다시 낙심한 나머지 베드로는 갈릴리 바다에 고기 잡으러 갔습니다.

밤새도록 그물을 던졌지만 물고기를 못 잡았습니다. 예수님께서 말씀하셨습니다. "그물을 배 오른편에 던지라." 말씀에 순종했을 때, 그물이 찢어지도록 많은 물고기를 잡았습니다. 그러고 나서 예수님은 베드로에게 떡과 물고기를 구워 주면서 질문합니다.

"베드로야, 너는 이 모든 사람들보다 나를 더 사랑하느냐?" 베드로는 "내가 주를 사랑하는 줄 주께서 아시나이다"라고 고백합니다. 세 번 고백을 받았을때 "네 양을 먹이라, 네 양을 치라"고 말씀하셨습니다.

지난 장에도 말씀드렸지만 요한복음 21장은 사실상 '사랑 고백'을 받기보다는 예수님의 '사랑 고백'입니다. 아무리 잘못을 했어도 사랑으로 품어 주시는 예수님의 사랑에 모든 것을 포기했던 베드로는 다시 사역을 감당할 수 있었습니다. 베드로처럼 온전하신 예수님의 사랑을 경험한 사람만이 사역을 할 수가 있습니다. 제자 삼는 사역의 기초는 '온전한 사랑' 입니다. 본인이 고린도전서 13장의 사랑의 체험이 있어야 합니다.

3. 사명에 불타야 합니다

사도행전 20:24 (개역개정)

내가 달려갈 길과 주 예수께 받은 사명 곧 하나님의 은혜의 복음을 증거하는 일을 마치려 함에는 나의 생명조차 조금도 귀한 것으로 여기지 아니하노라.

베드로전서 5:2 (개역개정)

너희 중에 있는 하나님의 양 무리를 치되 억지로 하지 말고 하나님의 뜻을 따라 자원함으로 하며 더러운 이득을 위하여 하지 말고 기꺼이 하며.

예수님의 사랑을 뜨겁게 경험했던, 바울과 베드로는 기쁜 마음으로 자신의 생명까지 바치는 것을 자원함으로 사명을 감당했습니다. 우리에게는 성령님의 주시는 마음으로 인해 이러한 마음이 있어야겠습니다.

4. 양 무리의 본이 되라고 하셨습니다

고린도전서 11:1 (개역개정)

내가 그리스도를 본받는 자 된 것같이 너희는 나를 본받는 자가 되라.

베드로전서 5:3 (개역개정)

맡은 자들에게 주장하는 자세를 하지 말고 양 무리의 본이 되라.

바울과 베드로는 양 무리들에게 자신을 본받으라고 말했습니다. 이것은 엄격한 지도자만이 할 수 있는 말입니다. 최근에 저는 최인호 씨의 《산중일기》라는 책을 읽었습니다. 산속에서 여러 가지 좋은 생각이나 묵상한 것을 엮은 책입니다. 자신이 어렸을 적부터 아이들하고 잘 놀아 주는 '자상한 아버지'이기는 한 것 같은데 '엄격한 아버지'는 못 된다고 고백하는 부분이 인상적이었습니다.

지금 와서 생각하니 훌륭한 아버지는 자상한 아버지가 아니라 엄격한 아버지인 듯 싶다. 자상한 아버지는 얼마든지 될 수 있다. 그러나 엄격한 아버지는 쉽사리 될 수 있는 것이 아니다. 엄격한 아버지가 되려면 우선 그 아버지는 무엇보다 자기 자신에게 엄격하지 않으면 안 된다. 일관된 가치관을 갖고 있으며, 보이지 않는 곳이라 할지라도 아버지로서 해서는 안 될 일을 절대로 하지 않을 때에만 엄격한 아버지가 될 자격이 있는 것이다.

나는 이미 아이들에게 엄격한 아버지가 될 자격을 잃었다. 엄격한 아버지야말로 가족에게 자유와 평화를 줄 수 있다. 엄격한 아버지는 얼핏 보면 눈에 잘 띄진 않지만, 그는 아이들의 생애에 깊은 빛을 준다. 그리하여 자라나는 아이들을 두고두고 아버지의 빛 속에 머무르게 하면서 그들을 밝은 광명 속에서 계속 살아가게 할 것이다.(《산중일기》, 최인호)

본인 자신이 예수를 깊이 닮는 삶을 사는 영적 아비만이 자신을 따르라고 말할 수 있을 것입니다.

갈라디아서 4:19-20 (개역개정)

19. 나의 자녀들아 너희 속에 그리스도의 형상을 이루기까지 다
시 너희를 위하여 해산하는 수고를 하노니
20. 내가 이제라도 너희와 함께 있어 내 언성을 높이려 함은 너희
에 대하여 의혹이 있음이라.

골로새서 1:28-29 (개역개정)

28. 우리가 그를 전파하여 각 사람을 권하고 모든 지혜로 각 사람
을 가르침은 각 사람을 그리스도 안에서 완전한 자로 세우려 함이니
29. 이를 위하여 나도 내 속에서 능력으로 역사하시는 이의 역사
를 따라 힘을 다하여 수고하노라.

이것은 가르치고 지도하는 사람에게 있어서 해산하는 수고를 해야 한다는 것입니다. 이 말은 기회가 있을 때마다 언제나 가르치고 지도하고 삶의 모범을 보여야 한다는 말입니다. 그래서 제자 삼는 사역을 감당할 때는 성령이 주시는 마음 안에서 힘을 다하여 수고해야 합니다.

마태복음 5:44, 48 (개역개정)

44. 나는 너희에게 이르노니 너희 원수를 사랑하며 너희를 박해
하는 자를 위하여 기도하라

48. 그러므로 하늘에 계신 너희 아버지의 온전하심과 같이 너희도 온전하라.

여기서 온전한 자라는 뜻은 하나님의 아가페 사랑에까지 성품이 자라난 사람입니다. 본인이 그렇게 해야 하고, 또 그런 수준에까지 목표를 삼고 제자 삼아야 한다는 것입니다.

가만히 앉아서 되는 것이 아니고, 여인이 아이를 낳기 위해 열 달을 뱃속에 품고 마지막까지 출산의 고통을 겪는 것처럼 해산하는 수고를 해야 한다는 것입니다. 지름길은 없습니다. 힘쓰고 애써야 합니다. 대가를 치러야 하는 것입니다.

제가 고 옥한흠 목사님의 설교 중에 재미있게 들었던 부분이 있는데, 갑자기 옥한흠 목사님이 설교하시다가 "여기 중에 옥 목사가 예수처럼 온전한 제자의 성품에까지 다다랐다고 생각하는 사람, 손을 들어 보세요"라고 물었더니, 청중들이 다들 웃으면서 아무도 손들지를 않았다는 것입니다. 이렇듯 제자 훈련 사역을 평생 동안 해오시던 옥한흠 목사님도 불완전한 사람입니다. 다만 그분이 힘쓰고, 애쓰고 열심히 닮아가려고 해산하는 수고를 본인 스스로에게도 하고, 성도들에게도 하니까 예수 닮는 제자들이 많이 생겼습니다. 완벽한 모습을 보고 제자가 생긴 것이 아니라, 힘쓰고 애쓰는 그 모습을 보고 변화를 받은 제자가 생겼습니다.

예수님도 처음에는 베드로, 그리고 야고보, 요한을 제자 삼으셨습니다. 다음에는 다른 제자들, 그다음에는 또 다른 제자들을 한 명씩 한 명씩 만나시고 애쓰시고 끝까지 참으셨습니다. 우리는 요한복음 21장에서 베드로와 다른 제자들을 만나 끝까지 사랑하시는 예수님의 마음을 가지고 사역을 감당해야 합니다.

마가복음 9:31-32 (현대인의성경)

31. 이것은 예수님이 제자들에게 자기가 사람들의 손에 넘어가 죽음을 당하고 죽은 지 3일 만에 다시 살아날 것이라고 가르치셨기 때문이다

32. 그러나 제자들은 그 말씀을 깨닫기는커녕 묻기조차 두려워 하였다.

누가복음 18:34 (개역개정)

제자들이 이것을 하나도 깨닫지 못하였으니 그 말씀이 감취었으므로 그들이 그 이르신 바를 알지 못하였더라.

당부드리고 싶은 것은 제자 삼는 사역을 할 때, 제자들이 깨달아지는 때가 있다는 것입니다. 예수님의 열두 제자들도 사도행전 1장에서 성령을 받기까지 예수님이 무슨 말씀을 하시는지 깨닫기는커녕 그것에 대해서 묻는 것조차 두려워했습니다. 감당할 수 없는 말씀이었기 때문입니다. 때가 되기 전에는 아무리 힘을 쓰고 노력을 해도 깨달을 수가 없습니다. 그러나 성령님이 임하시는 때가 되면 모든 제자들이 진리를 깨닫고 진정한 사역자가 되었습니다.

그래서 우리는 늘 하나님의 때를 인내하며 기다려야 합니다. 성령님께서 지혜와 계시의 영으로 말씀을 깨닫고, 주님을 알 수 있도록 기도해야 합니다. 성령님의 이끄심에 따라 사역할 때, 하나님의 때가 되면 반드시 열매를 주실 것입니다. 그때까지 인내하며 사역을

감당해야 합니다.

사도행전 17:26-28 (개역개정)

26. 인류의 모든 족속을 한 혈통으로 만드사 온 땅에 살게 하시고 그들의 연대를 정하시며 거주의 경계를 한정하셨으니

27. 이는 사람으로 혹 하나님을 더듬어 찾아 발견하게 하려 하심이로되 그는 우리 각 사람에게서 멀리 계시지 아니하도다

28. 우리가 그를 힘입어 살며 기동하며 존재하느니라 너희 시인 중 어떤 사람들의 말과 같이 우리가 그의 소생이라 하니.

고린도전서 1:20-21 (개역개정)

20. 지혜 있는 자가 어디 있느냐 선비가 어디 있느냐 이 세대에 변론가가 어디 있느냐 하나님께서 이 세상의 지혜를 미련하게 하신 것이 아니냐

21. 하나님의 지혜에 있어서는 이 세상이 자기 지혜로 하나님을 알지 못하므로 하나님께서 전도의 미련한 것으로 믿는 자들을 구원하시기를 기뻐하셨도다.

사역자가 되려면 가족의 개념을 초월할 수 있어야 합니다.

하나님께서는 모든 사람을 한 혈통으로 만들었습니다. 모든 인생은 하나님의 소생이며 세상 모든 사람들이 하나님이 사랑하는 자녀이기 때문입니다. 믿는 자녀들은 주님께 돌아온 자녀들이고, 아직 믿지 않는 자녀들은 하나님의 잃어버린 자녀들입니다. 고린도전서 1장 말씀처럼 하나님은 한 번에 모든 사람을 믿게 하실 수도 있지만

하나님의 자녀들을 통해서 전도의 방법으로 복음을 전하기를 원하십니다.

그래서 전도자는 선교하는 마음을 가져야 합니다. 하나님이 나를 사랑하셔서 자녀 삼으시고, 사명을 주셨다는 것을 깨닫고 힘을 다해서 수고할 때에 제자 삼는 사역을 감당할 수 있습니다. 성령이 이끄시고 힘을 주시는 데까지 각 사람을 얻기 위해 힘을 다해 수고해야 합니다. 우리는 반드시 이 사역을 감당해야 합니다. 이것은 예수님의 마지막 부탁이기 때문입니다.

마태복음 28:18-20 (개역개정)

18. 예수께서 나아와 말씀하여 이르시되 하늘과 땅의 모든 권세를 내게 주셨으니

19. 그러므로 너희는 가서 모든 민족을 제자로 삼아 아버지와 아들과 성령의 이름으로 세례를 베풀고

20. 내가 너희에게 분부한 모든 것을 가르쳐 지키게 하라 볼지어다 내가 세상 끝 날까지 너희와 항상 함께 있으리라 하시니라.

선교지에서, 목회지에서 사람들이 듣든지 안 듣든지 사역을 감당하는 이유는 예수님이 말씀하신 마지막 부탁이기 때문입니다.

빌립보서 2:12-13 (개역개정)

12. 그러므로 나의 사랑하는 자들아 너희가 나 있을 때뿐 아니라 더욱 지금 나 없을 때에도 항상 복종하여 두렵고 떨림으로 너희 구원을 이루라

13. 너희 안에서 행하시는 이는 하나님이시니 자기의 기쁘신 뜻을 위하여 너희에게 소원을 두고 행하게 하시나니.

우리가 하는 것이 아니라 성령님께서 우리 마음 가운데 소원을 주시고, 사명을 주십니다. 성령님에게 의탁하는 인생을 살 때 우리는 제자 삼는 사명을 기쁨으로 감당할 수 있습니다.

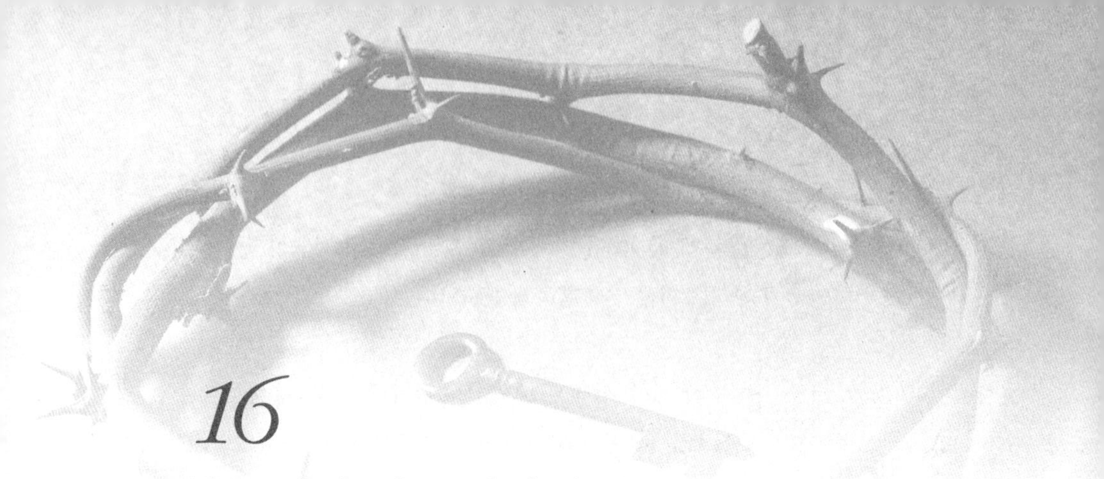

16
예수 안에 있는 자의 축복

이 장에서부터는 예수 안에서 우리가 누리는 축복을 생각해 보기로 하겠습니다. 먼저 하나님은 어떤 자에게 축복해 주시는 걸까요? 성경 전체를 통틀어서 볼 때 하나님이 가장 사랑하시고 축복하셨던 대표적인 인물은 다윗이 아닌가 생각해 보게 됩니다. 그리스도를 생각나게 하는 사람인 다윗을 생각해 보면서 하나님은 어떤 자에게 축복하시는지 살펴보도록 하겠습니다.

앞 장에도 보았지만 다윗은 하나님을 너무나 사랑했습니다. 하나님의 율법을 늘 묵상하기를 원했습니다. 그는 하나님이 어떤 분이신지 알았습니다. 다윗은 하나님을 더 알아갈수록 더 사랑하게 됩니다. 그래서 다음과 같이 고백합니다.

시편 1:1-3 (개역개정)

1. 복 있는 사람은 악인의 꾀를 따르지 아니하며 죄인들의 길에 서지 아니하며 오만한 자들의 자리에 앉지 아니하고

2. 오직 여호와의 율법을 즐거워하여 그의 율법을 주야로 묵상하는도다

3. 그는 시냇가에 심은 나무가 철을 따라 열매를 맺으며 그 잎사귀가 마르지 아니함 같으니 그가 하는 모든 일이 다 형통하리로다.

시편 18:1 (개역개정)

나의 힘이 되신 여호와여 내가 주를 사랑하나이다.

다윗은 이스라엘의 왕이 되고서 가장 하고 싶었던 것이 하나님의 성전을 이스라엘에 짓는 것이었습니다. 늘 장막에 있는 하나님의 처소가 다윗의 마음에 걸렸던 것입니다. 그런데 하나님은 다윗이 전쟁에서 피를 많이 흘려서 그 아들 솔로몬이 하나님의 성전을 지을 것이라고 말씀하십니다. 역대상 29장에 보면 다윗은 솔로몬이 성전을 잘 짓기 위해서 자기의 재산을 아낌없이 다 바치고 헌신해서 성전을 잘 짓기 위해 온갖 재료 준비를 해 놓습니다.

그런데 역대상 29장 끝에 보면 다윗이 부와 존귀를 누리다가 죽었다고 말씀하고 있습니다. 하나님을 사랑함으로 목숨까지 아까워하지 않고 전쟁터에서 골리앗을 쳐 죽인 다윗, 마지막 죽는 날까지 하나님의 성전을 못 지어서 너무 안타까워하다가 죽은 다윗을 하나님께서 어찌 예뻐하시지 않을 수 있겠습니까? 하나님은 다윗을 아낌없이 축복해 주십니다. 중요한 것은 우리가 하나님을 더 알면 알수록

더 하나님을 사랑하게 된다는 것입니다. 그 사랑이 너무 감격스럽고, 감사하기 때문입니다.

우리 마음이 하나님 앞에 빼앗겼을 때 다윗처럼 하나님께 모든 것을 다 바치게 됩니다. 순교는 그 사랑에 감격해서 내 목숨까지도 바치는 것입니다. 이 세상에서 가장 행복한 사람이 이 땅에서 내 목숨까지도 바칠 만한 사랑의 대상을 발견한 사람입니다. 그래서 하나님을 위해서 죽을 수도 있는 다윗은 너무 행복한 사람이었습니다. 신약의 바울도 마찬가지입니다.

> 사도행전 20:24 (개역개정)
>
> 내가 달려갈 길과 주 예수께 받은 사명 곧 하나님의 은혜의 복음을 증언하는 일을 마치려 함에는 나의 생명조차 조금도 귀한 것으로 여기지 아니하노라.

바로 이런 사람에게 하나님은 축복을 해 주십니다. 하나님을 뜨겁게 사랑하면 하나님도 축복을 퍼부어 주십니다. 그런데 교회 안에 신앙생활을 하는 모습을 잘 살펴보면 어떤 분들은 복을 받기 위해 신앙생활하시는 분들이 있습니다. 이런 분들은 축복이 저주입니다. 예를 들면, 요리사에게 날카로운 칼을 주는 것은 좋은 선물입니다. 그 요리사가 그 칼로 어떤 요리를 할지 기대가 되기 때문입니다. 그런데 다섯 살짜리 아이에게 날카로운 칼을 주는 것은 저주입니다. 그 아이가 무슨 짓을 할지 모르기 때문입니다. 우리가 대표적으로 생각하는 재정의 축복은 날카로운 칼과 같습니다. 그 재정을 하나님을 뜨겁게 사랑해서 그분을 위해 잘 쓸 수 있는 사람만이 축복입니다. 다윗 이후에 솔로몬에게 주어진 축복은 그에게 어떤 면에서 불행이었던 것을 우리는 성경을 통해서 잘 볼 수 있습니다.

잠언 8:17-21 (개역개정)

17. 나를 사랑하는 자들이 나의 사랑을 입으며 나를 간절히 찾는 자가 나를 만날 것이니라

18. 부귀가 내게 있고 장구한 재물과 공의도 그러하니라

19. 내 열매는 금이나 정금보다 나으며 내 소득은 순은보다 나으니라

20. 나는 정의로운 길로 행하며 공의로운 길 가운데로 다니나니

21. 이는 나를 사랑하는 자가 재물을 얻어서 그 곳간에 채우게 하려 함이니라.

하나님께서는 사랑하는 사람을 위해서 아낌없이 다 주신다고 말씀하셨습니다. 그런데 다른 한편으로 생각해 보면 하나님을 사랑한다고 하면서도 여러 가지 아쉬움이 있고 또 다른 이런저런 축복을 바라는 것은 실제로 그분을 사랑하는 것이 아닙니다. 하나님을 정말로 사랑하게 되면 그 사랑으로 만족하기 때문입니다.

하나님께서는 에덴동산에서부터 아담과 하와에게 생육하고 번성하라, 땅에 충만하라고 말씀하셨습니다. 하나님의 자녀 된 사람이 풍성하고 풍요롭게 사는 것은 하나님이 바라시는 것입니다. 하나님을 사랑하기만 하면 그분은 아낌없이 채워 주십니다. 하나님을 목숨 걸고 사랑하는 사람, 하나님만으로 만족하는 사람, 하나님 외에 다른 것을 사랑하지 않는 그 사람에게 하나님이 채우십니다. 필요한

모든 것들을 차고도 넘치게 채워 주십니다. 이것이 축복의 비밀입니다. 다윗의 모습을 다시 살펴보겠습니다.

사무엘하 6:14, 20-23 (개역개정)

14. 다윗이 여호와 앞에서 힘을 다하여 춤을 추는데 그때에 다윗이 베 에봇을 입었더라

20. 다윗이 자기의 가족에게 축복하러 돌아오매 사울의 딸 미갈이 나와서 다윗을 맞으며 이르되 이스라엘 왕이 오늘날 어떻게 영화로우신지 방탕한 자가 염치 없이 자기의 몸을 드러내는 것처럼 오늘 그의 신복의 계집종의 눈앞에서 몸을 드러내셨도다 하니

21. 다윗이 미갈에게 이르되 이는 여호와 앞에서 한 것이니라 그가 네 아버지와 그의 온 집을 버리시고 나를 택하사 나를 여호와의 백성 이스라엘의 주권자를 삼으셨으니 내가 여호와 앞에서 뛰놀리라

22. 내가 이보다 더 낮아져서 스스로 천하게 보일지라도 네가 말한 바 계집종에게는 내가 높임을 받으리라 한지라

23. 그러므로 사울의 딸 미갈이 죽는 날까지 자식이 없으니라.

다윗이 온 이스라엘의 왕이 되고, 하나님의 궤가 다윗 성으로 올 때 너무 기쁘고 감사해서 다윗은 온 힘을 다해 춤을 추다가 그만 옷이 흘러내리는 것도 몰랐습니다. 예배가 무엇입니까? 다윗이 한 일이 예배입니다. 하나님이 너무 기뻐서 자기가 왕인 줄도 잊어버리고 옷이 흐를 정도로 춤을 추었습니다.

내 마음을 다 드리는 것이 예배입니다. 하나님이 이 다윗의 예배를 얼마나 기뻐하셨을지 상상해 보십시오. 이런 다윗을 하나님은 너

무나 사랑하셨습니다. 그래서 이것을 흉본 미갈에게 아기를 주지 않으셨습니다. 하나님께서 미갈을 죽이시지 않은 것이 다행입니다. 하나님께서 이 예배를 받으시고 다윗에게 주실 축복을 하나님의 심정을 가지고 헤아려 보십시오. 우리도 다윗과 같이 하나님을 뜨겁게 사랑하여 하나님의 모든 축복을 누리기를 소망합니다.

예수 안에 있는 자의 축복에 대한 리스트와 관련 구절을 한번 적어보았습니다.

1. 하나님의 자녀 되는 축복을 주십니다

로마서 3:23-24 (개역개정)

23. 모든 사람이 죄를 범하였으매 하나님의 영광에 이르지 못하더니

24. 그리스도 예수 안에 있는 속량으로 말미암아 하나님의 은혜로 값없이 의롭다 하심을 얻은 자 되었느니라.

에베소서 1:7 (개역개정)

우리는 그리스도 안에서 그의 은혜의 풍성함을 따라 그의 피로 말미암아 속량 곧 죄 사함을 받았느니라.

2. 구원받은 기쁨과 감격을 주십니다

우리는 은혜로 예수 안에 있을 때 값없이 구원을 받았습니다. 값

없이 하나님의 자녀가 되어서 천국을 소유하게 되었습니다. 그리고 하나님께서는 기쁨을 주신다고 하셨습니다.

구원받은 기쁨과 감격은 환경을 초월하고 모든 소유를 초월해서 우리에게 주어집니다.

빌립보서 4:4 (개역개정)

주 안에서 항상 기뻐하라 내가 다시 말하노니 기뻐하라.

사도행전 2:46 (개역개정)

날마다 마음을 같이하여 성전에 모이기를 힘쓰고 집에서 떡을 떼며 기쁨과 순전한 마음으로 음식을 먹고.

3. 자족하는 삶이 주어집니다

사도 바울은 예수 그리스도를 아는 지식이 가장 귀하기 때문에 그가 가졌던 모든 좋은 것들을 배설물로 여긴다고 했습니다. 예수님을 아는 것이 너무 좋고 그를 너무 사랑하기 때문입니다. 하나님께서는 그에게 언제 어느 곳에 있든 자족할 수 있는 마음을 주셨습니다.

빌립보서 3:7-8 (개역개정)

7. 그러나 무엇이든지 내게 유익하던 것을 내가 그리스도를 위하여 다 해로 여길 뿐더러

8. 또한 모든 것을 해로 여김은 내 주 그리스도 예수를 아는 지식이 가장 고상하기 때문이라 내가 그를 위하여 모든 것을 잃어버리고

배설물로 여김은 그리스도를 얻고.

빌립보서 4:11-13 (개역개정)

11. 내가 궁핍하므로 말하는 것이 아니라 어떠한 형편에든지 나는 자족하기를 배웠노니

12. 나는 비천에 처할 줄도 알고 풍부에 처할 줄도 알아 모든 일 곧 배부름과 배고픔과 풍부와 궁핍에도 처할 줄 아는 일체의 비결을 배웠노라

13. 내게 능력 주시는 자 안에서 내가 모든 것을 할 수 있느니라.

디모데전서 6:6-8 (개역개정)

6.그러나 지족하는 마음이 있으면 경건은 큰 이익이 되느니라

7.우리가 세상에 아무것도 가지고 온 것이 없으매 또한 아무것도 가지고 가지 못하리니

8. 우리가 먹을 것과 입을 것이 있은즉 족한 줄로 알 것이니라.

4. 평안의 축복이 주어집니다

하나님으로부터 오는 평안이 주어집니다. 이것은 환경을 떠나고 소유를 떠나서 주어집니다.

요한복음 16:33 (개역개정)

이것을 너희에게 이르는 것은 너희로 내 안에서 평안을 누리게 하려 함이라 세상에서는 너희가 환난을 당하나 담대하라 내가 세상

을 이기었노라.

요한복음 14:27 (개역개정)

평안을 너희에게 끼치노니 곧 나의 평안을 너희에게 주노라 내가 너희에게 주는 것은 세상이 주는 것과 같지 아니하니라 너희는 마음에 근심하지도 말고 두려워하지도 말라.

5. 기도 응답의 복이 주어집니다

요한복음 15:7 (개역개정)

너희가 내 안에 거하고 내 말이 너희 안에 거하면 무엇이든지 원하는 대로 구하라 그리하면 이루리라.

6. 하나님이 풍성하게 필요를 채우십니다

빌립보서 4:19 (개역개정)

나의 하나님이 그리스도 예수 안에서 영광 가운데 그 풍성한 대로 너희 모든 쓸 것을 채우시리라.

7. 하나님의 약속의 응답이 주어집니다

고린도후서 1:20 (개역개정)

하나님의 약속은 얼마든지 그리스도 안에서 예가 되니 그런즉 그로 말미암아 우리가 아멘 하여 하나님께 영광을 돌리게 되느니라.

8. 주 안에서 새로운 피조물이 됩니다

고린도후서 5:17 (개역개정)

그런즉 누구든지 그리스도 안에 있으면 새로운 피조물이라 이전 것은 지나갔으니 보라 새것이 되었도다.

9. 이 땅에서 천국을 누리는 삶이 그리스도 안에서 주어집니다

로마서 14:17-18 (개역개정)

17. 하나님의 나라는 먹는 것과 마시는 것이 아니요 오직 성령 안에 있는 의와 평강과 희락이라

18. 이로써 그리스도를 섬기는 자는 하나님을 기쁘시게 하며 사람에게도 칭찬을 받느니라,

10. 죽을 때에 복된 죽음도 주 안에서 이루어집니다

요한계시록 14:13 (개역개정)

또 내가 들으니 하늘에서 음성이 나서 이르되 기록하라 지금 이후로 주 안에서 죽는 자들은 복이 있도다 하시매 성령이 이르시되 그러하다 그들이 수고를 그치고 쉬리니 이는 그들의 행한 일이 따름이라 하시더라.

축복이라는 것은 인간이 힘쓰고 애써서 주어지는 것이 아니고 하

나님으로부터 주어집니다.

결국 하나님으로부터 오는 축복을 준비하는 그릇은 하나님을 뜨겁게 사랑해서 하나님께 아낌없이 드리고 이웃에게 사랑을 실천할 수 있는 믿음입니다. 하나님은 당신의 자녀들이 어려운 이웃에게 가진 것을 베풀고 주기를 원하십니다.

여기에 하나님이 축복하십니다. 또 신령한 복도 여기에 다 주어지게 됩니다.

요한삼서 1:2 (개역개정)

사랑하는 자여 네 영혼이 잘됨같이 네가 범사에 잘되고 강건하기를 내가 간구하노라.

이 말씀은 그런 의미에서 하신 말씀입니다. 우리가 이 세상에서 소유한 모든 것은 하나님이 그냥 주신 것입니다. 빈손으로 와서 부모를 만나게 하고, 자라서 배우자를 만났을 때, 하나님이 짝지어 준 것이라고 했습니다. 그리고 우리의 모든 소유가 내 것이 아니고 하나님의 것이라는 생각을 가질 때 이 마음 가운데 하나님은 축복하십니다. 설령 하나님의 섭리 가운데 고난이 있을지라도 이러한 마음을 버려서는 안 됩니다. 하나님이 그 경외하는 마음을 기억하십니다.

우리는 고통 가운데에서도 하나님을 찬양하고 경외할 수 있어야 합니다. 그럴 때 마침내 욥에게 축복하신 것처럼 그분은 우리에게도 그렇게 행하십니다. 만약 우리 당대에 의롭게 살고, 하나님의 뜻 가운데 살았는데도 고통과 어려움의 연속이라 하더라도, 믿는 자에게는 하나님이 주시는 평안과 안정이 그 마음에 있습니다. 그리고 그 후대에 반드시 축복하십니다.

욥기 1:20-22 (개역개정)

20. 욥이 일어나 겉옷을 찢고 머리털을 밀고 땅에 엎드려 예배하며

21. 이르되 내가 모태에서 알몸으로 나왔사온즉 또한 알몸이 그리로 돌아 가올지라 주신 이도 여호와시요 거두신 이도 여호와시오니 여호와의 이름이 찬송을 받으실지니이다 하고

22. 이 모든 일에 욥이 범죄하지 아니하고 하나님을 향하여 원망하지 아니하니라.

관련된 성경 구절을 더 보면서 더 깊이 묵상하기를 원합니다.

고린도전서 4:7 (개역개정)

누가 너를 남달리 구별하였느냐 네게 있는 것 중에 받지 아니한 것이 무엇이냐 네가 받았은즉 어찌하여 받지 아니한 것같이 자랑하느냐.

마태복음 10:8 (개역개정)

병든 자를 고치며 죽은 자를 살리며 나병 환자를 깨끗하게 하며 귀신을 쫓아내되 너희가 거저 받았으니 거저 주라.

신명기 8:17-18 (개역개정)

17. 그러나 네가 마음에 이르기를 내 능력과 내 손의 힘으로 내가 이 재물을 얻었다 말할 것이라

18. 네 하나님 여호와를 기억하라 그가 네게 재물 얻을 능력을 주셨음이라 이같이 하심은 네 조상들에게 맹세하신 언약을 오늘과 같이 이루려 하심이니라.

요한복음 14:21 (개역개정)

나의 계명을 지키는 자라야 나를 사랑하는 자니 나를 사랑하는 자는 내 아버지께 사랑을 받을 것이요 나도 그를 사랑하여 그에게 나를 나타내리라.

누가복음 6:38 (개역개정)

주라 그리하면 너희에게 줄 것이니 곧 후히 되어 누르고 흔들어 넘치도록 하여 너희에게 안겨 주리라 너희가 헤아리는 그 헤아림으로 너희도 헤아림을 도로 받을 것이니라.

베드로전서 4:8-9 (개역개정)

8. 무엇보다도 뜨겁게 서로 사랑할지니 사랑은 허다한 죄를 덮느니라

9. 서로 대접하기를 원망 없이 하고.

사도행전 20:35 (개역개정)

범사에 여러분에게 모본을 보여준 바와 같이 수고하여 약한 사람들을 돕고 또 주 예수께서 친히 말씀하신 바 주는 것이 받는 것보다 복이 있다 하심을 기억하여야 할지니라.

잠언 11:24-25 (개역개정)

24. 흩어 구제하여도 더욱 부하게 되는 일이 있나니 과도히 아껴
도 가난하게 될 뿐이니라

25. 구제를 좋아하는 자는 풍족하여질 것이요 남을 윤택하게 하
는 자는 윤택하여지리라.

잠언 19:17 (개역개정)

가난한 자를 불쌍히 여기는 것은 여호와께 꾸어 드리는 것이니 그의 선행을 그에게 갚아 주시리라.

신명기 15:7-11 (개역개정)

7. 네 하나님 여호와께서 네게 주신 땅 어느 성읍에서든지 가난
한 형제가 너와 함께 거주하거든 그 가난한 형제에게 네 마음을 완
악하게 하지 말며 네 손을 움켜쥐지 말고

8. 반드시 네 손을 그에게 펴서 그에게 필요한 대로 쓸 것을 넉넉
히 꾸어 주라

9. 삼가 너는 마음에 악한 생각을 품지 말라 곧 이르기를 일곱째
해 면제년이 가까이 왔다 하고 네 궁핍한 형제를 악한 눈으로 바라
보며 아무것도 주지 아니하면 그가 너를 여호와께 호소하리니 그것
이 네게 죄가 되리라

10. 너는 반드시 그에게 줄 것이요 줄 때에는 아끼는 마음을 품지
말 것이니라 이로 말미암아 네 하나님 여호와께서 네가 하는 모든
일과 네 손이 닿는 모든 일에 네게 복을 주시리라

11. 땅에는 언제든지 가난한 자가 그치지 아니하겠으므로 내가

네게 명령하여 이르노니 너는 반드시 네 땅 안에 네 형제 중 곤란한 자와 궁핍한 자에게 네 손을 펼지니라.

디모데전서 6:17-19 (개역개정)

17. 네가 이 세대에서 부한 자들을 명하여 마음을 높이지 말고 정함이 없는 재물에 소망을 두지 말고 오직 우리에게 모든 것을 후히 주사 누리게 하시는 하나님께 두며

18. 선을 행하고 선한 사업을 많이 하고 나누어 주기를 좋아하며 너그러운 자가 되게 하라

19. 이것이 장래에 자기를 위하여 좋은 터를 쌓아 참된 생명을 취하는 것이니라.

이러한 여러 성경 구절들을 보면서 느껴지는 것이 있어야 합니다. 성경은 우리가 축복받는 것보다 축복 주는 것을 더 강조하고 말씀하고 있습니다. 성경에서 축복된 자는 '주는 자'입니다. 하나님은 사랑하는 그분의 자녀들이 아버지의 사랑을 흘려 보내시기를 원합니다. "사랑을 주어라. 내가 더 줄 수 있도록 축복해 주겠다"라고 말씀하십니다. 이것이 아버지의 마음입니다. 결국 하나님의 마음을 깨닫고, 하나님을 더욱 사랑하게 되어 그 온전한 사랑이 흘러나가는 삶 자체가 복되다는 것입니다.

"주는 자가 받는 자보다 복되다"(행 20:35). 이것이 성경에서 말하는 '예수 안에 있는 자의 축복' 의 정의입니다.

17
천국의 영광과 축복

이번 장은 마지막 장입니다. 하나님께서 예수 안에 거하는 자에게 주실 천국의 영광과 축복에 관해서 알아보겠습니다.

골로새서 3:1-4 (개역개정)

1. 그러므로 너희가 그리스도와 함께 다시 살리심을 받았으면 위의 것을 찾으라 거기는 그리스도께서 하나님 우편에 앉아 계시느니라

2. 위의 것을 생각하고 땅의 것을 생각지 말라

3. 이는 너희가 죽었고 너희 생명이 그리스도와 함께 하나님 안에 감추어졌음이니라

4. 우리 생명이신 그리스도께서 나타나실 그때에 너희도 그와 함께 영광 중에 나타나리라.

그리스도와 함께 다시 살리심을 받았다는 말은 영생을 얻었다는 말입니다. 하나님의 생명을 가진 사람이 되었다는 말입니다. 이런 사람이 되었다면 이 세상의 것을 사랑해서는 안 됩니다. 이 세상의 모든 것은 사랑하라고 준 것이 아닙니다. 다스리라고 주신 것입니다. 정복해서 청지기의 자세를 가지고 살라고 주신 것입니다.

요한일서 2:15-16 (개역개정)

15. 이 세상이나 세상에 있는 것들을 사랑하지 말라 누구든지 세상을 사랑하면 아버지의 사랑이 그 속에 있지 아니하니

16. 이는 세상에 있는 모든 것이 육신의 정욕과 안목의 정욕과 이생의 자랑이니 다 아버지께로 부터 온 것이 아니요 세상으로부터 온 것이라

17. 이 세상도 그 정욕도 지나가되 오직 하나님의 뜻을 행하는 이는 영원히 거하느니라.

마태복음 4장 1-11절 말씀에 보면 가장 존귀하신 예수님을 마귀가 시험합니다. 마귀가 예수님을 이 세상의 좋은 것으로 유혹합니다. 예수님은 세상보다 더 하나님을 사랑하셔서 말씀으로 마귀를 이깁니다. 우리는 왜 예수님이 마귀에게 시험받는 장면이 성경에 있는지 깊이 묵상해 보아야 합니다.

예수님을 시험하였던 마귀가 사람들을 시험합니다. 세상의 좋은 것들로 유혹합니다. 리처드 포스터가 말했던, 돈과 섹스와 권력입니다. 이런 것들을 사랑하게 되면 시험에 넘어지는 것입니다. 결국은 죄를 지어 망하게 되는 것입니다.

그래서 우리가 이 세상에 있는 것들을 사랑할 이유가 하나도 없습니다. 우리가 이 세상을 사랑하면 마귀가 그 속을 틈타서 죄를 짓게 합니다. 그러면 세상에 있는 모든 것들을 어떻게 해야 합니까? 다스리고 정복하고 지배해야 합니다.

예를 든다면, 어떤 남자가 한 여인을 사랑해서 결혼을 했습니다. 그 아내를 위해 값비싼 다이아반지를 선물로 해주었습니다. 그런데 이 여인이 남편이 선물해 준 다이아반지에 정신이 빠져서, 반지에 애착하고 거기에 마음을 가져 남편에게 소홀하게 된다면 남편이 좋아하겠습니까? 싫어합니다. 같이 살 수가 없습니다. 이런 원리와 마찬가지로, 하나님께서 우리에게 주신 모든 것들을 사랑하면 안 됩니다. 애착을 주면 안 됩니다. 관리하고 귀하게 여기고 감사하며 청지기의 자세를 가지고 살아야 합니다.

빌립보서 3:20 (개역개정)

그러나 우리의 시민권은 하늘에 있는지라 거기로부터 구원하는 자 곧 주 예수 그리스도를 기다리노니.

마태복음 6:19-21(개역개정)

19. 너희를 위하여 보물을 땅에 쌓아 두지 말라 거기는 좀과 동록이 해하며 도적이 구멍을 뚫고 도적질하느니라

20. 오직 너희를 위하여 보물을 하늘에 쌓아 두라 거기는 좀이나 동록이 해하지 못하며 도둑이 구멍을 뚫지도 못하고 도적질도 못하느니라

21. 네 보물 있는 그곳에는 네 마음도 있느니라.

하늘에 쌓아두라는 말은 하나님을 사랑해서 하나님께 헌신하고, 사람을 사랑해서 사람에게 베풀고 구제하면서 살아가라는 말입니다. 그다음으로 해야 할 일은 하늘나라 소망을 가지고 살아야 합니다. 위의 것을 찾고, 위의 것을 소망하고 살아야 한다는 말입니다. 그 이유는, 하나님이 우리 인간들에게 주기를 원하는 것은 이 세상에 있지 않기 때문입니다.

이 세상은 잠시 왔다 거쳐가는 나그네 인생길입니다. 하나님이 우리 인생들에게 주기를 원하시는 것은 하늘나라에 있습니다. 그러면 그 하늘나라에는 어떤 것이 있습니까?

1. 하늘나라는 보화라고 했습니다

마태복음 13:44 (개역개정)

천국은 마치 밭에 감추인 보화와 같으니 사람이 이를 발견한 후 숨겨 두고 기뻐하며 돌아가서 자기의 소유를 다 팔아 그 밭을 사느니라.

이 말씀이 쓰여졌던 당시에는 금융기관이 없었기 때문에, 귀한 보배를 항아리에 넣고, 자신들만 알 수 있는 밭에 묻어 보관했습니다. 그래서 급할 때 그 보물을 찾아서 사용했습니다. 어떤 사람이 이것을 땅에 묻어 놓았는데, 전쟁 때문에 멀리 나가서 피난 갔다가 돌아와 보니까 지형이 바뀌어졌습니다. 그래서 어디에 묻었는지 그 위치를 잊어버렸습니다. 어떤 다른 사람이 남의 집에 종살이 하고 있으면서 이 보화를 발견했습니다. 그러나 이때는 이 보화가 자신의 것이 될 수 없습니다. 이 밭을 사야 자신의 보화가 되는 것입니다. 그래서 아무에게도 말하지 않고 자신의 소유를 다 팔아서, 그 땅을 사서 보화를 자신의 것으로 만들었습니다.

천국이 얼마나 좋은 것입니까? 보화가 무엇입니까? 말로 표현할 수 없이 귀하고 좋은 것이 보화입니다. 이것을 내가 간직하기 위해 내가 가지고 있는 모든 소유를 팔아도 이 보화의 귀한 것을 다 감당할 수가 없습니다. 그래서 예수님은 영생을 묻는 부자 청년에게 이렇게 말씀하셨습니다.

마태복음 19:21 (개역개정)

예수께서 이르시되 네가 온전하고자 할진대 가서 네 소유를 팔아 가난한 자들에게 주라 그리하면 하늘에서 보화가 네게 있으리라 그리고 와서 나를 따르라 하시니.

이 천국은 보화, 말로 표현할 수 없이 귀하고 좋은 것입니다. 그런데 이 천국을 소유하려면 나의 가진 것을 다 내어놓고, 천국을 사야 합니다. 내가 가진 것을 내어놓고, 예수를 좇아야 한다는 것입니다. 이 부자 청년은 예수보다 돈이 더 좋았기 때문에 보화를 놓치고 영원한 생명도 놓치고 말았습니다. 어리석은 인생입니다.

2. 천국은 영광이 있는 곳입니다

누구나 스위스에 여행을 가서 호수에서 유람선을 타면 이런 생각을 종종 합니다. 여기서 일주일 정도 푹 쉬었다가 가면 좋겠다는 생각입니다.

맑고 깨끗한 호수, 상쾌한 공기, 오밀조밀 아름답게 산 사이에 지어놓은 집들, 베란다에는 항상 예쁘게 꽃장식이 되어 있는 모습 등 어디를 찍어도 엽서가 되는 그 모습들을 보면 휴식이 절로 될 것 같습니다. 그래서 잠깐 있다가 가는것이 너무나 아쉬운 것입니다.

마태복음 17장에 스위스와는 비교도 할 수 없을 정도로 아름다운 광경을 보고 베드로와 그의 제자들은 거기에 머물고 싶어합니다. 하늘나라의 영광을 미리 조금 맛보게 되었기 때문입니다.

마태복음 17장 1-11절에 기록된 변화산에서 예수님이 변화된 모습은 장차 우리가 누릴 영광을 미리 맛보게 하는 것입니다. 예수님은 제자들 중에 베드로와 요한과 야고보만 데리고 변화산으로 올라가셨습니다. 갑자기 예수님의 모습이 변했습니다. 얼굴이 해같이 빛나고, 그 옷이 광채와 같이 빛나고, 모세와 엘리야가 나타나서 함께 거하는 모습이 얼마나 황홀하고, 찬란하고 영광스러운지, 제자들이 다 거기에 현혹되었습니다. 그 모습이 얼마나 좋으면 이렇게 베드로가 고백했습니다.

마태복음 17:4 (개역개정)

베드로가 예수께 여쭈어 이르되 주여 우리가 여기 있는 것이 좋사오니 만일 주께서 원하시면 내가 여기서 초막 셋을 짓되 하나는 주님을 위하여, 하나는 모세를 위하여, 하나는 엘리야를 위하여 하리이다.

그때 당시 귀한 손님이 오면 최고로 대접을 하는 것이 초막을 지어 그곳에 거하게 하면서 대접을 했습니다. 그래서 바울은 이런 고백도 했습니다.

고린도후서 4:16-5:2 (개역개정)

16. 그러므로 우리가 낙심하지 아니하노니 우리의 겉사람은 낡아지나 우리의 속사람은 날로 새로워지도다

17. 우리가 잠시 받는 환난의 경한 것이 지극히 크고 영원한 영광의 중한 것을 우리에게 이루게 함이니

18. 우리가 주목하는 것은 보이는 것이 아니요 보이지 않는 것이니 보이는 것은 잠간이요 보이지 않는 것은 영원함이라.

1. 만일 땅에 있는 우리의 장막 집이 무너지면 하나님께서 지으신 집 곧 손으로 지은 것이 아니요 하늘에 있는 영원한 집이 우리에게 있는 줄 아느니라

2. 참으로 우리가 여기 있어 탄식하며 하늘로부터 오는 우리 처소로 덧입기를 간절히 사모하노라.

하늘의 영광이 너무 중요하고 영원해서, 이 세상의 환란과 어려움을 능히 이길 수 있다는 말입니다.

로마서 8:18 (개역개정)

생각하건대 현재의 고난은 장차 우리에게 나타날 영광과 비교할 수 없도다.

로마서 5:3-5 (개역개정)

3. 다만 이뿐 아니라 우리가 환난 중에도 즐거워하나니 이는 환
난은 인내를

4. 인내는 연단을, 연단은 소망을 이루는 줄 앎이로다

5. 소망이 우리를 부끄럽게 하지 아니함은 우리에게 주신 성령으
로 말미암아 하나님의 사랑이 우리 마음에 부은 바 됨이니.

이러한 영광이 있기 때문에 환난을 능히 이길 수 있다고 고백하고 있습니다. 여기에 나오는 소망은 천국의 소망을 가리킵니다.

3. 신랑 예수와 결혼한 것 같은 기쁨과 즐거움이 계속됩니다

이사야 61:10-11 (개역개정)

10. 내가 여호와로 말미암아 크게 기뻐하며 내 영혼이 나의 하나
님으로 말미암아 즐거워하리니 이는 그가 구원의 옷을 내게 입히시
며 공의의 겉옷으로 내게 더하심이 신랑이 사모를 쓰며 신부가 자기
보석으로 단장함 같게 하셨음이라

11. 땅이 싹을 내며 동산이 거기 뿌린 것을 움돋게 함같이 주 여
호와께서 공의와 찬송을 모든 나라 앞에 솟아나게 하시리라.

이 천국이 얼마나 좋은가요? 이 세상의 모든 사람들이 최고의 기쁨과 즐거움과 행복을 가질 때가 사랑하는 사람을 만나 결혼할 때인데, 신랑 예수와 결혼한 것과 같은 기쁨과 즐거움이 계속됩니다.

요한계시록 21:2 (개역개정)

또 내가 보매 거룩한 성 새 예루살렘이 하나님께로부터 하늘에서 내려오니 그 준비한 것이 신부가 남편을 위하여 단장한 것 같더라.

4. 영원한 안식이 있는 곳이 천국입니다

히브리서 4:3 (개역개정)

이미 믿는 우리들은 저 안식에 들어가는도다 그가 말씀하신 바와 같으니 내가 노하여 맹세한 바와 같이 그들이 내 안식에 들어오지 못하리라 하셨다 하였으나 세상을 창조할 때부터 그 일이 이루어졌느니라.

모든 슬픔과 괴로움을 떨쳐버리고 영원한 안식이 있는 곳이 천국입니다. 중요한 질문이 있습니다. 이 천국은 누구에게 주어집니까? 여러분은 이 책을 읽으면서 하나님의 온전한 사랑, 그 안에서 새로 태어나고 다시 자라간다는 것이 어떤 의미인지 아셨을 것입니다. 아는 것이 중요한 것이 아니고, '이 진리 안에 내가 거하고 있는가? 포도나무 가지처럼 예수님께 잘 붙어서 속사람이 자라고 있는가?' 하는 것이 중요한 것입니다. 여러분 본인 스스로 다음 말씀을 묵상하시면서, 나는 천국에 갈 수 있는 생명의 사람인지 한번 물어 보십시오.

고린도후서 13:5 (개역개정)

너희가 믿음에 있는가 너희 자신을 시험하고 너희 자신을 확증하라 예수 그리스도께서 너희 안에 계신 줄을 너희가 스스로 알지 못하느냐 그렇지 않으면 너희는 버림받은 자니라.

요한일서 1:6 (현대인의성경)

만일 우리가 하나님과 교제한다고 하면서 죄를 짓는 어두운 생활을 그대로 한다면 우리는 진리대로 살지 않는 거짓말쟁이에 불과합니다.

마지막 날에 "착하고 충성된 종아, 네 주인의 즐거움에 참여할지어다라"고 주님께서 말할 수 있는 진정한 보화를 소유한 여러분들이 되시기를 소망합니다.

18

요한복음 3장 16절
(부록: 전도용)

이 내용은 요한복음 3장 16절을 가지고, 아버지가 설교한 내용입니다. 이 책의 전체 내용을 요약한 것입니다. 내용을 숙지하셔서 특별히 믿지 않는 사람들을 위해서 전도할 때 사용하셔도 좋고, 여기에 나와 있는 말씀들은 외우실 수 있으면 외우셔도 유익할 것 같습니다.

> 요한복음 3:16 (개역개정)
>
> 하나님이 세상을 이처럼 사랑하사 독생자를 주셨으니 이는 그를 믿는 자마다 멸망하지 않고 영생을 얻게 하려 하심이라.

이 말씀을 통해서 함께 은혜 받기를 원합니다. 이 말씀은 신구약

성경의 중심 역할을 합니다. 신구약성경을 압축하고 줄이고 줄이면 이 한 구절로 표현할 수 있습니다.

이 요한복음 3장 16절을 충분히 이해하고 깨달으면 성경 전체를 깨닫는 것과 다름없습니다.

여기에 나타난 하나님은 어떤 하나님인가요?

디모데전서 6:15-16 (개역개정)

15. 기약이 이르면 하나님이 그의 나타나심을 보이시리니 하나님은 복되시고 유일하신 주권자이시며 만왕의 왕이시며 만주의 주시오

16. 오직 그에게만 죽지 아니함이 있고 가까이 가지 못할 빛에 거하시고 어떤 사람도 보지 못하였고 또 볼 수 없는 이시니 그에게 존귀와 영원한 권능을 돌릴지어다 아멘.

하나님은 복되시고 주권자이시며 왕이 되시고 만주의 주가 되십니다. 가까이 가지 못할 빛에 거하시고, 아무도 보지 못하였고, 볼 수도 없는 분이시라고 성경에서는 말하고 있습니다. 이 하나님은 창조주 하나님, 전능하신 하나님, 생명의 근원, 만복의 근원이 되시고, 인간의 삶의 주권을 가지고 계십니다. 우리를 지으신 아버지 하나님이십니다.

한없는 자비와 긍휼을 베푸시고, 사랑을 가지신 하나님이십니다.

그런데 그러한 하나님이 세상을 이처럼 사랑했다고 했습니다. 이

세상은 세상에 사는 사람들을 말합니다. 이 세상의 사람들이 어떤 사람들인지를 우리는 살펴보아야 합니다. 전부 죄를 지어서 거짓되고, 부패하고, 악한 죄인들입니다. 이런 죄인들을 이처럼 사랑한다는 말은 하나님이 육신을 입고 이 땅에 오셔서, 이런 죄인들의 죄를 짊어지고, 십자가에 피 흘려 죽기까지 사랑했다는 것입니다. 이 사랑은 끝없는 사랑을 말합니다. 그러면 무엇 때문에 우리 하나님이 이 세상의 죄인들을 이와 같이 사랑하셔서 죄인들의 죄를 짊어지셨습니까? 십자가에 피 흘려 죽기까지 사랑해야 할 이유가 있습니까?

그것은 하나님께서 최초에 인간을 지으실 때에 사랑의 대상자로 지으셨다는 사실을 깨달아야 합니다.

창세기 1:26-27 (개역개정)

26. 하나님이 이르시되 우리의 형상을 따라 우리의 모양대로 우리가 사람을 만들고 그들로 바다의 물고기와 하늘의 새와 가축과 온 땅과 땅에 기는 모든 것을 다스리게 하자 하시고

27. 하나님이 자기 형상 곧 하나님의 형상대로 사람을 창조하시되 남자와 여자를 창조하시고

인간을 지을 때 만물을 엿새 동안 지으시고, 맨 마지막에 사람을 지을 때 하나님의 형상을 따라서 지었습니다. 하나님의 모양대로 지었습니다.

창세기 2:7 (개역개정)

여호와 하나님이 땅의 흙으로 사람을 지으시고 생기를 그 코에 불어 넣으시니 사람이 생령이 되니라.

우리 육체를 흙으로 지으시고, 그 코에 생기를 불어넣으셔서 생령이 되었다고 말씀하셨습니다. 이것은 인간을 영과 육으로 지었다는 말씀입니다.

요한일서 4:7-8 (개역개정)

7. 사랑하는 자들아 우리가 서로 사랑하자 사랑은 하나님께 속한 것이니 사랑하는 자마다 하나님으로부터 나서 하나님을 알고

8. 사랑하지 아니하는 자는 하나님을 알지 못하나니 이는 하나님은 사랑이심이라.

사랑의 하나님께서 사랑의 교제를 위한 대상으로 우리 인간을 지으셨습니다. 그래서 모든 인간은 하나님의 인격과 성품을 따라서 지은 하나님의 사랑하는 자녀입니다. 그러니까 우리 인간을 지은 목적은 하나님의 자녀로 지으셔서 서로 사랑의 교제를 나누고, 사귐을 가지고 하나님과 더불어 영원히 살아갈 수 있도록 하기 위함입니다. 그래서 우리 인간은 하나님을 떠나서는 살 수 없습니다. 다른 말로 하나님의 인격을 따라 지었다는 것을 설명하면 지정의를 따라서 하나님의 성품과 마음을 가지고, 하나님의 사랑을 받고, 하나님을 사랑하고, 하나님을 섬기고, 하나님을 의지하고 살아갈 수 있도록 지었다는 것입니다.

그런데 인간이 악한 마귀의 꾀임을 받고, 하나님의 말씀에 불순종해서 죄를 지음으로 말미암아 하나님과의 관계가 끊어지게 되었습니다. 그래서 육신이 죽고 영혼이 죽고, 지옥의 멸망에 처하게 되었습니다. 마귀의 지배를 받게 된 것입니다.

히브리서 9:27 (개역개정)

한 번 죽는 것은 사람에게 정해진 것이요 그 후에는 심판이 있으리니.

죄인 된 인생을 성경은 다음과 같이 말하고 있습니다.

예레미야 17:9 (개역개정)

만물보다 거짓되고 심히 부패한 것은 마음이라 누가 능히 이를 알리요마는.

마태복음 15:18-19 (개역개정)

18. 입에서 나오는 것들은 마음에서 나오나니 이것이야말로 사람을 더럽게 하느니라

19. 마음에서 나오는 것은 악한 생각과 살인과 간음과 음란과 도적질과 거짓 증언과 비방이니.

이런 모든 죄를 지으면서, 죽으면 결국 지옥에 갈 인생들이 되어진 것입니다.

하나님은 본래 뜻과는 달리 인간은 부패하고 마귀의 지배를 받게

되었습니다. 하나님은 인간이 지옥의 멸망에 떨어질 운명에 처한 상황을 보고 가슴 아파하고 탄식하셨습니다. 고통하고 괴로워한 나머지, 인간을 즉시 구원시키시기로 계획을 세우셨습니다.

예를 들면, 부모와 자식 관계에 있어서 자식은 부모의 사랑의 대상자입니다. 그 사랑스러운 자식이 죄를 지어 형무소에 갇혀서 사형선고를 받게 되었다고 한다면 부모의 마음이 어떻겠습니까? 마음이 찢어집니다. 찾아가서 그 자식을 쳐다보고, 눈물을 흘리면서 탄식하기를 "차라리 내가 너를 위해서 죽는 것이 낫겠다"라고 말합니다. 이것이 부모의 마음입니다. 그러나 인간은 연약하기 때문에 그렇게 할 수가 없습니다.

하나님은 인간이 자기 자식을 사랑하는 것보다 더 깊고 한없이 인간을 사랑하시기 때문에 한없는 사랑을 베풀기 위해 우리 인간을 위해 피 흘려 십자가에 죽으셨다가 다시 사셨습니다.

시편 27:10 (개역개정)

내 부모는 나를 버렸으나 여호와는 나를 영접하시리이다.

이사야 49:15 (개역개정)

여인이 어찌 그 젖 먹는 자식을 잊겠으며 자기 태에서 난 아들을 긍휼히 여기지 않겠느냐 그들은 혹시 잊을지라도 나는 너를 잊지 아니할 것이라.

로마서 5:8 (개역개정)

우리가 아직 죄인 되었을 때에 그리스도께서 우리를 위하여 죽으심으로 하나님께서 우리에 대한 자기의 사랑을 확증하셨느니라.

요한일서 4:10 (개역개정)

사랑은 여기 있으니 우리가 하나님을 사랑한 것이 아니요 하나님이 우리를 사랑하사 우리 죄를 속하기 위하여 화목 제물로 그 아들을 보내셨음이라.

그래서 하나님은 이 세상 사람들을 이처럼 사랑해서 독생자를 주시고 십자가에 피 흘려 죽었다가 사흘 만에 살아나게 하시고, 그다음에 부활 승천하셔서 성령으로 오셨습니다.

여기 본문 말씀을 보면 이런 예수를 믿는 사람은 멸망치 않고 구원을 받는다고 했는데, 믿는다는 의미가 무엇입니까?

보통 사람들은 십자가에 피 흘려 죽었다가 부활하신 예수를 믿는다고 하는데, 많은 사람들이 깨닫지 못하는 사실이 있습니다. 예수님을 믿으면 새로운 영적 생명으로 태어난다는 사실입니다. 십자가에 피 흘려 죽으셨다가 부활하신 예수를 나의 주인, 나의 구주로 모시고 믿을 때 예수의 공로로 죄 사함을 받고 성령으로 거듭나서 하나님의 자녀로 다시 태어나게 됩니다.

고린도후서 5:17 (개역개정)

그런즉 누구든지 그리스도 안에 있으면 새로운 피조물이라 이전 것은 지나갔으니 보라 새것이 되었도다.

하나님의 자녀로 태어난 자는 주의 성령이 우리 몸을 성전 삼아 머물러 계시며 진리로 인도해서 말씀을 깨닫게 하시어 자라게 합니다. 오늘 우리가 해야 할 일은, 주를 모시고 믿을 뿐만 아니라 성령님께 순종해서 말씀을 가까이하고 읽고 듣고 깨닫고 묵상하는 가운데 우리 속사람의 영혼이 자라서 열매를 맺어야 하는 것입니다. 그 열매가 성령의 9가지 열매입니다.

갈라디아서 5:22-23 (개역개정)

22. 오직 성령의 열매는 사랑과 희락과 화평과 오래 참음과 자비와 양선과 충성과

23. 온유와 절제니 이 같은 것을 금지할 법이 없느니라.

베드로후서 1:4-7 (개역개정)

4. 이로써 그 보배롭고 지극히 큰 약속을 우리에게 주사 이 약속으로 말미암아 너희가 정욕 때문에 세상에서 썩어질 것을 피하여 신성한 성품(신의 성품)에 참여하는 자가 되게 하려 하셨느니라

5. 그러므로 너희가 더욱 힘써 너희 믿음에 덕을, 덕에 지식을,

6. 지식에 절제를, 절제에 인내를, 인내에 경건을,

7. 경건에 형제 우애를, 형제 우애에 사랑을 더하라.

그 성령의 열매의 중심에 아가페 사랑이 있습니다. '아가페'라는 말은 헬라어로서 우리 인간이 부모가 자식을 사랑하는 것, 친구지간의 사랑, 애인 간의 사랑보다 차원이 높은 하나님의 사랑입니다. 이 아가페 사랑은 무조건적인 사랑이고, 불변하는 사랑이고, 아낌없이

주는 사랑입니다. 예수님은 이런 사랑을 베푸셔서 우리 인간을 위해서 십자가에 피 흘려 죽으셨습니다. 그리고 부활하셨습니다. 그래서 예수님께서 내 죄를 사해 주셨다는 것을 믿는 사람은 성령의 사역을 통해 새로운 하나님의 생명으로 다시 태어납니다. 하나님이 기뻐하는 자녀가 됩니다. 이 사람이 구원을 받는 것입니다. 영생을 얻고 천국에 들어갑니다.

만일 이 예수를 믿지 못하면 조상의 죄로 인한 부패한 마음과 거짓과 악함 때문에 심판받아 지옥에 갈 수밖에 없습니다.

사람이 짓는 죄 가운데서 가장 큰 죄가 무엇입니까?

도둑질도 아니고, 살인도 아니고, 간음도 아니고, 예수 그리스도를 믿지 않는 죄입니다.

왜 예수 믿지 않는 죄가 가장 큰 죄입니까? 하나님은 육신을 입고 이 땅에 오셔서 우리를 위하여 십자가에 피 흘려 죽기까지 사랑해서 구원을 베푸셨는데, 예수를 믿지 아니하는 것은 하나님의 사랑을 저버리는 것이고 거역하는 것이기 때문에 이 죄는 가장 큰 죄입니다. 그래서 결국 그 죄 때문에 지옥갈 수밖에 없습니다.

인간이 이 땅에 태어나서 최고의 축복이 무엇입니까?

그것은 돈을 많이 버는 것도 아니고, 부귀와 지위를 가지는 것도 아니고, 예수 그리스도를 믿음으로 구원받아 하나님의 자녀로서 천국의 영생을 얻는 것입니다. 믿음으로 하나님의 자녀 된 자는 하나님이 지키시고 보호하시고 삶을 책임지십니다. 그런 의미에서 이 복음을 듣고 깨닫는 자는 참으로 복이 있는 자입니다.

예수를 마음에 모신 분들은 주님 앞에 날마다 감사하시기 바랍니다. 그리고 아직 예수를 마음속에 모시지 않은 분들은 예수를 믿고 성령으로 다시 태어나 새로운 생명으로 사시기를 바랍니다. 하나님은 당신이 돌아오시기를 간절히 기다리고 계십니다.

부록

권지상 선교사의 유서 -

서평 : 목사 아버지와 선교사 아들의 성경 이야기 -

선교신문 기사 : 아프리카 미전도 종족을 위해 산화한 한 초년생 선교사 -

화보 : 권지상 선교사의 말리 선교사역 -

권지상 선교사의 유서

제가 선교지에서 만약 순교를 하게 된다면 개인적으로 무척 영광스러울 것 같습니다. 그래서 먼저 저를 아끼는 많은 분들이 저의 죽음으로 인해 인간적으로는 잠시 같이 있지 못해 슬프지만 천국에서 큰 상급을 받고 있을 저를 생각하면서 같이 기쁨으로 장례해 주셨으면 합니다.

저는 각막과 장기기증을 해놓은 상태입니다. 선교지에서 가능하다면 선교지 사람들을 위해 제 시신이 쓰여졌으면 좋겠고 가능하지 않다면 화장할 수 있도록 하면 좋겠습니다. 한국에서 죽는다면 한국장기기증본부와 연락하여 좋은 곳에 저의 시신을 잘 사용해주셨으면 좋겠습니다.

제가 가진 재산이나 보험금이 있다면 제 자식들과 아내의 남은 삶을 위해서 쓰여질 수 있도록 했으면 좋겠습니다.

자녀들과 사랑하는 사람들에게 하고 싶은 말은 이것입니다.

이 세상에 살 때 가장 가치 있는 일은 하나님을 더 깊이 알아가는 것과 그 하나님을 다른 사람들에게 알리는 것입니다. 거기에 가장 우선순위를 두고 살다보면 단순하지만 풍성하고 넓은 삶을 살 수 있을 것입니다. 저는 선교지에 가기 전 제 인생에 가장 가치 있는 일이 무엇인가 마인드 맵을 하면서 두 가지 단어가 최종적으로 남았습니다. 그것은 '선교하는 것'이고 또 '함께하는 것'이었습니다.

제가 사랑하는 가족들과 사랑하는 사람들에게 말하고 싶은 마지막 말은 '당신과 함께 선교할 수 있는 삶을 살아서 행복했었다'라는 것입니다.

사랑하고 축복하며 소풍과 같은 삶을 잘 마무리하여 천국에서 뵙길 기대합니다.

감사드리며 권지상 드림

목사 아버지와 선교사 아들의 성경 이야기

36살의 불꽃같은 나이에 권지상 선교사가 아프리카 말리에서 지난 5월 12일에 교통사고로 하나님의 나라에 갔다.

이 소식을 들은 그날 밤 나는 다리가 후들거리고 눈은 떴어도 방향감각이나 의식이 없는 기계적 오토컨트롤로 집에 돌아왔다. 잘 익은 열매가 떨어진다고 하지만….

아! 이럴 수가…당장 내 가슴에 다가오는 소리는 "당신이 그를 죽였다!" 였다.

그는 가장 잘 준비된 선교사다. 영문과 출신에 프랑스에서 어학연수를 마치고 불어권인 말리로 날아갔다. 그가 남기고 간 유서는 이미 이런 일을 내다보고 떠난 선지자처럼 사진을 찍어놓고 설명하듯 신문기사처럼 자세하게 기록했다.

만일 내가 순교를 당한다면…이 세상에 소풍 왔다 가는 것 같은 인생이라고 생각하시기 바랍니다. 그러나 '제가 사랑하는 가족들과 사랑하는 사람들에게 말하고 싶은 마지막 말은 '당신과 함께 선교할 수 있는 삶을 살아서 행복했었다' 라는 것입니다.

사랑하는 아내와는 아직도 꿀 같은 허니문도 끝나지 않았는데.

아내는 "하나님을 너무 사랑해서 질투를 느끼기까지 했다" 고 한다.

만주 용천의 시인 윤동주가 남기고 간 시처럼 한 점 부끄럼 없이 살고 싶었던 선교사였다.

그가 멋진 책 한 권을 쓰고 임무를 다한 듯 하나님의 나라로 갔다.

그의 아버지는 서울 목동에서 목회하는 목사님이시다. 그 아버지에게서 어려서부터 들어왔던 성경의 얘기들을 정리한 것이다. 안식년에 쓰겠다던 책을 미리 정리해서 마치고는 그냥 간 것이다.

그 아버지가 몇 달 전에 그 어려운 말리에 가게 되었다. 그곳에서 말리의 현지 목회자들을 모아놓고 세미나 한 원고 위에다 자기가 들어왔던 아버지의 성경 이야기를 아름다운 주옥같은 말씀의 옷을 입힌 것이다.

멋진 가을 하늘에 뭉게구름을 그려 넣듯 화음이 환상처럼 어울리게 만들었다.

하나님의 아름다운 구원의 얘기를 오선지 위에 악보처럼 그려 넣고 아버지의 가사를 옮겨 놓은 것이다. 목사 아버지와 선교사 아들이 작사 작곡을 한 것처럼 장엄한 진리의 메시아가 만들어진 것이다.

이제 권지상 선교사는 갔지만 그가 남긴 이 진리의 글들은 사람들 속에 생명을 만들어 갈 것이다. 권 선교사는 생명의 복음을 죽음으로 증거를 남기고 다른 사람들의 생명을 주기 위해 본인의 죽음을 하나님의 나라에서 기뻐하고 기뻐할 것이다.

이처럼 아버지와 아들의 2중주 같은 선교와 구원의 노래도 드문 일이지만 짧디짧은 야고보처럼 인생을 갔지만 그가 남긴 이 아름다운 복음과 사랑의 책은 두고두고 많은 사람들에게 살아서 전한 것보다 더 많이 전해질 것이다.

아프리카 미전도종족을 위해 산화한 한 초년생 선교사

4년 전 까만 피부에 해맑은 미소를 가진 보조 족(Bozo)에게 복음과 사랑을 전하기 위해 아프리카 말리행(行) 비행기에 몸을 실은 젊은 선교사의 마음은 뜨거웠다. 가장 열악한 아프리카의 미전도종족을 섬기는 일은 목회자 집안에서 태어나 일찍부터 선교에 눈 뜬 고(故) 권지상 선교사(35)가 오랫동안 품은 꿈이 실현되는 것이었기 때문이다. 전 세계 어느 오지든 열악한 환경은 선교사들에겐 또 하나의 큰 도전이다. 여름이면 40도가 훌쩍 넘는 뜨거운 말리의 기후는 현지인에게도 보통 힘든 일이 아니다. 하물며 도시 생활만 하던 젊은 선교사 부부에겐 말할 나위도 없었다.

보조 족과 함께한 고 권지상 선교사(앞줄 왼쪽에서 네 번째)가 환하게 웃고 있다.
사진 제공-한국컴미션

"말리는 지금 시즌이 섭씨 40~45도가 지속되고 있는 제일 더운 때입니다. 일의 진행이 평소에 반도 하지 못하는 것 같습니다. 사람이 참 연약하다는 생각을 많이 합니다. 섭씨 20~25도, 그리고 40~60%의 습도에서만 안정감과 쾌적감을 누리기 때문입니다. 거기에서 조금만 벗어나도 힘들어하고 어려워하는 저와 아내의 모습을 보면서 사람이 얼마나 연약하고 한계가 있는가 하는 생각을 종종 합니다."(지난 4월 29일 권지상 선교사의 편지 중에서)

현지 교회와 무슬림 미전도종족 위한 헌신의 삶

인간은 누구나 연약하다. 그러나 많은 선교사가 더 가치 있는 일을 위해 기꺼이 자신을 희생하며 살아간다. 권지상 선교사도 마찬가지였다. 총인구 약 31만 명의 보조 족은 99% 이상이 무슬림인 불어권 미전도종족이다. 현재 알려진 말리의 보조 족 크리스천은 단 2명뿐이다. 보조 족 인구의 열 배는 되는 투아레그 족 역시 무슬림 미전도종족이다. 말리는 2년 전 내전으로 치안이 불안하다. 투아레그 반군의 무장 공격으로 일부 지역은 아직도 여행 금지 구역으로 제한하고 있다.

권 선교사는 프랑스에서 8개월간 불어 연수를 마친 뒤, 말리의 수도 바마코에서 언어 공부를 하며 말리 현지 교회와 미전도종족 복음화를 위해 현지 크리스천들과 함께 기도 모임을 하고 말씀을 전했다. 또 목회자 양성을 계획하고 현지인 청년들의 성경공부도 인도했다.

그가 선교사로 허입되면서 작성한 유서에는 이렇게 적혀 있다.

"자녀들과 사랑하는 사람들에게 하고 싶은 말은 이것입니다. 이 세상에 살 때 가장 가치 있는 일은 하나님을 더 깊이 알아가는 것과 그 하나님을 다른 사람들에게 알리는 것입니다. 거기에 가장 우선순위를 두고 살다 보면 단순하지만 풍성하고 넓은 삶을 살 수 있을 것입니다. 저는 선교지에 가기 전 제 인생의 가장 가치 있는 일이 무엇인가 마인드맵을 하면서 두 가지 단어가 최종적으로 남았습니다. 그것은 '선교하는 것' 이고 또 '함께 하는 것'이었습니다. 제가 사랑하는 가족들과 사랑하는 사람들에게 말하고 싶은 마지막 말은 '당신과 함께 선교할 수 있는 삶을 살아서 행복했습니다'라는 것입니다. 사랑하며 축복하며, 소풍과 같은 삶을 잘 마무리하며 천국에서 뵙길 기대합니다."(2009년 2월 23일 작성한 유서 중에서)

"그는 떠나도 우리 마음속에 살아 있어."
불의의 일로 갑자기 세상을 떠나게 됐을 때를 대비해 미리 작성한

유서는 정말로 그가 이 땅에 남긴 마지막 말이 됐다. 지난 5월 초 보조 족 성경번역을 하는 외국인 선교사의 초대로 사하라 중부에서 보조 족과 투아레그 족을 위해 진행되고 있는 보조 족 사역과 마을들을 리서치하고, 5월 12일 바마코로 돌아오는 길에 갑작스러운 교통사고로 순교의 피를 뿌린 것이다. 오는 11월 한 텀(term)을 마치고 안식년과 제2기 사역을 준비하기 위한 여행이 이 땅에서 그의 마지막 발걸음이었다.

아프리카 감비아에서 10년 넘게 사역한 컴미션 한국대표 박래수 선교사는 "아프리카의 도로에는 포트홀(도로 웅덩이)이 많아 교통사고가 잦다"며 "권 선교사 부부가 탄 자동차도 젠네 지역 근처를 지날 때 포트홀에 빠진 타이어 두 개가 연달아 찢어지면서 전복됐다"고 안타까워했다. 사고 직후 뇌출혈 증상이 보였고, 의식이 없던 권 선교사는 2시간 만에 세바레 국립병원에 도착했지만 신속하고 적절한 응급조치를 받지 못하고 병원 도착 1시간여 만에 하나님의 품에 안겼다.

5월 19일 권 선교사의 시신을 들여온 이튿날, 권지상 선교사의 아버지 권진희 목사가 목회하는 횃불교회에서는 천국환송예배가 열렸다. 횃불교회 성도, 컴미션 이사 및 선교사, 간사, 파송교회인 의정부제일교회 성도 등 3백여 명이 함께했다. 예배 때 "권 선교사는 많은 사람이 가기를 두려워하는 말리의 가장 소외된 종족인 보조 족과 투아레그 족 선교를 마음에 품고, 복음을 들고 간 '지행일치'한 선교사"라며 "권 선교사는 사라지지 않았다. 복음 전파가 계속되는 한 우리 마음속에 영원히 살아 있다"는 추모사를 전했다.

현지 기도 모임 친구들, 순교비 세울 계획 전해

그의 인생의 가치처럼 미전도종족의 영혼 구원을 위해 복음을 전하고, 그들과 함께하던 권 선교사는 4년이라는 짧은 기간 누구보다도 헌신적인 초년생 선교사였다. 함께 동역한 현지 기도 모임 친구들이 사고 현장에 순교비를 세울 계획을 전한 것이 이를 증명한다. 사람이 죽은 후에야 비로소 그 사람에 대한 평가가 제대로 이뤄지는 법. 앞날이 창창한 젊은 선교사의 죽음이 안타까워도, 이제 막 선교에 발을 들여놓은 초년생 선교사의 죽음은 그대로 잊힐 수도 있었다. 그런데도 현지인들이 제일 먼저 그의 뜻을 기리기 위해 순교비를 세울 계획을 전한 것이다.

2000년 설립 이후 처음으로 선교사를 잃은 선교센터도 이사회를 열고 권지상 선교사의 영예로운 죽음을 애도하며 순교자로 부르기로 했다. 파송교회인 의정부제일교회도 순교자기념비를 세웠다.

권지상 선교사는 마지막으로 《목사 아버지와 선교사 아들이 들려주는 성경 이야기》라는 책을 남겼다. 지난 2월 권진희 목사가 아들의 사역지를 방문해 현지인을 대상으로 성경 세미나 한 것을 비롯하여, 권 선교사가 아버지에게서 들은 모든 말씀을 독자들이 이해하기 쉬운 글로 표현하여 330쪽 분량의 원고에 담았다. 우연인지 필연인지, 최종 원고 수정 작업을 마친 며칠 뒤 하나님의 부르심을 받았다. 이재환 선교사는 "하나님의 말씀을 사랑함으로 연구하고, 기도를 호흡함으로 선교를 삶으로 드러낸 한 젊은 선교사가 우리에게 남긴 아름다운 선물"이라고 말했다.

열악한 지역 미전도종족 위한 새로운 동원 운동 기대

한양대 '기독교와 현대사회' 교양 수업에서 권 선교사를 가르쳤던 양창삼 명예교수는 "수업 시간에 본 그의 천진한 모습과 웃음이 아직도 생생하다. 그런데 그가 먼저 가다니…"라며 마음 아파했다. 양 교수는 "인간적으로 아쉽고 섭섭하지만 배형규 목사, 권지상 목사 등 제자들이 주의 일에 힘쓰다 부르심을 받았으니 주님께 감사할 뿐이고, 주께서도 기뻐하실 것"이라며 "우리 모두 천국에서 만날 것"이라고 말했다.

박래수 선교사도 "권지상 선교사의 순교를 통해 복음화되지 못한 아프리카뿐 아니라 지구상 열악한 지역에서 복음을 전하는 선교사들이 많이 나오면 좋겠다"며 한국교회에 미전도종족을 위한 새로운 동원 운동이 일어나길 기대했다.

권 선교사는 그의 죽음을 슬퍼할 이들을 위해 미리 써놓은 유서에서 이렇게 말했다. "제가 선교지에서 만약 순교하게 된다면 개인적으로 무척 영광스러울 것 같습니다. 그래서 먼저 저를 아끼는 많은 분이 저의 죽음으로 인해 인간적으로는 잠시 같이 못해 슬프지만, 천국에 있을 저를 생각하면서 같이 기쁨으로 장례해 주셨으면 합니다. 저는 각막과 장기기증을 해 놓은 상태입니다. 선교지에서 가능하다면 선교지 사람들을 위해 시신이 쓰여졌으면 좋겠고, 가능하지 않다면 화장할 수 있도록 하면 좋겠습니다(유서 중에서)."

마지막 순간까지 그의 모든 걸 내어놓을 자세로 선교에 헌신했던 권 선교사는 자신의 말처럼, 우리보다 조금 일찍 하늘에서 영원한 안식을 누리고 있을지 모른다. 아니, 우리 모두는 그것을 확신하고 있다.

2014. 6. 26

의정부 제일교회 동산에 안장되다

권지상 선교사는 1979년 7월생으로 한양대 영문과를 졸업하고 총신대 신학대학원을 졸업했다. GMS, SIM 선교단체에서 간사로 일하고 공항 벧엘교회에서 중고등부 전도사, 의정부 제일교회에서 청년부를 지도하며 다양한 경험을 쌓았다. 2009년 2월 컴미션 선교사로 허입되고, 2010년 5월 의정부 제일교회에서 선교사로 인준 받은 그는 그 해 11월 정민경 선교사와 결혼했다. 결혼 후 한 달 만인 12월 서부 아프리카 말리 선교사로 파송 받아 프랑스에서 불어 연수를 마치고, 2011년부터 바마코에서 언어 공부를 하며 선교 제2기를 준비하던 도중 하나님의 부름을 받았다.

권지상 선교사의
말리 선교사역

2012년 10월
컴미션 iInterconference에서 아내와 함께

2013년 4월 말리의 내전으로 이웃나라 세네갈로 피신
아내와 함께 다카 근처의 장미해 방문

보조족 마을 정탐 후 현지인들과 기념사진

현지목사 선교사 벤자민 긴도(Benjamin Guindo), 필립 사가라(Philippe Sagara), 요한 타라오레(Jean Traore)와 함께

함께 동역한 이리마지오 동네의 기도모임팀과 함께 예배를 마치고

동네 청년들에게 성경을 나눠주고 복음을 전하는 모습

동네 청년들과 과일로 교제를 나누며 복음을 전하는 권지상 선교사

권지상 선교사의 친한 친구(모슬렘), 마마두 디아라와 성경공부하는 모습

2014년 2월 17~19일 아버지 권진희 목사님이 현지 목사님들을 대상으로
성경의 틀을 잡아주기 위한 목적으로 열린 목회자 세미나를 마치고 단체사진

목회자 세미나에 참석한 현지 목사들

목회자 세미나에서 강의 중이신 아버지 권진희 목사님과
프랑스어로 통역한 바울선교회 임종선 선교사님

2014년 2월 16일 수도 바마코에서 30km 떨어진 Baguineda 교회에서
아버지의 '하나님이 세상을 이처럼 사랑하사. 요 3:16' 설교를 마치고
현지 교인들과 함께

Baguineda 현지 교회

2014년 2월 19일 Baguineda 교회에서의 아버지 설교,
'하나님이 세상을 이처럼 사랑하사' 프랑스어 통역-권지상,
밤바리아어(종족어) 통역-다니엘, 꿀리발리

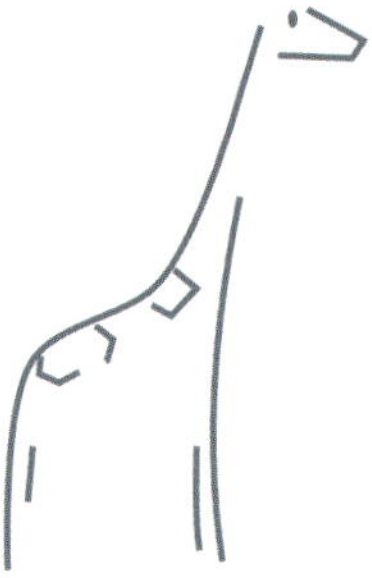

2014년 2월 19일 Baguineda 교회 예배 모습

2014년 2월 12일
Djioro 마을 현지 아이들과 함께

2014년 2월 12일 아버지와 함께 수도 바마코에서 300km 떨어진 Djioro의
물고기 잡는 Bozo 종족 마을을 방문, 현지 아이들과 함께

2014년 2월 12일 Djioro 80개 마을 중 유일한 현지 교회 방문,
이삭 꿀리발리, 모세 긴도 목사님과 함께

2014년 2월 12일 점심 식사 전 손씻기, 손님이 가장 먼저, 다 쓴 토마토 케찹 통에 우물물을 받아 손을 씻고, 같은 물로 뒤를 따라 현지인들도 씻는다. 이 물은 식사 후 손을 닦을 때 재사용

2014년 2월 14일 현지 Yirimadjio 동네(바마코)
기도 모임을 마치고 함께한 점심 식사

안창호 선교사님이 사역하고 계시는 광명초 · 중학교 학생들의 하교 모습

Bozo 섬 방문, 강바닥의 모래를 채취하여 생계를 유지하는 현지인들의 모습

현지인들의 주거 환경

Djioro에서 나무배를 타고 노를 저어
보조 종족이 사는 건너편 마을로 이동 중

2014년 2월 12일 Djioro의 Bozo 마을
니제르 강을 따라 물고기를 잡으며
생계를 잇는 Bozo 종족을
아버지 권진희 목사님이 방문하다.

길을 따라 형성된 상가들 앞에서

2014년 2월 6일 만살라 코다로 향하는 길에 잠깐 들러 식사 중인 아버지와 아들, 그리고 서울횃불교회 파송 민에스더 선교사

복음을 전하는 기니의 민에스더,
민한나 선교사님과
함께한 권진희 목사님

2014년 2월 5~9일 기니 왓수룽 종족이 살고 있는 만살라코다 마을
옥수수 죽을 끓이기 위해 준비하는 부인과 체험 중이신 아버지

기니 만살라코다 왓수룽 종족의 주거 형태

판권
소유

목사 아버지와 선교사 아들이 들려주는 성경 이야기

2014년 9월 20일 인쇄
2014년 9월 25일 발행

지은이 | 권진희, 권지상
발행인 | 이형규
발행처 | 쿰란출판사

주소 | 서울특별시 종로구 이화장길6(이화동)
TEL | 02-745-1007, 745-1301~2, 747-1212, 743-1300
영업부 | 02-747-1004, FAX / 02-745-8490
본사평생전화번호 | 0502-756-1004
홈페이지 | http://www.qumran.co.kr
E-mail | qrbooks@gmail.com
| qrbooks@daum.net
한글인터넷주소 | 쿰란, 쿰란출판사

등록 | 제1-670호(1988.2.27)

책임교열 | 이화정 · 김향숙

값 14,000원

ISBN 978-89-6562-676-3 93230